中国高铁
精益建造管理

ZHONGGUOGAOTIE JINGYIJIANZAO GUANLI

张民栓 著

人民日报出版社

北 京

图书在版编目（CIP）数据

中国高铁精益建造管理 / 张民栓著. --
北京：人民日报出版社，2019.7
ISBN 978-7-5115-4309-7

Ⅰ. ①中… Ⅱ. ①张… Ⅲ. ①高速铁路－工程项目管理－中国
Ⅳ. ①U238

中国版本图书馆CIP数据核字(2019)第168987号

书　　名：中国高铁精益建造管理
　　　　　ZHONGGUOGAOTIE JINGYIJIANZAO GUANLI
作　　者：张民栓

出 版 人：董　伟
责任编辑：万方正
封面设计：好运达传媒

出版发行：人民日报出版社
社　　址：北京金台西路2号
邮政编码：100733
发行热线：（010）65369509　65369512　65363531　65363528
邮购热线：（010）65369530　65363527
编辑热线：（010）65369533
网　　址：www.peopledailypress.com
经　　销：新华书店
印　　刷：天津市钧亚印务有限公司

开　　本：710mm×1000mm　　1/16
字　　数：340千
印　　张：23
版次印次：2019年8月第1版　　2022年3月第2次印刷

书　　号：ISBN 978-7-5115-4309-7
定　　价：88.00元

坚持管理创新
点燃发展新引擎

谢绍明

陕北老红军，原国家科委顾问谢绍明题词

中国高铁
创新发展

蒋正华

国际欧亚科学院中国科学中心主席，第九届、第十届全国人大常委会副委员长
蒋正华题词

序言

我很荣幸，这样一本关于高铁建造管理方面的图书找到我，邀我为书作序。

40 年前的 1978 年 12 月，中央召开了具有划时代意义的十一届三中全会，这次会议，做出了改革开放的重大决策，全面打开了国门，确立了以经济建设为中心的基本国策，中国踏上了中国特色社会主义道路的新征程。

十一届三中全会以来的 40 年，是我们党团结和带领全国各族人民，解放思想、实事求是，同心同德、锐意进取，进行建设有中国特色社会主义的历史性创造性活动的 40 年；是波澜壮阔、激情澎湃、创意万千、日新月异的 40 年；是给中国带来历史性巨变、令世界为之惊叹的 40 年；是中华民族大踏步赶上时代前进潮流、迎来民族复兴光明前景的 40 年。

中国经过短短 40 年的发展，社会发生了巨大而深刻的变化，取得了举世瞩目的伟大成就。经济实现了持续快速增长，综合国力进一步提高，民生得到显著改善，科学技术快速发展。我国科技创新实力、能力、活力稳步提升的同时，科技创新对经济社会发展的贡献也愈发显现。特别是党的十八大以来，科技创新对产业转型升级、产品供给优化、新动能培育等方面的支撑引领作用显著增强，成为引领高质量发展、提升国家核心竞争力的重要源泉。

高铁是目前中国手中为数不多的高端制造业名片之一，其中最具标志性的，便是一件件大国重器的诞生——从"复兴号"高铁首发到京张高铁智能动车组亮相，从时速 350 公里的列车运行控制技术到列车自动驾驶功能前沿技术的突破……它们承载着国人梦想，凝聚着中国智慧，也彰显出中国制造与创造不断增强的实力。

2012 年 12 月 3 日，中国自主研发的"和谐号"新一代高速动车组在京沪高铁路段试车，以 486.1 公里的惊人时速刷新高铁世界纪录。

2017 年 9 月 21 日，世界上高铁商业运营速度最快的高铁——京沪高铁"复兴号"实现 350 公里时速运营。

2018年4月23日，全球首列智能动车组在北京亮相，在世界上首次实现了时速350公里的自动驾驶，也是首次采用了中国自主研发的北斗卫星导航系统，标志着中国轨道交通自动控制技术已经走在全球前列。

十年来，中国高铁迅猛发展，已经建成"四纵四横"运营网络，"八纵八横"规划也在逐步完善。从无到有，由弱到强，从跟跑再到领跑，中国高铁用短短十年铸就了一张崭新而亮眼的"国家名片"。如今，四通八达的高铁，创造了百姓出行新速度、经济发展新动力和中国创新新高度，改变了中国，也影响着世界，无疑成为新一轮全球化进程中中国带动力的重要来源之一。

中国高铁取得的这些成就，得益于深化体制机制改革激发出的巨大活力，得益于重大技术创新和管理创新。在我国高铁的发展过程中，坚持将原始创新、集成创新和引进消化吸收再创新结合起来，积极探索产业基础技术和应用技术的研发与应用机制，形成了许多宝贵的经验。进入新时代，中国智能高铁采用云计算、物联网、大数据、北斗定位、5G通信、人工智能等先进技术，通过新一代信息技术与高速铁路技术的集成融合，实现高铁智能建造、智能装备、智能运营技术水平全面提升，为旅客提供更加便捷的智能服务，推动中国高铁综合技术创新领跑世界。

他们不仅在实践中勇敢开拓，进行设备改造和科技创新，而且将创新深入行业思想及观念，乃至方法的革新和碰撞，将一些不清楚的地带明朗化透明化，将粗放管理精细化。既有技术创新，管理创新，还涉及文化创新。这种在创新中弘扬先进文化，实属难能可贵。这也是落实习近平总书记新时代创新思想的具体体现。

本书为读者呈现了中国高铁的非凡历程，更多的是中国首条智能高铁——京张高铁的建设过程中取得的丰富经验，相信这些历程与经验为广大专业人士提供了重要的参考依据，也为中国高铁的持续发展提供了强大动力。

2019年1月

（科学技术部中国科技体制改革研究会理事长、国际欧亚科学院院士、科技日报社原社长）

目录

第一章
中国高铁十年巨变

第一节 "十年磨一剑"从追赶到引领的伟大跨越

制造业是国民经济的主体，是立国之本、兴国之器、强国之基。一个国家的竞争力，很大程度上体现在制造业水平上，而制造业中最重要、最核心的是装备制造业。打造具有国际竞争力的制造业，是提升我国综合国力、建设世界强国的必由之路。改革开放以来，中国经济实现了持续40多年的高增长，创造了世界经济发展史的一个奇迹，这个高增长阶段的内涵是制造业的高速发展，中国制造从低端一路向上发展，探索出一条引进、消化、再吸收、再创新的发展嬗变之路，使中国成为一个制造业大国并进入制造业强国的行列。

高铁是目前中国为数不多的高端制造业名片之一，其中最具标志性的，便是一件件大国重器的诞生——从"复兴号"高铁首发到京张高铁智能动车组亮相，从时速350公里的列车运行控制技术（CTCS-3）到列车自动驾驶功能（ATO）前沿技术的突破……它们承载着国人梦想，凝聚着中国智慧，也彰显出中国制造不断增强的实力。

十年来，中国高铁迅猛发展，已经建成"四纵四横"运营网络，"八纵八横"规划也在逐步完善。从无到有，由弱到强，从跟跑到领跑，中国高铁用短短十年铸就了一张新的"国家名片"。如今，四通八达的高铁，创造了百姓出行新速度、经济发展新动力和中国创新新高度，改变了中国，也影响着世界。

大国重器必须掌握在我们自己手里，要通过自力更生，倒逼自主创新能力的提升。唯有创新才能领先，唯有领先才能引领。唯此，才能推动我国高铁向高质量发展迈进。中国织就起世界运营里程最长的高铁之网。京津城际、京沪高铁、郑西客专、沪杭高铁、合蚌高铁、哈大高铁、京广高铁……一条条高铁开通运营，高铁建设成就举世瞩目。2012 年 12 月 3 日，中国自主研发的"和谐号"新一代高速动车组在京沪高铁路段试车，再次以 486.1 公里的惊人时速刷新高铁世界纪录。2012 年 12 月 26 日，世界里程最长的高铁——京广高铁正式全线通车，2014 年 12 月 26 日，世界上一次性建成里程最长的高铁——兰新高铁全线贯通，2017 年 9 月 21 日，世界上高铁商业运营速度最快的高铁——京沪高铁"复兴号"实现 350 公里时速运营。2018 年 4 月 23 日，全球首列智能动车组——在北京亮相，在世界上首次实现了时速 350 公里的自动驾驶，也是中国首次采用了自主研发的北斗卫星导航系统，标志着中国轨道交通自动控制技术已经走在世界前列。

2018 年是践行"交通强国、铁路先行"的起步之年。深化"强基达标、提质增效"的理念，打造中国智能高铁品牌，实施铁路走出去战略，推进高铁运输持续、有序、安全发展，为全面建设高铁行业跨越发展注入了强劲动力。我国铁路事业实现了重大跨越和飞跃发展，并取得了巨大成就。

一是铁路建设特别是高铁建设加快推进。世界高铁从诞生至今 50 多年来，我国高铁起步晚、发展快，特别是党的十八大以来的 5 年时间里，我国高铁新增营业里程 1.57 万公里，增量超过了全世界 50 多年建成高铁的总和，到 2017 年底已达 2.5 万公里，占世界三分之二。目前，全国铁路营业里程达到 12.7 万公里。"四纵四横"高铁主骨架提前建成，并成网运营，我国已拥有世界上最现代化的铁路网和最发达的高铁网。

二是铁路技术标准和装备水平世界领先。我国铁路电气化率、复线率分别达到 68.2%、56.5%，居世界第一和第二位。铁路技术装备实现升级换代，

动车组上线运营达 2,980 组。形成了一大批具有自主知识产权、世界领先的技术创新成果，高速铁路有线提速、高原铁路、高寒铁路、重载铁路等覆盖了世界上所有铁路技术装备水平。

三是铁路技术经济水平全面跃升。路网运输能力和效率显著提升，客运周转量、货运发送量、换算周转量、运输密度等主要运输经济指标已稳居世界第一。特别是高铁的快速发展，使我国铁路的体制优势、网络优势充分显现，不仅显著改善了人们的出行条件，而且带动了沿线经济增长和相关产业结构优化升级，推动了区域、城乡协调发展和生态文明建设，产生巨大的溢出效应。

中国铁路取得的这些成就，得益于深化体制机制改革激发出的巨大活力，得益于重大技术创新和管理创新。我国高铁发展依靠的是科技创新与管理创新，迈向世界领先必须充分运用科技进步成果，加大基础和应用技术创新成果运用。中国智能高铁采用云计算、物联网、大数据、北斗定位、5G 通信、人工智能等先进技术，通过新一代信息技术与高速铁路技术的集成融合，实现高铁智能建造、智能装备、智能运营技术水平全面提升，为旅客提供更加便捷的智能服务，推动中国高铁综合技术创新领跑世界。

回顾中国高铁的发展历程，主要经历六个阶段，具体为自我探索与技术积累阶段、引进国外技术和消化吸收阶段、自主创新阶段、发展低谷阶段、新技术研发与"走出去"阶段以及新发展阶段。

第一阶段：自我探索与技术积累

这个阶段发生在改革开放后至 2003 年前后。改革开放后，中国综合国力

显著提升，人们的生活水平也逐渐提高，对铁路运输的要求也水涨船高，在改善基础设施的基础上，提速成为当务之急。经过充分论证，建设高速铁路成为创新之举，并于 1990 年底完成了《京沪高速铁路线路方案构想报告》，开启了建设京沪高铁的各项调研与实践。此后，各种与高铁有关的试验与运营不断出现，这个阶段高铁的发展进入提速阶段，各项创新之举如雨后春笋般涌现。

尽管操作猛如虎，可实际效果并不理想。一番操作下来，与外国相关技术一比，发现还存在很大的差距，不管是技术、产品还是可靠性方面，差距背后更多的是体现我国高铁装备领域技术、材料、工艺等方面的全面落后。

技术不如人家，就要踏实、虚心学习，这是缩小差距最快捷的方法。于是，第二阶段就应运而生了。

第二阶段：国外技术引进和消化吸收阶段

确定了引进国外技术的方向，接下来就是具体付诸实践了。从 2004 年开始，引进国外技术的方式就开始了。因为是核心顶尖技术，且关系到国计民生，学习技术并不是那么简单，除了自己愿意学，还要别人愿意教才行。另外，学还要会学才行，会学的学门道，不会学的凑热闹，如果掌握不好学的方向，稀里糊涂地学了很多，核心技术一点没学到，边缘技术学一大堆都没用。

从一开始，铁道部就明确了整体的路径：引进技术 — 消化吸收 — 自主创新，整个过程中逐步实现国产化，力争在引进、吸收、创新的基础上达到国际先进水平。在确定路线的基础上，2004 年 6 月，铁道部为时速 200 公里动车组招标，庞巴迪、川崎和阿尔斯通分别中标，继而研发出 CRH1、CRH2、CRH5 三类车型，这次的招标让中国学到了技术，通过吸收技术，提高我国企业技术水平。不可回避的问题是，由于只是转让了制造技术，并没转让核心技术，即包括控制算法、调试运行在内的设计能力，因此很多环节并不具备自主研发能力。

2005 年铁道部启动了引进设计时速 300 公里及以上的动力分散型动车组采购项目，此次投标的企业囊括了世界各国领先企业，中标企业中除了北车集团唐山轨道客车有限责任公司与西门子公司，以及庞巴迪在中国的合资企业四方庞巴迪之外，还有独立中标的南车集团青岛四方机车车辆股份有限公

司（以下简称"南车四方"），这次投标主体仅为南车四方，以川崎为首的日本公司仅提供技术支持。这得益于南车四方对原日本动车组平台在引进技术基础上的创新。

至此，中国铁道部通过两轮大规模引进，成功获得了日本、法国、德国的高铁技术，锻炼了设计能力，拥有了来图制造能力，实现了技术积累，追上了世界先进水平。

第三阶段：自主创新阶段

经过第二阶段，中国高铁技术已经追上了世界先进水平。2008年经过充分论证，新一代时速350公里及以上的高速列车被提上日程，以便形成完全自主的中国高速列车技术、装备、产业化能力和运行服务能力。学习到的技术已经被挖掘到极限了，创新成了当务之急，第一阶段的成果没有浪费，将第一阶段的积累拿出来，与学习到的技术进行全新设计。这个时候，举国体制的优势就显现出来了，企业、高校、科研院所、重点实验室和工程研究中心联起手来，一环扣一环，不断突破关键技术，最终的成果就是CRH380系列动车组面世，其至今仍然是我国高铁运营的主力车型，该技术退出后，包括原技术引进方川崎在内的其他国际企业也未提出有关知识产权的异议。这些例子不仅说明了我国自产高速动车组"走出去"完全不受知识产权的约束，更是对我国高铁装备领域自主研发的有力肯定。

第四阶段：发展低谷阶段

任何事情的发展都不是一帆风顺的，都会经历波峰与波谷交错的各种起伏，我国高铁事业也不例外。在2011年前后，我国高铁产业遭遇巨大挫折，蓬勃发展中的高铁经历了巨大的贪污腐败，蝴蝶效应之下，高铁建设事业受到影响，银行收紧贷款、投资大幅下降、因高铁建设而形成的庞大债务也为全社会所关注。7月初，我国高铁开始降速，原时速350公里、250公里的线路分别降速至时速300公里、200公里运营。一波未平一波又起，随后发生了震惊中外的"甬温线特别重大铁路交通事故"，高铁产业面临前所未有的质疑，并遭受巨大打击，降速、贷款紧缩，最为严重的当属中国高铁在国际市场的形象，造成高铁与数十个国家达成的数千亿美元意向合作沦为泡影。

低谷中，中国高铁痛定思痛，总结教训，高铁的发展是一个缓慢的过程，

几年时间我们不可能完全获得国外通过几十年时间研发出技术的所有积累，更是缺少技术研发背后的试错经验。要真正掌握核心技术，需要在长期运营中建立并逐步完善。

第五阶段：新一代技术研发与"走出去"阶段

历经低谷，中国高铁稳步发展，并认识到高铁要始终处于国际先进水平，要实现高铁领域的完全自主化，必须要在关键领域、技术、产品上努力追赶，对最新一代技术趋势进行探索和研发。与此同时，明确提出了发展新技术"机遇永磁电机的新兴牵引传动技术、标准和装备体系"以及"适应并引领世界高速列车牵引传动模式的技术和装备战略转型"，通过不断努力，目前在该领域已经逐渐赶上了国外先进水平。另外，在国家层面也开展前瞻性、技术性、理论性研究，设立了"时速500公里条件下的高速列车基础力学问题研究"国家"973计划"项目，旨在对轨道交通的轮轨、流固、弓网等三大基础关系，对关键系统可靠性，以及对新材料新技术进行研究。

在大力发展高铁新技术的同时，也在推广"走出去"的发展战略，并取得了一系列成绩：2014年7月，中国铁建总承包的土耳其安伊高铁二期正式通车；2015年4月，我国与印尼签署价值60亿美元的雅加达至泗水高铁项目；2015年11月，我国出口到马其顿的动车组在当地测试，这是我国动车组出口到欧洲的第一单。

第六阶段：高铁发展迈入新征途

我国具有全球最大的高铁市场，一些先进技术领域昂首挺进国际一流水平，技术先进、安全可靠、成本具有竞争优势等评价是对我国高铁装备最贴切的褒奖。但同时也遇到了一些问题，比如"走出去"形势并不乐观，一方面，我国高铁发展时间较短，技术成熟度还有待验证，缺少长时间的安全运行经验积累；另一方面，国际竞争日趋激烈，国外企业在技术、运营经验、安全性等方面在客户印象中更具优势。

机遇与挑战并存，技术的发展、产品的更新、市场的变化日新月异，中国高铁的发展仍任重道远，在充分认识到我国高铁领域存在的不足和问题基础上，不断创新，弥补短板，打造品牌，在未来引领全球高铁装备行业发展。

第二节 从中国制造到中国创造，用高端制造铸就交通强国

回顾中国高铁 10 年发展历程，我们不禁要问，中国高铁如何在短短 10 年完成逆袭？

"速度快""运行稳"成为高铁的标签，目前，高铁已经成为很多中国人出行的首选，"千里江陵一日还"早已经习以为常，城际之间几小时通达也司空见惯，高效便捷。然而，殊不知 10 年前这一切还是难以想象的。

过去中国的铁路发展比较缓慢，20 多年前，绿皮车在中国随处可见，从 1997 年 4 月 1 日到 2007 年 4 月 18 日，尽管中国铁路共进行了 6 次大提速，10 年间，纵横全国的主要干线时速相继提升到 120 公里、160 公里乃至 200 公里以上，但 2002 年，中国火车平均时速只能跑 50 多公里，相较于世界火车平均速度，中国火车车速远远落后。

相对于普通火车，高速铁路首先在 1964 年的日本发迹，首开时速为 210 公里，此后在西方国家经过 40 多年的漫长发展，运营时速提升至 250 公里，

但此后一直在这个速度上下，并没有实际的突破。

2000 年前后，中国具备了发展高速铁路的条件，同时也开始一步一步打通建设高铁的可能性。首先是改造现有的铁路线，城际快速客运专线广深铁路经过论证成为改造目标，在 1998 年第一次实现了全线电气化，告别内燃机，提速成为准高铁。接下来向前跨越了一大步，为高铁建造作了中长期铁路网规划，设计出超过 1.2 万公里的四纵四横铁路网。

这个阶段仅仅是作了规划，高铁的核心技术还掌握在欧洲、日本等少数几个发达国家手中。2004 年至 2005 年，中国南车青岛四方、中国北车长客股份和唐车公司先后从庞巴迪、川崎重工、德国西门子等引进技术，联合设计生产高速动车组。接下来的发展，中国高铁从无到有，从全面引进、亦步亦趋到自我消化、推陈出新，中国已成为世界高铁市场的领跑者，在一些关键技术和设备领域，更实现了弯道超车。

至 2018 年，中国高铁总里程已超过 2.5 万公里，成为世界上高铁建设运营规模最大的国家。3000 多辆高速列车跨越 960 万平方公里的土地，贯穿全中国 50 万人口以上的大型城市。

中国有世界最快的高铁，但有一个需要直面的问题，高铁里的关键部件 —— 轴承却需要全部进口。也就是说，在持续这种局面的情况下，如果有一天，轴承提供商实行技术封锁，中国高铁的发展则会全部停滞，想象一下这种局面，是非常可怕的。

为了打破技术封锁，中国提出了"中国创造"及"高端制造"的概念，中国能够制造出质量很好的轴承，而且目前中国已经成为轴承制造大国，能造直径 3 米的超大型风机轴承，能造最先进的智能汽车轴承，但是高端轴承却无法制造出来。

高铁是一个高速运动的车体，而轴承是支撑它在轨道上平稳快速运行的最重要部件，因此轴承的性能对高铁的运行安全起到至关重要的作用。时速超过 160 公里的动车组所用轴承就称为高铁轴承，一辆造价上千万元的高铁列车，轮毂轴承有八套，属于耗损件，每运行 100 万公里就得重新更换一次。

轴承可以买到，但是技术却没有人卖给你。外国厂商维修或更换高铁轴承的时候，一定要亲自到现场，而且拆下来旧的和废弃的轴承，他们都形影

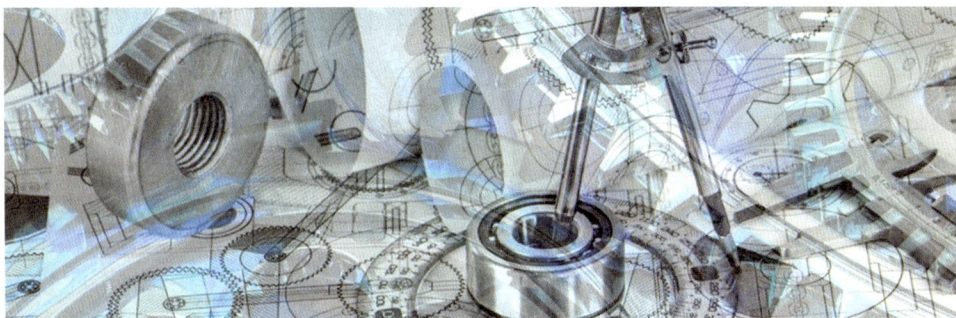

不离地带回去。

中国能不能造出自己的高铁轴承？早在 10 年前洛阳轴承公司的 700 多名研发人员就已经开始尝试高铁轴承的研发。

经过艰苦卓绝的努力，这项技术终于被中国掌握，洛阳轴承公司建了高速铁路轴承实验室，整个实验室投资 4000 万元，能够完全模拟高铁的运行环境。经过严苛的测试，时速 250 公里的高铁轴承完成寿命周期的考核试验，又快马加鞭地向第一套时速 350 公里的高铁轴承挺进。我们相信，高铁列车上运转的将很快是中国人自己制造的轴承。

高铁的发展，非有完整的工业链、强大的制造能力和工程施工能力不可。没有完整的工业链，高铁技术难以快速吸收更别说独立研发；没有强大的制造能力，产品必然受制于人，发展一定受限；没有强大的工程施工能力，以中国这么辽阔的国土面积，高铁施工速度必然难以保证。然而，中国具备这三种能力，于是中国仅用数年时间，就完成了对发达国家的追赶甚至超越。

在"中国创造"发展过程中，各行业不乏典范，制造业自主创新不断取得辉煌成就，上天、入地、下海、高铁等都显示出我国制造业巨大的创新力量。中国创造，正是破解"中国制造"所面临的困难与挑战，一改过去以资源环境过度消耗为代价、依赖低廉劳动力成本、缺乏核心技术和自主品牌的状况，为我国经济发展注入新动力，向全世界亮出"中国智造"新形象。IGBT，被誉为"高铁之芯"。2014 年 6 月，由我国自主研制具有完全知识产权的 8 英寸 IGBT 芯片在株洲中车时代电气股份有限公司成功下线，预示着高铁拥有了第一颗"中国芯"，使我国成为世界上少数几个掌握高铁永磁牵引系统技术的国家之一，奠定了我国铁路运输强国的国际地位。

世界一流企业的成长经历证明，一个没有核心技术的企业，是难以实现可持续发展的。唯有创新和突破，才能推动轨道交通企业创新并及时将成果转化为生产力，提升核心竞争力和国际影响力。中国中铁、中国铁建、中国中车等一大批央企，秉承自主创新初心，以发展智能科技为己任，为引领全球轨道交通科技前沿，助力智能高铁和交通强国建设，推动中国高铁技术和标准走出去贡献力量。特别指出的是，中铁集团研发了多种型式的无砟轨道结构，解决了基础沉降控制、线路刚度均匀化等关键技术难题，创造了大跨度桥上铺设无砟轨道的世界纪录，形成了具有自主知识产权的无砟轨道成套技术，为我国高速铁路发展奠定了坚实的基础；自主研制了具有国际先进水平的大吨位架桥机、CA 砂浆搅拌车等关键设备，全面系统掌握了高速铁路修建技术，成功建成了时速 350 公里的京津、沪宁城际铁路等高速铁路，标志着我国具备了引领世界高速铁路建设的实力，也为高铁实施"走出去"战略奠定了坚实的技术基础。我国企业已经开始在世界竞争格局中占据重要的一席之地。

同时，大力开展科技攻关，在高速铁路、大跨度桥梁、节能减排等方面关键技术的不断突破，核心竞争力在这些突破过程中显著提升。在高速道岔制造技术方面，成功研制了系列高速道岔、提速道岔和 GLC（工联岔）系列道岔，研发出了具有自主知识产权的高锰钢与钢轨焊接中间介质，填补了国内多项空白；在桥梁施工装备制造技术方面，先后研制出提升能力达 3,000 吨居于世界领先水平的"天一号"起重船、适应桩长达 95 米的海上打桩船、起重能力达 700 吨的大型钢桁梁架设专用装备、大跨度钢桁拱架设的爬坡架梁吊机，推动中国铁路效率效益持续提升，实现高质量发展。这些装备制造技术方面的提升，大大增强了中国铁路的国际竞争力。

第三节 中国高铁走向世界，构筑中国铁路国际竞争力

进入 21 世纪以来，随着新一轮科技革命和产业革命的兴起，加之全球能源危机、环境污染、气候变暖、交通安全等问题日益严重，在全球经济向低碳模式转变的大背景下，国际铁路市场呈现明显的复兴态势，客运向高速、城市轨道交通、联合运输方向发展，货运向重载化、快捷化、物流化方向发展。欧美、日本、俄罗斯等发达国家大力发展高速铁路网和城市轨道交通，中东欧、亚、非、拉等越来越多的发展中国家也把铁路作为优先发展领域。各国陆续从可持续发展、城市化进程、区域协调发展、构建综合运输体系、国际通道建设等方面考虑，调整并实施了新的运输发展战略，加大了对铁路的建设投入。

近年来我国的高铁建设实现了质的发展，不论是核心建设技术、建设规模、还是建设质量，都得到了各方面认可。随着我国高铁的飞速发展，我国高铁已经具备了走出中国、走向国际的条件，因此高铁的国际化也成为国家的一项战略。

央企的国际化，一个不得不提到的词汇就是"高铁外交"。中国高铁走向世界，是"总理工程"，更是国家战略。作为我国创新型国家建设的重大突破和自主创新的标志性成果，高速铁路已然成为中国新的"外交名片"和"形象代表"。从2013年下半年至今，李克强总理在多次国事访问中，亲任"推销员"大力推销中国高铁，他说："推销中国高铁我特别有底气。"体现了中国已经将高铁走出去提升至国家外交战略层面，高铁已成为继乒乓球、大熊猫之后，中国新的友好使者。在外事团访华过程中，乘坐高铁也基本成为必备的活动安排。20世纪70年代，外国政要造访日本必游"新干线"，邓小平在考察新干线时曾感慨："就感觉到快，有催人跑的意思，我们现在正适合坐这样的车。"30多年过去了，如今来华的外国政要乘坐中国高铁出行，两相对照，令人感慨万千。

在全面深化改革的新时期，铁路面临更加重要的挑战和机遇。这机遇和挑战，就是市场化和国际化。世界各国看到了中国高铁的实力和前景，因而越来越多的国家和城市正积极加入与中国高铁合作的行列中来，其品牌效益正不断获得诸多国家青睐。来自欧美、亚非拉的各国官员从我国南方到北京不选乘飞机，首乘中国高铁，显示出中国高铁的巨大成就逐渐被世界肯定，为中国高铁走出去增强了信心。如今，世界各行各业科技日新月异，铁路领域技术创新也从没停止过。中国铁路人以后发挥优势占据世界高铁技术一席之地，为中国高铁走出去战略打下了坚实的基础，推动中国高铁走向国际市场。

近年来，中国铁路特别是高铁"走出去"呈现良好态势。中企在海外承建的第一条高铁——土耳其安伊高铁二期工程顺利通车；中国为马来西亚生产的世界最高运营速度米轨动车下线；中泰铁路、匈塞铁路塞尔维亚段已经正式启动；中俄签署"莫斯科—喀山"高铁发展合作谅解备忘录和勘察设计合同；中美签署"美国西部快线"设立合资公司框架协议；中伊签署"德黑兰—马什哈德"铁路高速改造商务合同；马来西亚至新加坡高铁项目进展加速；印度"德里—金奈"高铁可研工作稳步推进；连接巴西和智利长度达3,560公里的"两洋"（大西洋、太平洋）铁路可行性基础研究工作取得阶段性重要成果。2018年6月，中国高铁"走出去"的第一单——印度尼西亚雅加达

至万隆高铁项目进入了全面实施推进的新阶段。值得期待的是，建成后的雅万高铁上，将出现来自中国的标准动车组疾驰向前的身影。中国高铁的"金名片"不仅会让中国人体会到经济发展的强劲动力，也将让全世界感受到中国制造的不俗实力。

中国高铁"走出去"是一项复杂庞大的系统工程，涉及洽商立项、勘察设计、投融资、工程实施、装备供应、竣工验收、运营管理等诸多方面。中国发展高铁，绝不至于仅仅局限在国内，而是要"走出去"，这是高铁整体规划时就定好的大方向，前期集中物力人力财力大踏步发展高铁，中期集中发力宣传推广高铁，后期大踏步地"走出去"，不断增强企业核心优势，发挥龙头企业示范带动作用，做中国建设行业的领跑者；走全球发展道路，提升企业国际影响力，将高铁作为改革开放以来我国可以改变整个 21 世纪国际国内政治经济基本格局的一项战略产业。

根据整体的规划，高铁"走出去"可分为两个层次：第一个层次是轨道交通装备的出口，属于单纯的货物贸易；第二个层次是铁路系统的出口，即不仅仅提供机车、车厢、信号系统等设备，而且铺设整条铁路，属于货物贸易与服务贸易的结合。

经过 10 年的发展，中国高铁不仅是在设备上，在土木工程方面也具备了足够的优势，在欧洲发达地区，完全有实力将整个南北欧联结起来。中国高铁"走出去"的发展战略可以说是顺应"天时地利人和"。

在 2009 年前后，中国正式提出高铁"走出去"的口号，顺应"地利"之势，很快就成立针对不同国家不同市场的推广团队，正式开始运作"走出去"的战略。经过充分论证，确定了周边三条高铁规划战略——中亚高铁、欧亚高铁和泛亚高铁，其中两条直接对接欧洲大陆。中亚高铁与古代的"丝绸之路"重合，途经吉尔吉斯斯坦、乌兹别克斯坦、伊朗、土耳其，终点抵达德国，另外两条则因为各种原因没有谈妥，暂时被搁置。

中国高铁"走出去"的战略除了技术优势之外，还和欧洲当地的铁路情况有关，欧洲的很多铁路老化陈旧，需要更新，除了法国和德国以外，基本都比中国落后。向欧洲成套输出高铁设备是我国的重要战略。在欧洲，德国和法国是中国高铁的竞争对手，不过这两个国家没有中国融资能力强，设

备也比中国高铁的价格贵。

中国高铁"走出去"的战略布局绝不是"拍脑袋"的想法，而是一项让整个世界都享受到中国高铁的实惠，让中国和世界走向统一，进一步连接"地球村"。

从国内的发展程度来看，中国的发展已经进入经济结构转型的最关键时期，主要的方向也与以往不同，方法更为科学合理：调结构、促改革、稳增长，毫无疑问，高铁"走出去"的发展战略完全契合这三个方面，刺激经济复苏、扩大高新技术产业出口。从中国高铁自身来说，技术在世界上首屈一指，尽管发展过程中经历了曲折，但并不影响其先进，除了具备一定的自主知识产权，在一些领域都具有领先优势，加上中国高铁的里程的可观数量，其他国家都无法相比，加上相对低廉的制造价格，又为高铁"走出去"创造了有利条件。

从全球经济的角度来看，中国高铁"走出去"的战略瞬时顺势，完全契合"天时"之势，2008年全球金融危机，全球经济遭遇重创，美国尚在缓慢复苏，欧债危机"余威尚存"，而中东政治局势动荡，危机感强。美国为快速复苏，调整全球战略，实施"重返亚洲"的"再平衡"政策，主导TPP和TTIP，试图重新把控政治优势和经济优势。而中国高铁作为一剂强心针，是当前局面下唯一可以改变国际国内政治经济基本格局的战略产业，完全有机会有能力在不断恶化的国际环境中作为中国的一张王牌，重新推动欧亚大陆经济整合。

高铁"走出去"的关键优势，是中国能够提供融资，加上高铁技术上的优势；另外，还有一个很客观的优势，中国拥有全世界规模最大的外汇储备，综合以上种种因素，都为中国高铁在全球争取话语权提供了不错的条件。

中国高铁"走出去"战略是一种互惠互利的策略，"铁路修到哪里，哪里就繁荣"，将高铁作为经济发展的利器，打通经中亚、南亚通往中东、欧洲甚至非洲的陆上通道，推动欧亚大陆的经济整合，把各国的利益进行捆绑、结合，将在很大程度上减少地缘政治的冲突。

总而言之，中国高铁走出国门拥抱世界，对于当今中国乃至整个世界经济的发展，都可谓一剂不可多得的良药，其后续影响必将更加深远厚重。

2005年中标的土耳其安卡拉至伊斯坦布尔的"安伊高铁"，是中国海外承揽的第一个电气化高铁项目。此后，中国逐步提出包括欧亚高铁、中亚高铁、

泛亚高铁，甚至中俄加美高铁在内的"走出去"战略，并积极参与沙特阿拉伯、伊朗、巴西等国高铁项目的竞标。在国内加速建设、国外开拓市场的过程中，中国高铁培植起多层面的竞争优势。一是高铁本身技术先进、性价比高、安全可靠、兼容性强。二是形成工程建造、装备制造、养护维修、系统集成等在内的全产业链，具备产品、技术、部件、服务等多层次输出能力。三是高铁建设与融资、资本运作等相结合，进一步延长产业链。四是基于交通系统形成的"高铁综合经济发展模式"，能够以交通运输结合核电、通信、港口、园区开发等，带动城市建设与发展。这些优势的形成，使中国高铁在初期"走出去"受挫之后，逐步取得突破性进展。2014年，"安伊高铁"正式通车；2015年，中国、匈牙利和塞尔维亚三国拟合作建设的匈塞铁路塞尔维亚段正式启动。2015年5月，中俄企业组成的联合体中标俄罗斯莫斯科—喀山高铁项目的勘察设计部分。2015年10月，中国和印尼正式签署雅万高铁项目。中方正着力角逐马来西亚—新加坡高铁订单。这些项目从地域分布来看，主要分布在"一带一路"沿线，中国高铁的海外拓展，为"一带一路"沿线国家的共建、共赢形成重要支撑。

在全球经济向低碳模式转变的大背景下，高铁建设及开通对于国家带来的好处是不言而喻的。高铁线路开通运营，不仅能释放既有铁路的货运运输能力，提升既有铁路网的运输能力，加速人流、物流、能流和资金流流动，而且能扩大东道国国内外物流吞吐能力，促进进出口贸易，增强市场活力，增大对国内外投资者的吸引力，从而促进当地产业发展。进一步，高铁还能有效促进"一带一路"沿线的东部、中部、西部地区之间的互动与合作，为

新一轮的对外开放提供动力，带动东道国国内更多产业不断向国际拓展，参与国际竞争，给该国经济社会发展带来更大的增长空间和发展潜力。

尽管中国高铁"走出去"局面良好，且动力、实力、潜力十足，但也遭遇了不少尴尬。面对复杂的国际环境、激烈的市场竞争、难以预知的不利因素，中国高铁"走出去"可谓在艰难中前行。

21世纪是知识产权的世纪、专利技术的世纪，也是标准和品牌的世纪。谁掌握了知识产权和专利技术，谁拥有标准和品牌，谁就拥有话语权，就可以主导市场。中国高铁标准是中国高铁能够"走出去"最重要的基石，推动中国标准成为国际公认标准的过程，就是中国高铁品牌输出的过程，也是中国已经形成巨大产能的高铁产品和技术输出的过程。实证调研表明，中国高铁"走出去"的最大障碍在于高铁标准被国外垄断，国外主要采用欧洲标准，中国标准不被接受。目前，在海外还没有一条完全按照中国标准建设的高铁。中国高铁要进入欧洲市场，必须达到欧洲标准。尽管欧洲某些标准已经过时，但要进入欧洲市场，所有装备都必须费时费力地通过欧洲认证，这将严重削弱中国高铁的比较优势和竞争优势。

中国高铁虽然起步较晚，但中国是当今世界上高铁发展最快、运营里程最长、运营时速最高、在建规模最大、技术最全面的国家，可以承担从通信信号、工务工程、牵引供电、机车客车制造直至运营管理等"一揽子"出口。在国际市场上具有独一无二的竞争力。尤其是中国高铁运营里程已占全球的60%，是名至实归的世界第一高铁大国。因此，毫无疑问中国应该有自己的高铁标准。中国铁建等央企肩负高铁"排头兵"带领中国高端装备制造战略性产业走向世界的神圣使命，大力加强协同，形成生态圈协作，牢牢把握好央企必备的三大要素：自主知识产权、全球品牌及竞争力，剑指全球市场，加快集团化出海步伐，提高出口产品定价，提升海外市场的整体利润率，全面增强在全球高铁市场的国际竞争力。与此同时，切实发挥中国政府驻外机构和行业协会的指导协调作用，提高企业海外项目的中标率和收益，通过学习借鉴和自主创新，在较短时间内形成一套具有自主知识产权的高铁技术体系和标准，打造出中国自己的品牌和标准的影响力、竞争力和创新力。

第四节 高铁建设仍传统，智能建造挑战重重

2013 年，德国为提高制造业在全球的竞争力，提出"工业 4.0"战略，正式开启以智能制造为主导的第四次工业革命的大门。2015 年，中国跟进智能制造业的发展趋势，提出"中国制造 2025"，发展制造强国战略。

在"中国制造 2025"的整体规划中，"先进轨道交通装备"被列入重点领域。与此同时"互联网+"的提出，工业化和信息化的融合度将进一步提升，而这也为中国高端装备制造业实现智能化带来了前所未有的历史机遇。一边是高铁"走出去"的发展战略对智能制造的强大需求，一边是工业化和信息化的融合度对智能制造提供的机遇，中国高铁智能制造首当其冲，面临前所未有的机遇和挑战。

在机遇和挑战面前，中国高铁智能制造 2025 的规划是通过精细级、精益级、智能级三个层级持续推进，最终实现让信息化成为驱动企业技术创新、管理创新、商业模式创新的核心要素，打造世界一流的智能化企业。

抛开高铁层面的发展与建设，智能制造不只是一个项目或者一个环节的自动化智能化生产，或者说车间里一两个机器人作业，而是一个涉及生产、管理的各个方面，包括生产自动化智能化、产品智能化、装备智能化、生产管理精益化智能化、服务智能化在内的完整体系。

中国高铁历经 10 年发展，如今在技术上达到全球顶尖行列，而且"走出去"的发展战略也让中国高铁在国际上的名声越来越响；但不可回避的一个情况是，中国高铁的建设手段依然比较传统，距离真正的智能制造还有很大的差距，而且差距表现在方方面面。

以高铁基础设施的建设为例，在高铁路基、桥梁等施工过程中，还没有达到机械化施工的程度，属于半机械半人工的施工状态。至于高铁装备产业的机械化水平与核心部件还是严重依赖国外，凭借国内的技术，核心部件无法生产出来或者生产出来的不能完全满足现实的需要。比如，高铁路基施工过程中，由于国内的地形比较特殊，很多线路都要穿山，穿山时要挖隧道，需要穿过岩石，粗略估计一条高铁的线路，隧道能占 50% 以上。因为工程进度有要求，所以要保证施工进度，快速施工的条件之一是功能强大的像钻爆法施工的机器，这样的机械价格高，国外的机器每台一千多万元，国内正在研制的五百万元一台，但是这个机械的核心部分，还需要从国外采购，这就大大制约了我们的发展。

总的来说，如今中国高铁制作过程机械化水平较低，除了增加成本之外，还会导致施工效率较低，同时施工质量较差，而且大部分的重型机械化设备都需要进口，核心部件及技术都严重依赖国外，自主创新能力较弱，严重制约了高铁技术发展的同时，也限制了高铁的国际化战略布局。

在这种情况下，提高我国高铁建设的机械化自动化水平，依托自主研发、创新具有自主知识产权的机械设备尤其是大型机械化设备，显得尤为重要。

与此同时，还要进一步确立高铁建设技术标准。因为我国高铁在建设过程中，需要克服极为复杂的技术环境，且种种建设方法都缺乏可以借鉴和套用的经验与技术标准，所以就需要经过充分论证和完善的高铁建设技术标准，包括施工技术标准，确保在面临各种不同的自然条件下都可以确立正确的施

工方案和流程，为确保高铁工程质量提供借鉴的经验。

中国高铁要发展智能制造，完全贯彻"中国制造2025"的战略发展要求，就需要正视差距，加强技术改进，弥补技术和管理上的不足。在智能制造技术上，不断推动自主研发创新体系，加强自主知识产权保护。

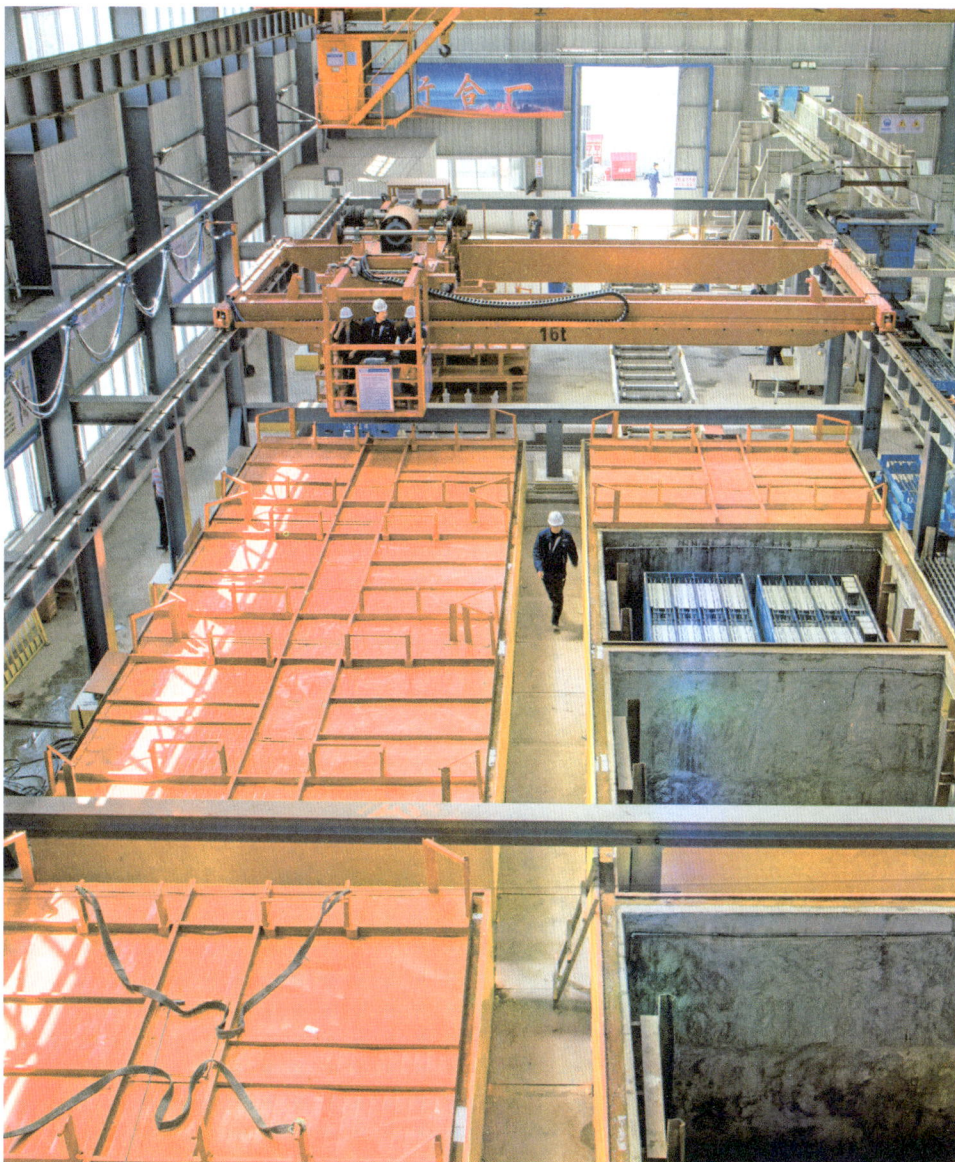

另外，在取得世界领先地位的同时，也要清醒地认识到德国、日本仍处于先进地位，中国高铁制造技术在影响力以及声望方面依然存在差距，这种差距既有客观因素，也存在着主观因素。尽管我国高铁技术目前已经处于世界领先地位，但由于发展时间较短，在安全、质量等方面还需要经受时间的检验，这也是目前高铁"走出去"的发展战略遇到挫折的一大原因，即便是速度、舒适度等方面的高度都得到了认可，但必须是整体实力的提高，才能在全世界范围提高影响力。因此，当下主要任务是不断发展新技术，让中国高铁经得起时间的考验；与此同时，要大力推广我国高铁品牌，使其在更大范围内提升品牌美誉度，进一步打造中国高铁品牌。

第五节 铁路客站发展史、特点及新趋势

一、国外铁路客站的发展历程

1825 年，英国成功修建了世界上第一条铁路，铁路的优越性和巨大的发展潜力迅速为人们所认识，很快铁路便在英国和世界各地通行起来。随着铁路的诞生，一种重要的公共建筑形式 —— 火车站建筑开始走进了城市。时至今日，世界铁路客站走过了漫长的风雨历程，它有过唯我独尊极尽奢华的辉煌，也有过在新型交通方式冲击下渐遇冷落的衰微和沉沦，并在如今演进着多元化、人性化的回归和复兴。

第一条铁路建成并投用以来，铁路为人类社会的文明进步与经济发展作出了巨大贡献。随着世界铁路的发展，铁路客站的发展经历了四个阶段。

1. 初期阶段（19 世纪 30—40 年代）

该时期铁路客站非常简单且功能单一，一般只是在铁路的路轨上覆盖一个站台雨棚为乘客遮风挡雨，基本上没有特定的空间形式和艺术特征。1830 年

建成的世界上最早的客站 —— 英国利物浦的格劳恩车站就是该阶段客站的代表。随后，为了满足不同层次旅客的需要，在一些重要铁路客站中增设了提供餐饮和储藏货物的设施，如伦敦的波士顿站（1837年）、帕丁顿站（1838年）、滑铁卢站（1848年）和国王十字站等。

铁路客站的选址因城市发展背景和规模而有所不同，欧洲城市如伦教、巴黎，均把车站建在城市周边，而美国则是在铁路客站周围发展城市。总之，以站台为主体是19世纪30-40年代铁路客站的量大特征。

2. 快速发展阶段（19世纪50年代—20世纪初）

该时期铁路客站逐渐发展成为旅客心目中具有"城市门户"作用的标志性建筑，它应用了一些先进的建筑思潮和方法，以及代表当时先进技术的钢铁和玻璃等新兴材料，并逐渐蓬教发展，成为一种体态宏伟、功能复杂的建筑类型。这时期，客站主体是巨大钢铁桁架，带有透光的玻璃屋顶，体现了工业革命带来的钢铁业的巨大发展，也反映出"新艺术"运动的影响。

这时期的铁路客站建设讲究豪华气派，带有浓重的古典主变风格，拥有宏伟华丽的主站房、豪华的候车厅及跨度极大的月台大厅，室内功能划分详细而又等级有序，体现了工业革命时期欧美资本主文国家极度膨胀的表现欲。因此，这一阶段的铁路客站称为"维多利亚式"，如英国的维多利亚站，19世纪后期建成的伦教圣潘克拉斯火车站、巴黎总站、法兰克福总站，以极建于20世纪初的华盛顿总站和意大利米兰中央火车站，都是这一时期的代表。

3. 平稳发展阶段（20世纪20—60年代）

20世纪20年代以来，随着汽车、飞机等其他交通工具的快速发展和日渐普及，加之铁路自身存在的速度慢、效率低等问题，铁路发展变得迟缓，铁路客站的建设也陷入低潮。与此同时，现代主义建筑运动对铁路客站设计产生了巨大影响，建筑一改过去规模庞大、装饰繁琐的风格，逐渐追求简化、紧凑和高效，带来一股清新、简洁的风气。客站的主体仍是旅客进站大厅和候车大厅，并以此联系其他辅助服务空间。与前一时期不同之处在于，该时期客站设计开始重视高效率的流线组织，减少不必要的空间和分隔，平面更加紧凑，使用效率大大提高。意大利罗马总站和德国法兰克福站都是这一时

期颇具代表性的客站。

20 世纪 50 年代以后，以日本为代表的一些发达国家开始发展高速铁路，同时对城市中原有的铁路客站进行了大规模的改造升级，使铁路客站与城市公共交通的衔接更加方便快捷，其客运功能日渐丰富。由于铁路旅客列车接发频率及正点率的普遍提高，取而代之的是一个多功能大厅。这种复合的多功能空间，使得客站内部的流线组织进一步简化，缩短了旅客的滞留时间，同时极大地提高了客站空间的使用效率。加拿大的渥太华车站和荷兰的鹿特丹总站就是这一时期的成熟作品。

4. 综合发展阶段（20 世纪 70 年代至今）

20 世纪 70 年代以后，全球出现大范围能源危机，许多国家开始重新认识铁路的地位。与此同时，随着欧洲高速铁路的建设，铁路运输以其低能耗、高效率、环保、安全等优势迎来新的发展机遇。由于发达国家现有交通运输系统已相当完备，高速铁路的引入形成了更加完备的交通网络体系。新建铁路客站在站址的选择上更加注重与城市道路、轨道交通、公路、航空、水运等交通方式的结合，设计上更加注重客站与站外交通的有机衔接，以及内部各种交通方式之间便捷有效的换乘，有利于城市公共交通体系整体优势的发挥。

这一时期的铁路客站建造工艺采用了大量现代建筑技术成果，以精巧、纤细、富于想象力的大跨度结构代替了原来规模宏大并带有古典装饰的巨型结构。同时，采用先进的节能环保技术来确保客站经济高效地使用。这些变化反映了当代铁路客站建造上的高科技水平和先进的建筑设计发展潮流。法国的里昂机场站、里尔站、普罗旺斯站，德国的法兰克福机场站、柏林中央火车站、斯潘道站，奥地利的林兹站都属于这个时期的典型客站。

二、我国铁路客站的发展历程

随着铁路建设的发展，我国铁路客站从无到有，经历了四个阶段。

1. 中华人民共和国成立以前的铁路客站 —— 传统型

1888 年年底，我国自办铁路中的第一个商埠站 —— 天津老龙头火车站开始动工，标志着我国站房建筑发展的开端。

19 世纪末—20 世纪 20 年代，我国的铁路客站多为国外建筑师设计，基

本上沿袭和照搬西方国家的模式。客站规模小，内部功能简单，外观为具有西方各国特色的古典主义风格的大杂烩，坡顶、钟楼和拱券是其主要构图元素。京汉铁路汉口大智门站、京奉铁路正阳门东站及京张铁路西直门站是典型代表客站。20世纪30—40年代，我国建筑师逐渐主导设计或参与其中，出现了外观中西合璧甚至完全模仿我国传统建筑的铁路客站，如南京下关和老杭州客站。

总体而言，中华人民共和国成立以前的铁路客站数量少、功能简单、质量低，建筑形式多为线侧平式，外观、空间上多侧重装饰，实用性低。

2. 中华人民共和国成立初期的铁路客站 —— 功能单一型

中华人民共和国成立后，我国铁路取得了长足发展。这一时期，我国新建和改建了北京站、广州站、韶山站、长沙站和南京站等一大批铁路客站。该时期的铁路客站内基本没有商业空间，站房候车厅的设计借鉴了苏联铁路客站模式。

大型客站在建造形式上以体现中国的时代特征为主，多采用对称、高大、庄严的形象，其典型代表为1959年9月建成的北京站，其功能流线、空间组织极具民族色彩的建筑形象，这在此后很长一个时期内对我国铁路站房设计产生了重要影响。

3. 改革开放后的铁路客站 —— 综合型

20世纪80年代以后，随着我国国民经济的快速发展，改革开放为学术界汲取国外先进成果创造了有利条件，因此这一时期的客站建设借鉴了发达国家的设计，并引进了不少国外设计理念和建筑形式，先后建成上海新客站、北京西客站、成都站、郑州站等一大批铁路客站。

这一时期大型客站的显著特征是高架候厅，综合服务建筑前后相连、紧密结合。高架候车厅的出现，使铁路两侧双向进站成为可能。候车厅的修建不需要另外占用站前广场或城市用地，使其容量扩大并简化。同时，客站一改过去单一的上下车功能，开始向满足旅客多种需求的多功能综合型方向发展，与20世纪60—70年代相比，具有了明显的市场经济特征。

客站建筑具有讲究美观先进的特点。1998年落成的杭州站把铁路客站建筑放在铁路、城市和城市交通这个综合大系统内思考，真正做到将站场、站

房和站前广场统筹规划、一体设计。杭州站的建成使该时期铁路客站建设水平达到了一个新高度。这一时期的铁路客站参照了发达国家商业综合体的形式，车站建筑体量巨大，场面宏伟壮观，虽然满足了当时各地城市的时代风貌，但与当时中国的铁路运输特点不相适应。

4. 新型铁路客站 —— 枢纽型

2003年以米，我国开始加快铁路客站建设，为了更好地指导新时明客站的建设，原铁道部提出了"以人为本以流为主"的客站建设理念。有这一理念指导下，我国设计并建成了北京南站、武汉站、广州南站、上海虹桥站、西安北站、成都东站、南京南站、郑州东站和兰州西站等一批以客运专线为主的城市交通枢纽客站。这些设计充分反映了当代铁路客站的巨大变革。

三、新型枢纽型客站的特点

长期以来，将铁路客站分为站房、站场、跨线设施和站前广场几个部分，特完整的旅客进出站过程人为地分为几个部分，其结果往往是把车站的功能复杂化。新型枢纽型客站打破了这种界限，把车站作为一个统一的整体来看待，考虑系统集成和整体最优。

随着高速铁路建设的快速推进，一批功能强大、设施先进、服务一流的现代化铁路客站相继建成。新观念新技术在铁路客站中的研究和运用，使铁路客站与以往相比在形式上发生了根本的改变。现代铁路客站凸显了较以往传统客站有重大不同的基本特征，主要表现在以下三个方面：①大型客站采用枢纽型的设计思路，将铁路、地铁、轻轨、城市公交、出租车综合起来，同时将铁路站房与城市广场统筹考虑、一体化设计，形成了比较固定的设计模式；②面对城市土地资源的日益紧张，铁路客站的规划设计应满足立体化、多层化、多功能的要求；③倡导客站总体规划布局因势利导、内部空间组织化繁为简、建筑空间开敞通透、造型流畅，以彰显其标志性建筑的定位，并在一定程度上反映地域历史与文化特色。

1. 交通体系从二维走向立体

传统铁路客站受铁路设计规范和管理体制所限，绝大多数是以候车大厅为核心组织建筑内部交通，利用室外广场组织交通转换。在倡导综合化、高速化的今天，铁路客站应使自身的内部交通与城市综合交通换乘接驳，使城

市交通从二维形式向多层次立体化发展。因此，从某种意义上讲，高速铁路客站的功能正呈现集约化发展，以实现城市综合交通的高效复合。高速铁路客站与城市交通相结合，包括接驳地铁、地下商业街、地面公共交通、出租车、社会车辆、高架轻轨甚至高架步行天桥等，利用地下、地面、高架的连接方式在城市空间中形成不同的运行层面。各系统要素需要立体化的设计策略，包括站房与站场、站房与站前广场、站场与站前广场、站前广场自身的立体化，合理地组织轨道交通、地面公共交通、出租车和社会车辆，以避免交通干扰，实现零距离换乘。

2. 建筑功能由单一走向综合

近年来，随着城市经济文化的发展，大型综合建设项目在整合城市资源方面的优势逐渐凸显，而传统铁路客站由于封闭的建筑空间、枯燥乏味的等候过程和以候车为核心的单一功能已无法适应当代旅客的需求。在这种背景下，无论是铁路客站建筑周边环境还是客站内部综合空间的建设，都应该吸纳更多的城市功能，实现使用功能的综合化，这在铁路客站建设中体现得尤为突出。铁路客站实际上就是集合多种城市功能的综合体建筑，它可以集购物、金融、餐饮、酒店、娱乐及住宅于一体，通过平面与立体的各式交通空间与客站主体相联系，在满足客站基本功能的基础上增加综合服务性的复合空间，形成新的客站组织模式，成为充满经济活力及文化魅力的城市中心。

3. 建筑空间由封闭走向开放

传统铁路客站的封闭性造成城市结构的割裂，削弱了铁路线路两侧城市空间的连续性。考虑到这些不利因素，近年来建设的高速铁路客站更加关注空间的开放化，逐步融入城市的空间系统，形成适合于区域发展和人性化的开放化、立体化的功能系统，从而实现区域的协调发展。高速铁路客站内部空间与城市空间的统一考虑，往往是将城市空间向建筑内部渗透，使其在地面、地下和空中多个层面对接形成街道、广场、绿地等城市空间和步行系统，从而使建筑空间更加开放，人们在其中的归属感也更趋强烈。

4. 建筑形式由分散走向整体

以往的铁路客站内部功能分区明晰，呈对称布局，体现了现代主义建筑"形式服从功能"的原则，形成了"三段式"的形态构成。当今，高速铁路客站

重视通过性设计，消解不同功能空间的划分，达到综合大厅下多种功能空间的复合，建筑空间组织也从平面组织向立体方向发展，从而使布局形式紧凑统一。另外，受当代审美影响，新时期高速铁路客站更重视建筑的整体性营造，并逐步形成了功能与形式的统一。在当前的客站建筑创作中，一系列符合新科技、新观念的建筑形态不断通现，呈现出形体巨构化、空间流动性、界面连续性的特点。

四、新型枢纽型客站的空间发展方向

传统铁路客站的空间构成模式大多是将铁路客站的站前广场、站房和站场在平面上依次排开，站场与站房的位置关系一般为线侧平式、线侧下式、线侧上式和线正上式等。随着铁路客运量和城市交通量的迅速上升，站场与站房之间的交流与冲突不可避免。传统的功能布局方式、低效率的等候式旅客流线设计、分离的停车场型车辆流线组织都不能满足当代铁路客站的功能要求。因此，铁路客站建筑与站前广场、站场的设计必须密切融合，创造全新的铁路客站形式。

1. 立体化空间组织

立体化空间组织的其中一个推动因素是土地的集约化使用，除此之外，立体化空间组织也能让功能空间之间、城市与建筑之间建立更紧密的联系。铁路客站作为一个城市中公共性特别强的建筑，更应该考虑建筑与城市的一体化设计，在空间职能上形成建筑紧密联系城市和积极接纳城市功能。与传统的铁路客站相比，新时期综合型铁路客站将城市交通系统及城市功能空间引入车站内部，使单一功能的铁路客站功能多样化。新型铁路客站综合开发利用地面、地上及地下空间，将传统的站前广场、站房、站场重新组织、形成立体层叠、高架候车、上进下出的格局，使内部空间联系更为紧密、流线更为科学，并提高了土地利用率，减小铁路客站对城市的消极影响。

2. 内部空间高度复合

空间复合是指不同功能空间发生关联而合成一新的空间整体，反过来解读，则为统一空间区域中有多种功能空间的并置或交叠。空间复合化设计的本质体现在三个方面：一是开放性设计，复合化空间的设计打破内部各空间的相对独立，空间达到相互融合，实现内部空间的开放性；二是整体性设计，

复合化空间的设计使分散的单元空间统一起来，形成一个大的整体空间；三是适应性设计，复合化空间的设计结果必然是具有流动性的大空间，因此可以根据实际需要灵活调整空间的划分，另外，复合化设计的空间对人流密度的波动有较强的适应性。开放性、整体性和适应性的空间设计的优点是：打破各个功能空间严格划定、各自为政的局面，使空间广泛融合；让功能空间相互补充、相互渗透和互动，增强空间活力；空间的复合化使空间的组织紧凑、距离短捷，空间之间的连续性好，各个空间的可达性好，给使用者带来方便，提高了人的行为的有效性。

3. 集中式大空间

集中式空间组合往往能形成以中心空间为主、各副空间为辅的空间等级结构，形成良好的空间秩序。一方面，集中式空间组织使空间具有向心力，空间是聚合的形态而非分散的形态，使空间与空间之间的联系紧密，其路径具有多样性，更为短捷，周围空间具有良好的可达性，这些优点使其成为大多数新型"通过式"铁路客站的选择。另一方面，得益于现代大跨度空间结构的发展，铁路客站在集中式空间的基础上形成集中式大空间。例如，上海南站周围的一系列小空间和中部候车大厅被包括在统一的大屋檐下，内部俨

然形成了一个"小城市"。新型铁路客站的集中式大空间组合使各种功能空间紧凑，旅客不用频繁进出站便能完成各种活动，很好地解决了新型铁路客站的功能繁复的事实与空间简洁的要求间的矛盾，这对于快速通过有着重要意义。

4. 人性化空间规划

客站的总体布局要从"人"的角度考虑，把空间可读、导向明确作为客站总平面布局的要点。例如，兰州西站的进站大厅是一个覆盖在站台和高架候车室之上贯通的大空间，旅客进入大厅就可以一目了然地看清楚整个客站的布局，进而选择自己的行进方向。

5. 高铁不停站可上下乘客

想象一下这样的世界：火车永不停止地运转，在经过车站时都不用浪费时间停下来接乘客。乘客不用在站台上等待，也不用排队通过火车一系列狭窄的门，而是在轨道上的吊舱里面等待。这是未来高铁的发展方向。这个设计理念是：首先，要上车的乘客走进位于铁轨上方站台上的一个吊舱里，当火车通过车站时，吊舱锁住火车车顶，乘客通过一个楼梯进入底下的火车车厢里；然后想要下车的乘客移动到车厢尾部，进入顶部吊舱，当火车到站时，尾部吊舱脱离，就可在下一站下车，另外一个吊舱再次连接上火车。在北京和广州之间，大概有30个火车站点，如果每站火车需要停5分钟来让乘客上下车，那么整个旅途就增加了2.5个小时的时间。这种概念设计既能缩短火车运行时间，又能节省能源和燃料，具有一定的前瞻性。

五、铁路客站建设与管理的新趋势

高速铁路的出现，大大推动了铁路交通运输业的发展，并使铁路在交通运输体系中逐渐占据了主导地位。近年来，我国高速铁路的快速发展激发了大规模的高速铁路客站建设。回顾近年来国外及我国范围内高铁客站建设案例，可以清楚地看到，当代高速铁路客站正发生着深刻变革，从运送旅客的功能性"容器"逐渐转变为具有城市发展触媒、城市空间节点作用的鲜活有机整体。当下，它正以更现代化的方式展现交通建筑的效率和动感，以更开放的积极姿态融于城市的公共生活，以更具个性的形象体现城市的内在性格与精神特质，展现一座城市乃至一个国家的风貌。

1. 铁路客站建设的新趋势

（1）先进的设计理念及建设手段

设计理念是客站建设的灵魂，它不仅要面对现实、适应当前需要，而且要面向未来、具有前瞻性。新建铁路客站的设计要在"以人为本、服务运输、强本简末、系统优化、着眼发展"的新的建设理念指导下进行。因此，铁路客站的建设必须用先进的设计思路来实现。随着一批新型客站的建设，一大批国内外优秀的、富有经验的设计队伍，带来了许多具有启发性的、高水平的新思路。建筑师把这些新思路与我国的国情、路情和客站站房的使用需求相结合，积极探索出新一代中国客站的设计理念、建筑模式。

一个功能强大、系统完备的车站建设需要采用先进的技术去实现，主要体现在标准化管理思路和实施信息化管理两个方面。

（2）铁路客站融入城市综合体

从城市角度给铁路客站定位，环保、生态、节能、人性化和可持续发展等国际上最先进的建筑理念在新的客站设计中得到了充分体现，铁路客站正向城市交通枢纽的概念转化并融入城市综合体中。以往呆板单一的模式正在被各种适应未来的、功能合理的、设计新颖的模式所取代，各种不同形式的交通被组织到客站不同的层面，并融入城市交通、商业综合体中。例如，台北火车站，位于其后方介于市民大道兴华阴街间的交九用地，开发完成后，可提供长途客运转运站用地，届时台北火车站周边长途客运将转移至此，除改善当地交通问题外，更可带动客运公司上下车月台站区土地的开发，展现台北火车站特定专用区的新风貌。

（3）"铁路＋物业"客站模式

新一代铁路客站应在继承的基础上，结合新的需求创新发展。新观念带来新的设计思路，新视角开启新的建设模式。"铁路＋物业"的客站模式具有以下主要特征。

①建设理念上客运为根，服务为本，以站拓商，以商养站。客运业务是铁路客站之根，适应时代、满足需求是客站生存之本。根据自身特点和市场需求，以舒适快捷的客运业务合理搭配效益良好的物业运作，以客流拓展经营、

以效益促进服务，两者互补共生。

②规划上符合城市发展的以公共交通为导向的开发（TOD）模式。新一代铁路客站建设面向社会、服务城市，成为重要的公共交通设施之一纳入城市建设的 TOD 模式，符合站点周边高强度集约化的土地开发策略。

③"铁路＋物业"客站是兼具内外交通功能的城市综合体。车站形式灵活多样，不再孤立强调站房的个体形象，通过赋予多样化复合功能，成为具备交通功能的城市综合体。综合体的建筑体量大小并不取决于车站的等级和规模，可以消除过去攀比城市客站规模心态，使站房功能回归客运需求本身。

④"铁路＋物业"客站是可持续发展的绿色车站。车站强调"四节一环保"，规模适当、高效舒适，可灵活适应未来变化发展。将第三代客站建设后期逐步建立的"节能环保"意识拓展为以"绿色铁路客站标准"评价客站全生命周期。

2．铁路客站管理的新趋势

随着我国高标准铁路建设的不断深入推进，一大批基于科学理念建成的现代化铁路客站也逐步投入使用。铁路客站必须从经营管理上不断适应新形势的要求，建立完善客站多元化经营的开发运营管理机制，实施多元化经营战略，全方位拓展市场，多渠道地提高经济效益。

铁路客站多元化经营包括客站运输业和客站非运输业。在客站运输业中，将满足旅客基本出行需求作为主要目标；而客站非运输业主要以满足旅客高层次需求为目标，力争为社会民众提供其他商业服务。客站多元化经营不是简单地将商业空间引入客站中，而是从根本上将非运输业务作为增加收入的来源。对于客站运输业和客站非运输业的管理部门与经营主体，应建立完善相互之间的协作机制和管理体系，推进客站多元化经营业务统筹组织的系统化，提升客站经营管理水平和配套商业服务水平。

此外，客站应该更好地体现公共建筑的城市职能，使城市居民可以享受到铁路客站建筑的作用，在站内开辟有效的消费活动空间，让更多的社会人群也可以在站内餐饮、购物。根据国外客站综合开发的成功实践，采取建设客站综合楼的形式，增建上盖物业，将商业空间和站运空间联系起来成为整体，是现代化铁路客站综合开发的发展趋势。利用这种开发模式，可以盘活铁路

存量资产、全方位拓展铁路客站经营效益。

六、铁路客站建设与运营管理所面临的新挑战

1. 建设面临的新挑战

2003 年以来，我国高速铁路快速发展。与之相对应的高铁客站迎来了快速发展的难得机遇。这些客站无论在站区规划、功能布局、交通流线、建筑造型、关键技术上，还是在服务设施上，与以往客站相比都有重大创新和突破，但也面临着一系列的需求和挑战，主要体现在以下方面。

(1) 建设理念新

为贯初落实"以人为本"和"可持续发展"的理念，客站的功能定位需要从"单一的铁路客运场所"向"综合交通枢纽"转化，运营管理需要从"便于管理"向"方使旅客"转变。传统客站的建设理念已无法适应功能上的巨大变化，必须要有与之适应的新理念。这种新理念还需要落实到管理、设计、施工等各个层面。

(2) 时间要求紧

高铁客站的规划设计受制于高铁线路、车场以及城市轨道交通、市政道路、站区规划等多重因素，开工时间一般滞后高铁线路 2 年左右，但必须与高铁线路同时开通。我国高铁的工期一般只有 4 年，留给客站的工期只有 2 年左右。

(3) 技术难度大

综合交通枢纽的功能定位、立体化的功能布局模式和动车组高速通过对特大型高铁客站的空间结构、节能环保、环境控制、消防安全等带来了一系列技术难题。尤其是大空间、大跨度的空间结构体系最为复杂，需要承受动车组高速通过和反复停靠的长期活载。突破特大型高铁客站空间结构上的难题，是实现综合交通枢纽功能定位的基本前提。

(4) 专业接口多

高铁客站是一个复杂、庞大的系统，涉及 30 多个专业，同时与地铁、市政道路、城市规划等行业密不可分，专业接口管理和系统集成管理的难度大。

(5) 协调难度大

高铁客站与城市轨道交通、市政设施等工程关系紧密，涉及市政、规划、环保、国土、地铁，甚至航空等十几个部门。例如，上海虹桥站涉及 4 家铁

路企业、5家地铁公司以及机场、市政等多家利益主体，多业主、多设计单位、多工程、多专业、多工种、多操作之间交叉，错综复杂。

（6）施工组织难

特大型高铁客站具有多工程同步施工、多工种交叉施工的特点，具有场地局促、进出口少、施工单位多、运输量大的共性。如何确保施工场地内外交通畅通和多层次立体交叉作业状态下各工序的有序转换，对施工组织提出了巨大挑战。

2. 运营管理面临的新挑战

目前，我国铁路客站的多元化经营活动涵盖了餐饮、零售、广告、休闲等多个领域，高铁客站商业开发也借鉴国际国内的交通枢纽商业模式，在开发理念和运作方式上进行了有益的探索尝试。从运营情况来看，客站多元化经营已经取得了一定的经济效益，对客站的空间和资源优势进行了一定程度的利用，有利于客站通过业务组合来提高盈利能力。但是从管理层面来看，客站多元化开发经营的配套机制和制度还不尽完善，存在一些突出问题，面临一些新的挑战。

（1）客站多元化经营规划滞后

目前，我国铁路客站的方案设计和经营理念仍是以运输生产为主，客站商业部分的规划、设计比较滞后，缺乏在客站项目早期对多元化经营的整体考虑。客站在设计上更多地停留在满足旅客旅行需求的层面，客站建筑设计规范主要是客运服务的内容，而商业开发的内容及要求极其匮乏。客站商业开发多以客运帮助配套的名义进行，多数客站只是利用现有的客站资源有限度地进行商业经营。

（2）经营主体与管理部门的协调配合不顺畅

客站多元化开发经营过程中，经营主体需要与客运、路政、公安、消防、卫生等多部门以及地方政府部门、设计单位、施工方等开展合作，其中伴随着大量的协调配合问题。例如，春运期间，一些客站的业务管理部门不与企业沟通，直接关停旅客候车茶座，将茶座免费用作旅客候车室，影响了多元化经营创收。又如，部分客站对商业网点的水电、消防等设施的管理职责划分不明确，协调处理机制不健全，严重影响了商业经营活动的开展和铁路商

业开发的市场信誉。

(3) 铁路部门与合资公司、地方政府的利益分配存在矛盾

铁路部门与合资公司、地方政府在某些项目的经营主体和利益分配方面存在较多矛盾。铁路局对合资公司所属客站的商业开发缺乏统一规范的管理制度，铁路局在承担合资公司所属客站的商业开发中，由于收益分配不能达成一致，经常出现商业运作搁置、延后的现象。在站外传媒设施的设置及利益分配上，铁路客站与地方政府市容市貌管理等部门也存在较大争议。诸如此类的问题反映出铁路客站开发经营主体与合资公司、地方政府的沟通协调需要进一步加强。

（4）客站多元化经营人才缺乏

客站多元化经营最大的挑战是规划设计的专业复杂性，因此必须引进具备专业特长和市场实战经验的商业设计人才，同时要培养精通铁路专业管理和现代商业经营管理的企业家队伍。由于铁路辅业改制等历史原因，铁路多元化经营企业落实铁路总公司要求，接收了大量运输业分流人员，导致客站非运输业工作人员的专业性和技术性较差，不适应客站多元化经营的高标准要求。

随着铁路改革的推进，对铁路客站进行多元化开发，是响应铁路行业推进多元化经营战略、提高经济效益的重要举措，也是合理配置资源、促进客站与城市经济协调发展的有效途径。铁路还需进一步转变经营理念、创新开发模式，健全管理体系、完善管理制度，努力提高客站经济效益，促进客站的现代化发展和可持续发展。

第二章
精益建造管理的
理论概述

平准化生产	→	资讯管理、迅速管理、全员自主改善
后拉式生产	→	供应商管理、看板管理
同 步 化	→	生产节拍、平衡生产、单件流
连 续 流	→	多能工、快速型体转型、
稳 定	→	6S、目标管理,TPM.KPJA指标

精益生产=理念=文化

　　在 20 世纪五六十年代，丰田公司开始了精益生产管理。与此同时，澳大利亚的建筑公司 Jennings 将精益思想贯彻到企业的日常生产建设中，这直接促进了 Jennings 公司的迅速发展，使其从小房屋建筑企业逐渐发展成为一家大型的建筑公司,在澳大利亚可谓美誉盛传，其快速崛起依赖的并不全靠技术，其中，先进的管理模式和方法——精益建造功不可没。

　　1992 年，Lauri Kcmkela 在斯坦福大学提交了一篇报告。在这篇报告中他首次提出了"精益思想"，主张将这种思想应用到建筑行业中去。他在这篇报告中指出，建筑过程也是一种生产过程，只不过是一种特殊的生产过程，它在制造业中的成功应用为其在建筑施工管理中的运用提供了可能与范式。

　　精益生产管理理论是精益建造生产模式的基础，精益建造强调的是精益思想，以这一思想为指导对工程项目施工管理的各个过程进行精益设计，尽可能地做到以最高的质量、最短的工期以及最低的资源消耗来完成施工工程项目，这是一种新型的项目工程管理模式。

第一节 精益生产、精益建造的理论研究

如何将制造业中先进的生产管理理论运用到建筑业中是精益建造理论研究的重中之重，也是它的精髓。精益建造理论最初的研究主要集中在对建筑业和制造业的比较上，目的就是将精益生产理论更好地运用到建筑业中。Koskela 回顾了精益生产的思想、原则和方法，并对其在建筑企业和制造企业的可应用性进行了深入分析；戈登瑞格认为，在设计和建造过程方面，虽然建筑业和制造业有很大不同，但精益生产方式却具有相同的适用性，它可以在很大程度上提高建筑物的交付效率，加快建造施工进度；Bert Melles 则将"Lean"原理对于建筑业的意义进行了重新认识。通过对生产理论的进一步研究，Layn Koskela 构建了建筑生产 TFV 理论模型，进而促进了建筑生产理论研究的发展。

生产理论的不断发展为建筑管理带来了新的契机。学者们在对建筑业中广泛应用的生产理论进行讨论的同时，也对建筑管理理论做了进一步的研究。

Sven Bertelsen 和 Lauri Koskela 研究的出发点是生产理论和建筑管理理论，并对建筑生产过程的特殊性进行了深入研究，同时以生产 TFV 理论为中心构建建筑管理模型，从而在一定程度上对精益建造的理论基础进行了完善。Ballard 和 Howell 对生产系统的管理模型进行了阐释，建议通过生产系统的设计、操作和提高来实现对项目的精益管理，促进精益生产。对于精益建造的文献研究一般集中在理论和应用两个层面。

一、理论层面的研究

到目前为止，关于精益建造理论层面的研究，我们可概括为以下三个方面。

1. 最后计划体系

最后计划体系（the Last Planner System, LPS）由 Ballarcl 提出，而后继续完善了这一理论。LPS 是由实施计划的人参与到计划的制订中来，尽可能降低由计划制订的不合理带来的浪费。计划分为主计划、前瞻计划和周计划，结合施工现场情况、资源配置，确保计划可以按期执行。

2. PPC 生产理论

PPC（The Percent Plan Completed，简称 PPC）是衡量计划是否有效。它指的是在计划的时间内未完成的工作量与计划完成量之比。在精益建造的初

期，为了提高生产效率，主要引用了精益生产的理论。Ballard 和 Howen 经过研究认为，传统的计划制订模式不适合飞速发展的建筑业。基于建筑业的粗放生产模式，有些计划细节无法改变，Ballarcl 提出周 PPC 的概念，即改变了传统计划制订方式，提升 PPC，可确保有效实施精益建造管理。

3.TFV 生产理论

Koskela 认为精益建造应该建立自己的体系。他认为建造过程应该从建筑产品的输入输出、材料信息流和为业主创造价值这几个角度进行分析。随后他提出了在建筑施工项目管理中所需要的一种全新的理论——TFV 理论（具体在后面详述）。TFV 理论在传统项目管理的转换理论之外，从流程和客户价值的角度阐述了建设生产过程。稳定生产流程、消除流程中的浪费、尽量满足客户价值，是精益思想精髓的体现。随着研究的深入，TFV 的管理模型也被提出，从合同、流程、价值管理三个方面与 TFV 相呼应。随着 LPS 方法、PPC、TFV 体系的建立，使得精益建造成为一个较为完整的具有可行性项目管理体系。

二、应用层面的研究

1. 应用研究

Greg Howell 和 Glemn Ballard 是最早探索精益建造在实践中应用的代表性人物，他们讨论了精益建造应该如何在建造实践中有效实施，并运用了精益建造管理的技术方法提高建造效率。Lincoln 提出了要运用网络技术建立精益建造的系统，促使其在建造过程中实现精益建造管理。

2. 精益建造的应用优势

众多的研究发现，运用精益思想到建设项目当中可以大大减少施工建设过程中的浪费，提高管理价值以及建造效率。精益建造的优势体现在以最低的成本、最大化的产品价值使业主满意，它关注整个项目的价值流，并且在项目实施的过程中追求完美。另外，精益建造可以对施工过程做进一步的优化。统计资料显示，在施工管理方面，与传统的项目管理模式相比，精益建造的管理模式与方法会更具有优势，它可以有效减少库存，减少现场施工人员，缩短工期 10%，收益增加 20%。例如，日本建筑企业采用精益建造的思想，也使得安全事故率大幅度的减少。

第二节 国内精益建造的研究现状

随着精益思想的发展，关于精益思想在建筑行业的应用研究在近年来有所增加。

一、基本理论研究

邱光宇等专家认为精益建造作为一种先进的、能够减少浪费的项目管理方法，在我国推行精益建造具有重要意义，但是同时在我国大力推行精益建造有一定的阻碍，并对如何在我国推行精益建造施工项目管理提出了相关的措施建议。谢坚勋介绍了精益建造产生的背景和精益思想的五项原则，并根据上述内容提出了精益建造的具体内涵，在对现阶段精益建造的研究成果进行总结的基础上，提出了下一阶段展开精益建造应该研究的内容。宾梅通过对精益建造的研究，认为精益建造的核心内容应该围绕减少浪费、缩短工期、提高质量等目标，持续提高项目管理的水平。

二、应用研究

1. 关于精益建造的应用研究

根据精益建造的方法，构建了精益建设系统的整体构架，研究了应该如何应用精益建造管理的方法、模式，并且对精益建造实际应用中可能出现的问题做出了分析。王珂对精益建造下的质量管理进行了研究，提出了精益建造在施工项目质量管理的应用。赵璐、曹留岭对精益建造在成本管理中的应用进行了简单的分析研究。

2. 在中国推行精益建造的比较优势

国内众多学者通过研究认为，精益建造体系下的项目管理模式在中国同样具有可行性，并且该管理模式有利于推动中国建筑业的结构优化升级。如苏振民、闵永慧就认为精益建造拥有广阔的发展前景，可以在建筑业中得到更好的推广，而且精益建造的使用有助于进一步实现经济的可续发展，同时也可以加快项目进度、提高施工生产的效率、业主对于项目的满意度也得到提升。陈耕认为以精益建造思想为管理思想的施工项目可以拥有更高的建造稳定性，同时也可以获得更多的利润。专家们认为，精益建造的理论可以提高项目管理水平，实现标准化管理。

3. 精益建造在成本管理中的应用研究

众所周知，精益建造提出了一种新的管理方法来促进施工建设，提高建筑企业的效率，可有效提升其竞争力和建造系统的灵活性。甘新旺提出要加强对建筑企业精益成本管理，可使精益成本管理与项目的特点更好地结合，从而充分利用有利的因素，保障项目顺利实施，避免不利因素的影响，从全局、全过程的角度出发，全面考虑供应链的精益成本管理内容和方法。但是在研究中，有关精益建造的成本管理的研究还不是很全面。

综上所述，通过对国内外精益建造理论的文献回顾，我们可以发现，伴随着项目施工实践的发展，中国项目施工管理的水平也在提高。但与外国先进的管理体系相比，中国的管理体系还存在许多问题，特别是建筑工程成本管理水平亟需提高，包括成本预测、管理水平、分析机制的不健全限制了工程项目成本管理的发展。因此，将施工项目与精益生产的思想联系起来不仅具有重要的理论意义，在实际管理过程中也有较强的现实指导意义。

第三节　精益建造理论的经济学意义

近年来，科学技术发展迅速，管理水平日益提高，工程项目管理也在不断进步，但是现代项目管理理论受各方面条件的限制，工程项目施工实践过程跟不上实践的发展。项目工程施工建设的实践证明，现代工程项目的管理需要以新的项目管理理论为基础，只有这样才能有效促进建筑行业的持续健康发展。同时，工程施工项目也属于生产的范畴，因此，在一定意义上可以将生产管理理论看作项目管理的理论基础。在工程施工项目中，由于精益思想演化而成的精益建造理论应用性强，受到了广大企业的青睐，因而也具有广阔的发展和应用前景。

精益生产就是通过精益管理，实现有效降低生产成本、节约能耗、缩短工期，提高产品质量等目标。其中，精益生产过程所使用的资源数量通常会是普通生产过程所耗用资源的一半，同时也减少了生产空间，节约了生产资源，削减了资金投入，从而增强了企业资金的流动性；与此同时，精益生产也缩短了新产品的研发时间，提高了产品质量和顾客满意度。国内外的相关

学者对精益生产已进行了深入的研究，不仅探讨与生产实践相符合的生产模式，同时对这一管理方式进行高度概括，为很好地把精益思想应用于生产实际创造了条件。

一、精益建造理论

如果企业要实施精益建造管理，以此来提高工程质量、缩短工期、节约建造成本，从而提高整个行业的竞争力水平，那么就要深入分析生产理论模型，对各建造生产环节进行细化分析，构建关于精益建造的理论体系框架，完善精益建造体系，然后利用各种辅助技术对项目实施的全过程进行管理。精益建造思想虽然比较复杂，但主要由三个方面构成，包括转换模型理论、流动模型理论和价值生产理论。在此基础上，精益建造拥有更加广阔的使用空间，主要包括设计模式变革、客户需求管理、工程项目标准化管理、减少过程变化提高绩效、项目过程绩效评价。

专家们对精益生产做了深入研究，这也为精益生产原理应用于建筑业奠定了理论基础。与此同时，他们对传统生产理论进行分析研究后提出了新的理论——生产理论，认为主要应从三种观点对生产过程进行认知：①转化观点。这是一种基础的转化模型，即将生产过程中的原材料转化为项目工程实体。②流观点。这是一种流动模型，此观点要求在企业的生产过程中要加强企业信息与原材料之间的流动沟通。③价值生成观点。这是一种价值模型，即尽可能地降低企业在生产建造过程中的价值损耗，从而全面提高对企业资源的利用效率，增加产品的附加值。作为建筑施工企业，在一个完整的生产过程中，通过贯彻运用上述观点方法进行管理，可有效实施精益建造管理，实现降低成本、缩短工期、提高产品质量的目标，达到提高经济效益、提升企业竞争力的目的。

二、精益建造的应用理论

精益建造理论的应用主要包括以下五个方面。

（1）客户需求管理。对客户需求的管理主要包括四个方面：第一，对项目利益相关方的分析。此举的主要目的是为了对项目的业主进行更全面的了解，并深入分析使用者的市场需求，根据需求来进行项目的施工建设。要想满足项目利益相关方的要求，必须要对他们的需求进行很好的了解，做到知

己知彼，这样才能有效地满足业主需求，使自身企业更具有竞争力。因此，项目利益相关方的分析是项目成功的基础和关键。它主要是对客户的需要进行有效分析，从而确定消费群体和产品类型。第二，项目的前期策划，从工程项目立项到项目正式建设之前，有关单位首先要对工程项目进行前期的策划，对项目的施工建设做出整体规划，从而能够对项目的总体性做出进一步分析。对项目进行前期策划，主要目的是为了使工程项目能够顺利实施，并使企业能够充分利用公司优势，加强对项目全过程提供参考，从而确保对工程项目实现集约化经营，提高企业经营效率，节约利用企业资源，为满足市场需求奠定良好的基础。第三，双方进行信息的沟通。主要是指在整个项目

的过程中,管理人员与利益相关方之间进行的一种双向的信息交换方式。第四,客户反馈。通过对客户反馈信息的整理,可以进一步发现项目产品的使用效能,了解市场需求,适时调整项目的发展方向。

(2)设计模式变革。在传统的设计模式中,设计活动的完成者主要是承包商,设计完成后再将其交给分包商,以及所生产产品的制造商,这样做有一个明显的缺点:使那些有资格可以详细设计活动的人不能参与到设计过程中来。但是,在精益思想中,要求设计必须以合理化原则为基础,充分考虑各个利益相关方的需求,以消费者的需求为标准,对建造过程进一步优化。在这种管理模式下,各个角色都会发生明显的转变。

(3)绩效变化、流动可靠性和绩效评价三者之间关系比较复杂。在工程项目的实施过程中变数比较多,也普遍存在一定的可变性,因此在项目实施过程中要对其进行更加有效的管理,从而提高工程的施工效率。精益建造理论认为,由于项目的可变性对具体施工带来较大的影响,因此降低其可变性有利于提高施工企业的劳动生产率,增强企业施工作业的效率,从而降低施工成本,使企业获得更大的收益。针对这种情况,建筑施工企业可以采取一系列针对性的措施,力求减少企业项目和资源的变动条件,保持一个稳定的工作环境,最终确保输出绩效得到稳定提高。

(4)工程项目的标准化管理。对工程项目进行标准化管理,其标准化的对象主要包括三个方面:一是管理程序的标准化;二是管理内容的标准化;三是施工作业工序的标准化。

(5)注重全过程的考查和监督。绩效评价在管理过程中有着举足轻重的地位,它能够为项目过程控制提供必要的信息,提高项目过程控制的有效性,并使得项目建设目标的实现成为可能。从20世纪80年代初开始,全面质量管理思想在西方国家得到广泛的认可,并被普遍推广,促使越来越多的公司去开发和实施绩效评级系统。但是,鉴于绩效评价体系有效性的缺失,导致其建筑行业的应用受到了很大的限制。

我们认为,出现这种情况的主要原因是企业管理者的思想态度出现了问题,同时也表明企业管理层在专业训练方面的不足。事实上,很多公司对项

目变化的评价比较粗糙，只是从大的工作范围去评价工程项目的变化，并使工程项目得到有效控制，而在为公司提供决策信息方面，绩效评价系统很少会有公司采用。一般意义上来看，传统的绩效评价模式只注重原因和结果，过分地忽略了中间的过程，使中间环节变得没有效率，实际上绩效评价应从传统的模式中走出来，加强对整个项目施工过程的监督。

第四节　精益建造的构架

精益建造的构架是以精益建造思想为指导，逐步建立各种先进的管理措施，如标准化、动态管理、信息化、样品样板、网格化等。以人为本，文化贯穿精益建造过程，通过系统的发展和不断的改进，一步步实现精益建造的目标。

一、精益建造的支撑

标准化、动态管理、信息化、样品样板、网格化是在项目建设过程中逐渐总结和完善的理论体系与方法，它在客站建设过程中能够带来工期的缩短、投资的节约、质量的提升，为客站的精益建造起到了良好的支撑作用。

1. 标准化是精益建造的基础。管理制度标准化、人员配备标准化、现场管理标准化和过程控制标准化四个方面共同构成了精益建造的标准化模块。

2. 动态管理是精益建造的保证。精益建设是一个不断改进的动态过程，它永远都在找问题，分析原因，解决问题，使管理工作得到改进，达到一个

更高水平。

3. 信息化是精益建造的桥梁。参与各方从项目策划到交付的全过程需要信息化管理，共享信息。只有信息对等、信息流畅，才能保证信息的准确，保障项目管理人员、作业人员更好地实现项目精益建造。

4. 样品样板是精益建造的先行。像 TQC 一样，精益建设在实施方面还面临着许多问题，这些问题都是因为员工抵触而拒绝接受任何变化才产生的，因而对各阶层管理者的教育十分必要。制订详细的初期试行计划，以样品样板先行是可取的，而不是在整个项目范围内全都实施精益建造。

5. 网格化是精益建造的手段。精益建造是一个不断模块化施工的过程，它能明显降低施工中的劳动强度，使劳动生产率明显提高，做到施工现场整洁文明、工期缩短等。

二、精益建造的纽带

企业文化是企业长期建设、发展过程中形成的管理思想、管理方式、管理理论、群体意识以及与之相适应的思维方式和行为规范的总和。它是连接精益建造支撑和目标的纽带。

1. 企业文化建设

企业文化是当今企业管理的高级阶段，是当代企业竞争的最高形式，优秀的企业文化以无形的文化力来驱动企业发展，既是时代对管理提出的要求，也是强化企业管理、提高管理水平的有效途径。

（1）企业文化的功能

①企业文化的导向功能。企业文化的导向功能实质是企业文化对企业领导和员工具有引导作用。共同价值观念明确了价值取向，也是员工具有对事物评判的一种共识，具有共同的价值目标，领导和员工以他们认定的价值目标去行动。企业目标是企业的发展方向，完美的企业文化会从实际情况出发，以科学的态度制定企业发展的目标，这种目标一定具有科学性和可行性。

②企业文化的约束功能。企业文化的约束功能主要通过完善道德规范和管理制度实现。道德规范是一种从伦理关系来约束企业领导者和员工行为的规范。如果违背道德规范的要求，会受到舆论的谴责，产生内疚的心理。制度是企业文化的内容之一，是企业制定的内部法规，要求企业领导者和员工

必须严格遵守与执行，具有很强的约束力。

③企业文化的凝聚功能。文化以人为本，尊重人的感情，从而在企业中形成相互信任、团结友爱的和睦气氛，强化团体意识，使员工之间能够形成强大的向心力和凝聚力。员工的共同价值观念形成了共同的理想和目标，企业作为一个命运的共同体，员工则是实现共同目标的重要组成部分，就会使整个企业的步调一致，演化成一个统一的整体。

④企业文化的激励功能。共同价值观念使每个员工都能感到自己行为和存在的价值，这种自我价值的实现是人的最高精神需求的一种满足，因此这种满足会带来强大的激励。"以人为本"的企业文化是领导与员工、员工与员工之间互相支持，互相关心，特别是领导对员工的关心，会使员工感受到受人尊重，员工就会振奋精神，努力工作。另外，企业形象和精神对企业员工同样具有极大的鼓舞作用，尤其是企业文化建设的成功在社会上产生积极影响，会使企业员工产生强型的自豪感和荣誉感，他们会加倍努力，以自己的行动来堆系企业的荣誉和形象。

⑤企业文化的调适功能。企业部门之间、员工之间，由于多种因素难免会产生一些矛盾，而解决这些矛盾就需要部门或员工进行自我调节；企业与企业、企业与环境、企业与客户、企业与国家、企业与社会之间都会存在不适应和不协调的地方，都需要进行适应和调整。调适功能实际也是企业能动作用的一种表现。

（2）客站文化建设措施

①明确企业文化建设思想。客站建筑企业在建设企业文化时要明确以下问题。a. 强化以人为本。企业文化以人为载体，人是企业文化形成的第一要素。企业文化的建设过程中要强调尊重人、关心人、信任人、理解人。b. 企业要形成团体意识，全体职工具有共同的价值理念、一致的奋斗目标，才可以形成向心力，成为具有战斗力的整体。c. 突出企业文化的个性化。个性化是企业文化的重要特征，这是由于文化本来就是在本身组织发展的历史过程中形成的。每个企业都具有自己的经营特色和历史传统，企业文化的建设需要充分地利用这一特点，构建具有独特的企业文化。当企业具有自己的特色，

而且被客户公认时，就能够在企业众多中独树一帜，具有一定的竞争优势。

d. 注意企业文化的经济性。企业作为一个经济性组织，企业文化就是一个微观的经济组织文化，具有经济性，要有利于提高企业生产力和经济效益，有利于企业的生存和发展。

②加强培育共同价值理念。企业共同价值观念的培育需要企业领导通过深入细致的思想工作把高度抽象的思维逻辑转变为员工接受的观点。在这一因素下，思想政治工作显得十分重要，既能唤起职工对自己工作和生活意义的深思，也能引起职工对自己事业和理想的深思。企业共同价值观念的培育是一个经历服从、认同、内化系列过程的引导和教育。企业共同价值观念是由多个要素共同构成的一个价值体系，在培育过程中应注意多元要素的融合，既要考虑国家和企业价值目标的实现，也要充分照顾员工需求的满足，当然首先要考虑的是国家和民族的利益。

③塑造积极向上的企业精神。企业精神的塑造是由企业领导者倡导，依据企业的任务、发展方向和特点，进而建立在企业价值观念的基础上的内在的追求和念，通过企业员工的外部表象和群体行为而外化，塑造的一种企业精神状态。企精神和企业价值观是两个密切相关的概念，企业精神是企业价值观的集中体现，企业价值观则是企业精神的前提。企业精神和企业价值观共同构成企业文化的长心。企业精神的形成具有人为性，因此企业的领导者需要根据企业的任务、现实情况、发展方向等有意识地引导，亲手培育而成。在企业精神的塑造过程中，应注意将分散的、个别的好人好事从整体的角度上概括、提炼、培育和推广，使之成为具有代表性的企业精神。

④注重企业形象设计。企业形象的设计一般经过形象调查、形象定位和形象传播三个阶段。形象调查是企业了解公众对企业本身的态度、认识与印象等方面的基本情况，为企业形象的设计提供基础信息。形象定位是在形象调查的基础上，依据企业的实际情况，利用美誉度和知名度定位企业形象。形象传播是通过广告和公关的方式，向社会传播企业形象的相关信息，使更多的客户认识和理解，从而提高企业形象。铁路客站建筑企业可以通过提高企业的服务水平和质量标准来提升企业的形象，并根据企业的实际状况进行设计。

（3）企业文化管理

文化管理是管理的最高阶段，它要求所有的企业人员要共有一个价值观，共享一种发展愿景，在这种管理下，员工的积极性和自觉性被充分地调动起来，企业从一个他组织的系统转变为一个自组织的系统。

①文化管理的原则

文化管理的基本原则如下：尊重人、理解人、关心人、爱护人；企业员工具有强烈的民主意识和参与意识；制度"硬管理"和文化"软管理"有机结合；人的经济属性和文化属性有机结合；培育和培训高素质的人，促进人的全面发展。从这种文化管理在我国建筑企业的实际应用情况来看，多数铁路客站建筑企业处于从经验管理向科学管理的过渡阶段，离文化管理还有很大的差距。

②文化管理的措施。

a. 企业的发展依靠人，这是企业的基本经营理念。在过去相当长的时间内，人们曾经热衷于片面地追求产值和利润，却忽视了创造产值、创造财富的人和使用产品的人。在生产经营实践中，人们越来越认识到，决定一个企业、一个社会发展能力的是人们拥有的知识和智慧，人掌握的才能和技巧。作为会经济活动的主体的人是最重要的资源，一切经济行为，都是由人来进行的和完成的；一个企业中的人没有了活力，企业就不可能有活力和竞争力。因而，铁路客站建筑企业必须树立"企业发展依幕人"的经营理念，通过全体成员的共同努力，为企业创造发展向前的动力和条件。有人曾将"企业"的"企"字拆解成"人"和"止"，理解为"企无人则止"，这是很生动、很形象的拆解方式，这也说明了"人"在企业发展中的重要地位，当然，这里的"人"不应仅仅理解为单纯的个体，而应是所有的"人力资源"。

b. 人本管理的最主要任务是开发人的潜能。据科学实证分析，最伟大的科学家一生中的大脑利用率还不足10%，这也就是说，每一个人都潜藏着大量的才智和能力，人本管理的目的就是最大限度地调动人们的积极性，使员工可以将自身最大的激情和创新能力奉献到企业中。

c. 企业必须尊重每一个人。每一个人，无论是领导者还是普通员工，都具有独立的人格、尊严和权利，无论是东方国家还是西方国家，人们常常把

尊严看得比生命还重要。在一个企业里面，应提倡人人平等，提倡相互尊重，提倡互助友爱。企业作为一个团队，只有尊重每一个人，才能建立起一种"劲儿向一块儿使"的团队合作精神。因为一个有尊严的人会对自己有严格的要求，当他的工作被充分肯定和尊重时，他会尽最大努力去完成自己应尽的责任。

d. 建立和培养具有高素质的员工队伍，是企业成功的基础。每一个企业都应把培养员工、提高员工的个人素质作为企业发展的经常性任务。在知识结构日新月异的今天，技术生命周期不断缩短，知识更新速度不断加快，每个人都必须不断学习，不断地提高自己的综合素质，以适应环境的变化。因此，对企业来说，提高员工素质，也就是提高企业的生命力。

e. 促进人的全面发展。企业必须树立全新的人才观，树立全面发展的人才观。要想促进企业的全面发展，就必须为每一位员工提供全面发展、塑造自我、展现自我的广阔空间。

f. 凝聚人心，形成强有力的团队。如果企业是一个生命体，那么企业中的每一个员工就是生命体中的一分子，所以管理能提高企业的凝聚力与向心力。一个有竞争力的现代企业，就应当是齐心合力、配合默契的团队。因此，现代的铁路建筑企业必须增强企业的凝聚力，把企业建设成现代化的有强大竞争力的团队，促进企业有效运营。

对铁路客站建筑企业来说，既靠制度强制员工执行，也要靠伦理道德的自觉约束。压力机制包括竞争压力和目标责任压力。竞争使人产生危机感，这种危机感会给人一种积极向上的动力。因此，在进行企业的制度设计时，要充分考虑优胜劣汰的竞争机制。目标责任制要求企业必须使员工明确自己的奋斗方向和责任，只有对大的蓝图有所了解，才能心中有底，只有明白自身在这个蓝图中的位置和责任，员工才会产生安全感。企业的保障机制主要是承诺员工的一些利益因素，为员工提供一个广阔的发展空间；法律保障主要是指通过法律保证员工的基本权利不受侵害；社会保障体系主要是保证员工的正常生活。企业福利制度则可以作为一种激励和增强企业凝聚力的手段。另外，员工的积极性、创造性的发挥，很大程度上受环境因素的影响，这里主要指企业内部的人际关系和工作氛围。和谐、友善、融洽的人际关系，会使人心情舒畅；企业的工作条件和环境的改善，也会影响员工的心境和情绪。

三、精益建造的目标

铁路客站是铁路服务旅客和社会的场所，是展示铁路形象的窗口，是一个时期城市经济社会发展、文化建设的典型代表。新时期铁路客站的建设受到所在城市及社会各界的广泛关注。客站建设是把为旅客创造安全、便捷、舒适的候乘环境,全面满足旅客的服务需求具体地落实到项目中的实践过程。

1. 以实现客站功能为目标

铁路客站功能的核心内涵就是"以人为本、以流为主"。"以人为本"就是以旅客为本，以方便旅客使用为前提。从客站总体规划到细部设计，都以尽力为旅客提供方便、舒适的乘车环境，快捷、便利的换乘条件和人性化的优质服务为目标;"以流为主"是指客站应以使流线达到明确清晰、短捷通畅、互不干扰作为主要目标。

（1）注重流线组织，缩小换乘距离

一是流线组织简洁顺畅。要把各种流线简洁顺畅放在重要位置，尤其是进站和出站的流线。二是流线组织短捷合理。用立体的建造手法将其他交通方式引入客站，最大限度地缩短旅客在站内及换乘的行走距离，避免流线迂回。三是站内导向直观明确。要以直观的信息、标志引导系统，使旅客在铁路客站内的每一个方位都有明确的方向感，能够便捷地完成进出站过程。

由于铁路客站人流复杂，空间跨度很大，各种流线结点多，结点处的服务功能也很繁杂，所以尽量减少旅客步行距离，减少各种行程的结点，可以提高旅客对建筑空间的认知，降低心理压力。

从进站和出站旅客的主要行为、心理需求以及环境心理的影响因素可以看出，空间可识别性、流畅的交通组织和短捷的车站设计是减少旅客焦虑感的关键。空间和流线组织方式越简单、通过方式越简单，空间可识别性越强，旅客更容易分辨出入口、售票、安检、候车等各功能区的方向与位置。旅客无须花费过多的时间和精力去寻找下一个行为目的地，交通流线各环节中旅客停留的时间也就越短，交通转换效率越高，交通流线越直接，旅客步行距离越短，心理承受能力越强，旅客的焦虑感越少，舒适度越高。

（2）为旅客提供舒适的站内空间

客站的重要功能是为旅客提供舒适的空间环境，要把最大的空间、最便

捷的通道、最好的环境留给旅客。候车区、售票厅、贵宾室等重要空间，应做到空间开敞、视线通透，尽量创造优美的室内景致和宽阔的视野。雨棚应采用跨度大、空间高、开敞通透、方便用的无站台柱雨棚，确保站台通畅无碍。

新技术的应用带来了站房空间的创新，空间尺度的改变引起旅客心理的变化，围绕流线布置的功能空间，打破了以往用实墙划分空间结构的方式，实现了铁路客站站内空间尺度的突破。反过来，空间尺度的突破又方便了旅客的流线组织。一般情况下，人的心理偏向与自然环境接近的尺度，在铁路客站内也是如此，这主要是由客站建筑的职能决定的。

（3）为旅客提供良好的站内服务

一是新适的候车服务，候车区域应营造优美的站内景观，构建和谐的候车环境。二是便捷的乘降服务。三是方便的信息服务。站内应设置包括电视、通信、网络、公用电话、自动查询等先进的信息服务设施，四是周到的商业服务。为旅客提供方便的吃、穿、用等配套服务。

我国在经历改革开放后的第二代铁路客站模式后，逐渐意识到结合铁路客站的商业开发不能盲目开展，必须与车站的规模和运营形式相结合，商业空间是铁路客站建筑空间的重要组成部分，便捷的商业模式和合理的空间布局可以简化站房空间的构成要素，提高旅客对客站环境和空间关系的认知，改善个人空间的感受。

2. 以实现客站的综合协调为目标

综合协调不仅是指铁路客站内部各种设施间的有机结合，而且以系统理论的方法，科学分析各种相关因素，按照"综合协调、整体最优"的原则，以客站为中心实现城市其他交通工具与铁路之间的有机结合、系统优化，建立各种交通方式换乘的综合枢纽。

（1）与城市规划相协调

一是站址选择应与城市规划相配合，在适应和满足城市功能布局、交通网络及城市景观等方面要求的前提下，铁路客站应尽可能深入城区，充分发挥铁路运营全天候、准时、方便的服务功能。二是铁路客站应与城市融为一体，系统整合站区内部与周边区域的城市功能，以带动车站周边区域发展。三是客站应与城市轨道交通、道路交通有效衔接，最大限度地方便旅客换乘。

铁路规划必须与城市规划紧密结合，才能满足为国民经济发展服务的积极要求，铁路客站的建设要以带动城市经济社会发展为主，在满足城市总体规划要求的同时，城市发展也要结合铁路建设，进行客站的综合交通规划，其主要包括道路网络调整及优化、公共线路与设施规划、步行系统规划、停车设施规划、地下空间合理利用规划等。

（2）客站各组成部分形成统一整体

把紧密相关的站前广场、站房、站场客运设施等三大部分，作为完整的整体统一规划建设，并在平面位置、空间关系上重叠、复合。

（3）铁路客站各专业系统应实现整体最优

铁路客站的建设是由 30 多个专业集成的综合系统工程，应在各子系统功能完善、配置优良的基础上，注重系统整合，达到系统整体功能最优。

（4）促进大型客站综合化

铁路客站作为进出城市的主要场所，往往因自身独特的职能特点，形成商业、休闲、娱乐、住宿等多功能集合的区域，成为城市的主要标志。同时，大型铁路客站往往是综合多种交通形式的场所，铁路旅客人流与社会人流在此汇集，因此需要综合考虑不同人群的需求，做到客站功能综合化。

我国新建大型铁路客站也有向综合性车站发展的趋势，例加，上海虹桥站汇集了高速铁路客运专线、货运线、城市轨通交通、公交车、长途车运输、航空运输等多种模式，设计日客流量达百万人次，是上海对境内境外交通的交会点，其中铁路交通主要是京沪高速铁路，虹桥站综合枢纽除设有交通运输职能，在机场航站楼和高铁车站内还设置一些商业设施，形成一个共同的开发体系，同时针对不同场所的客流量和特点进行布置。

3. 以实现客站前瞻规划设计为目标

铁路客站的站房规模、功能布局以及站场设计中有前瞻意识，使其在未来较长的时期内能够满足运输服务的需求；在站房及内部设施上充分考虑建筑的节能、环保，适应可持续发展要求；充分利用先进的建筑技术，确保铁路客站建筑经得起时间的考验，成为不朽之作。

（1）前瞻性的规模、布局与标准

站场规模是制约运输能力的重要因素之一，到发线与站台的数量保证将

来能够具备充足的运输能力；为旅客提供的站内通过、滞留和等候空间，需充分考虑将来发展的需求，尤其要针对一些永久性的工程进行前瞻性的把握，如宽敞的通道、大跨度的柱网布置、易于分割的充足的候车空间；对于标准的确定还要充分地考虑使用耐久性要求。

（2）完善的公共安全技术

铁路客站作为大型公共建筑，是人员密集的场所，必须确保公共安全，一是结构安全，必须慎重对待结构方案，防范工程技术风险。二是消防安全。科学合理地确疏散口的数量与宽度，避免拥堵，确保旅客安全疏散，三是交通疏解安全。合理安排通道、出入口与扶梯，避免人车混行与交叉，确保人流和车流疏解畅通。

（3）先进的节能环保技术

一是节能降耗。结合气候特点，合理选用建筑维护材料，应用太阳能光伏发电一体化、热电冷三联供、地源热泵等先进的节能技术，对建筑能耗进行有效控制。二是减振降噪。采取减振降噪以及其他环保措施，有效减少列车通过车站内部空间时产生的振动和噪声。

（4）以绿色理念打造客站品质

这既是铁路客站建设多年来坚持的目标，也是今后客站建设面临的重点任务。2012 年 8 月,国务院出台的《节能减排"十二五"规划》明确提出要"开展绿色建筑行动"；针对铁路行业，强调要"推进客站节能优化设计，加强大型客站能耗综合管理"，进一步明确绿色客站建设的方向。

把握绿色铁路客站内涵。绿色铁路客站是指在铁路客站的全寿命周期内，最大限度地节约资源、保护环境和减少污染，为旅客和工作人员提供健康、适宜、高效的使用空间，为城市提供方便快捷的综合交通服务。其核心要义是用最小的资源消耗，实现最佳的环境质量，打造与自然和谐共生的建筑。

4. 以实现客站文化为目标

有文化的建筑才是真正有生命力的建筑。建筑的文化既是历史价值的体现，也具有时尚的引导作用，同时表达了对地域性、民族性的深层次理解。我国有几千年的文明史，有许多优秀的建筑文化遗产，这都是创作的源泉。新时期铁路客站建设的文化性，重点在于追求铁路客站的交通功能、时代特

征与地域文化的完美结合，形神兼备、和而不同。

（1）体现地域特征及人文特征

一是地域特征。铁路客站建筑形式和空间要与当地地理气候特征相适应，与具体地形地貌相协调。二是人文特征。站房建筑应从人文环境的历史性、文化性、社会性入手，以建筑语言综合体现人文特色与文化底蕴。

昆明站进站大厅通过以具有地域特色的热带植被的景观绿化设计，强调了铁路客站建筑的文化性，弱化了站房内外的景观界限，增加了室内空间的趣味性，美化了站房环境，并且可以有效降低列车通过时的噪声。

（2）体现时代特征

建筑作品是时代的写照，是经济社会、科技文化的综合反映。站房建筑应注重体现时代特征，适应时代要求，表现时代风貌，以全新的建筑语言，体现先进的理念和现代文化，体现当今建筑建造技术发展水平。

（3）体现交通建筑特征

一是体现交通功能的空间特点。客站的交通功能要求建筑内部应是大跨度、宽敞明亮、相互渗透的开阔空间。二是体现简约的建筑风格。铁路客站建筑形式应以功能使用为前提，提得简洁、实用的风格。

（4）以建筑艺术塑造客站品质

建筑艺术使客站形象具有文化价值和审美价值，体现了地域特征和时代感，反映了客站的建筑品质。

以执著的职业精神追求建筑品质。同样从事一项工作，追求不同，境界不同，结果一定不同。一定要把客站的建设当成事业来做，而不仅仅是当成任务来完成；把每座客站当成艺术品来塑造，而不仅仅是当作工程来对待。

（5）以地域文化展现建筑品质

铁路客站的建筑品质，应体现鲜明的地域文化特性，适应自然环境和社会环境。每座建筑都应与周边建筑风格、地区景观乃至城市风貌相协调。例如，兰州西站表现了"山水交融、飞天甘肃"的丝路文化；武汉站表现了"九省通衢，千年鹤归"的江汉文化；银川站表现了"回汉交融、现代银川"的塞上气息，是对伊斯兰文化诠释的经典之作；哈尔滨西站利用现代建筑技术营造的建筑风格，充分体现出了这座城市的风貌。另外，需要特别强调的是，要牢记功

能决定形式，不能脱离客站的功能，盲目追求标新立异，否则无论客站建筑立意多么新颖，概念多么诱人，都不会长久。

5. 以实现客站建设适度适用为目标

必须贯彻强本简末的原则，要有适合发展阶段的节俭理念，最大限度地降低建设成本，客站建设要出精品，但是要杜绝高档、豪华建筑材料的简单

堆砌；要系统考虑建筑全寿命成本，综合把握客站规模及建设标准，注重近远期结合，把铁路客站建设成为资源节约型、环境友好型车站。

（1）合理把握客站规模及标准

一是合理的客站规模。铁路客站建设用地要遵循空间集约化原则，依据普速铁路、客运专线、城际铁路等不同铁路客站的客流特点以及客站效率来确定客站的建设规模，公共区域的规模与设施水平努力做到最优，非公共区域则在保证基本使用的条件下，应尽可能压缩规模，降低造价。二是区别对待不同类型的站房标准。重要客站其标准应适当提高，一般中小型客站应突出实用与简约的标准。

虽然铁路建设在城市发展中作用巨大，但是城市发展也不能一味被动适应铁路建设，只有将铁路布局与城市综合规划有机结合起来，才能充分发挥铁路运输的重要作用，为城市环境保护和持续发展创造条件，达到双赢的目的。

在铁路规划建设中，客站建设用地要留有充分的弹性，以适应未来发展变化的需要。既要考虑铁路线路走向和客站功能的需要，又要本着集约用地的原则，同时铁路客站的规划要为城市区域间预留足够的联系方式。以往铁路在穿越城市时会对城市区域产生明显的分割作用，严重制约了城市的自然生长。随着城市一体化发展的要求，铁路客站与站场采取下穿地道和高架桥等手段来化解这种矛盾，使铁路两侧的城市区域联系更加便捷，旅客进出站更加方便，从面更加全面地发挥铁路客站的城市功能。

（2）充分考虑近远期结合

在铁路客站的规划与建设中，既要解决当前的矛盾和问题，又要本着"立足当前，着眼长远"的原则，在技术标准与规模的确定，工程设施的配备等方面，均应兼顾近远期的发展需求。按照未来发展趋势控制工程的规模与投资，避免因初期投资限制造成建成不久就因规模不足、标准落后而需改造或废弃，确保铁路客站建筑成为不朽之作。

（3）兼顾建设投入与维护成本

铁路客站的全寿命成本由建设投入和运营维护费用两部分构成，一次性投资和维护费用都影响投资效益。因此，经济性并不是指造价越低廉越好，建设中既要重视对一次性投入的控制，又要综合考虑维护费用的开支。

第五节　现代工程项目管理与精益建造理论、精益建造管理的经济学意义

实行精益建造的目的就是为了更好地满足市场的需求，实现消费者意愿，从而对建筑施工工程和建设过程进行有效的改进。与项目管理理论相比，精益建造理论有其独特之处，主要表现在以下几个方面：（1）理论先进。精益建造在变革过程中以当前工程施工项目的管理缺陷为出发点，分析工程项目在管理方面存在的一些问题，进一步分析现有理论的不足，明确精益建造理论的优越性。（2）精益建造的理论体系比较完善。精益建造的理论框架是在对建造生产过程、生产模型进行系统分析的基础上构建的，它同时也包含了其他生产领域的过程设计，以及在这些领域中关于精益生产的思想。（3）与信息技术的有机结合。近年来，工程行业迅猛发展，信息技术和管理科学对其促进作用不容忽视，这也为提升工程行业的管理水平带来新契机。（4）精益建造理论自始至终都对实践比较重视，它注重企业项目的建造施工过程，可通过实践来促进精益思想的提高和制度体系的完善，从而促进精益建造理论的成长，并在实践中得以不断完善和创新。

　　精益建造理论从生产到发展，给建筑行业带来了新的契机。精益建造管理使众多利益相关者都从中获利，包括工程项目、项目管理公司、项目业主等。首先，使建筑企业进一步降低了工程成本，节约了建设费用，提高了工程质量，减少了工程实施过程中对材料的浪费，从而使企业获得更大的利润，有效提高了建筑企业的竞争力；其次，使业主的需求得到了有效的满足；再者，在开展精益建造的过程中，由于减少浪费，降低能耗，实施了绿色建筑，可有效降低污染，增加社会效益，提高人们对环境的幸福指数。

第六节 基于京张高铁施工项目的精益建造理论

一、成本的控制管理

1. 成本控制管理的方法

在精益建造管理过程中，利用目标成本法可以将项目的整体成本目标一步步分解使其具体化，并认真落实到每一个单位身上，使每一个单位都成为作业成本管理的对象。作业成本法将成本管理和成本计算有机结合，通过对各环节进行管理，消除项目建设中的不增值活动，从而进一步提高项目的建设效率，这有助于显现出工程项目的价值流管理成果。成本管理方法主要包括以下三个方面：目标成本法、作业成本法、供应链成本管理。

（1）目标成本法。目标成本指的是一种预测的成本，企业在未来一

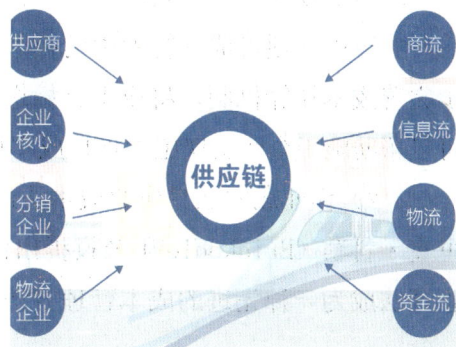

段时间内需要实现的成本，它是以市场价格为导向来制定企业的目标成本。目标成本管理方法是目标管理和成本管理两种方法的统一，它主要用于成本控制和项目管理，它对这两种方法取其精华、去其糟粕，借助其进行成本管理。除此之外，目标成本法中运用了部分数学模型，使成本目标得以量化，可以与作业成本法等方法同时使用，以此达到预期的目标。

施工项目成本目标，指的是施工企业在项目建设过程中建造期内要完成的成本目标。因为施工项目比较复杂，在每个项目中的投资也比较多，所以施工项目中的目标成本也不完全是指项目的造价成本，它指的是项目施工方在中标的价格中减去施工方所期待的利润。在精益建造下进行目标成本的管理，以精益思想作为工程建造的指导思想，以目标成本控制施工项目成本。它是一个过程，在这个过程中可降低成本，达到成本控制的目标，使利润最大化。施工项目要实现利润的最大化，必须要求项目建造的每一个过程少出现浪费，减少成本花费，其作为一种具有战略性的技术方法，可以支持精益建造在项目管理中的实行，它的优势主要体现在以下几个方面。

①形成了项目的全寿命周期的成本管理。目标成本管理发生在建筑施工的各个阶段，不只出现在项目的施工阶段，还出现在项目准备等阶段．在这一系列的过程中形成了对项目全过程的成本管理，从而有利于项目整体成本目标的实现。

②全员参与。目标成本管理逐级分解成本目标，从项目经理到各岗位工人都能清晰地认识和明确自己的目标。

③持续改进。在目标管理的过程中要不断地改进方式方法，从而节约成本。

④明确成本管理的具体内容。目标成本管理法是一种全面的成本管理方法，它可以使项目成本管理中的技术和经济实现科学系统的结合，从而进一步完善成本核算机制，将成本目标进一步细化，并具体到每一个环节，这样可以帮助施工企业实现施工项目成本目标。

（2）作业成本法。作业成本法最开始起源于美国。20世纪50年代，埃里克·科勒（Erickohler）教授提出作业成本法。到了20世纪80年代，ABC管理法成为一种先进的成本管理方法。作业成本法可以在一定程度上防止成

本的扭曲，它与传统的成本管理方法有所不同，这使得它在传统的制造业和服务业中得到了广泛的应用。作业成本法在建筑行业中的应用比较晚。目前，它仅仅是精益建造的辅助方法之一。

业在作业成本法中具有重要的地位，是作业成本法的基础，而我们通常所说的资源流动是作业成本法的线索。作业成本法主要是分析资源消耗之间的关系，从而确定作业的成本，确定各个环节的资源消耗，使项目成本变得更加准确，并且项目成本能够很好地反映出产品成本的形成过程，这样可以对成本形成过程中的各项作业环节进行科学的控制，也是其作为项目管理者成本管理的依据。在作业成本法中，项目管理过程中的成本和价值通过作业联系在一起，两者并不是孤立的，这样做的目的是减少不增值作业，进而增加增值作业。作业存在于整个项目过程中，是加强企业内沟通和连接外部企业的桥梁。

作业动因能够将作业需求进行准确的了解，从而对资源进行更加有效的配置。作业动因可以细分作业成本，尤其是作业成本库中的成本得到细化，具体分配到各个作业环节中去，这样减少了成本的浪费，提高了资金的使用效率，所以它也是连接资源耗费和最终产品的一个桥梁。作为一项工程项目的作业中心，它是一系列相互联系的作业集合，可以发挥自身的作用实现某种特定的功能，具有不可替代的作用。

（3）供应链成本管理。如果各个施工企业只是在本组织内部实行精益管理，同时外购或外包成本在整个项目成本中占有很大比例，那么精益建造将收效甚微，所以成本管理活动必须突破各个单位的限制，尽可能减少外包，将其扩展到整个供应链中去，通过对整个供应链的成本进行管理，来提高工程的运作效率，充分挖掘降低成本的潜力。供应链成本管理与传统成本管理有很大不同，主要表现在以下几个方面，见表 2-1。

表 2-1 传统的成本管理 VS 供应链成本管理

	传统的成本管理	供应链成本管理
管理范围	局限在一个组织内部	整个供应链
管理内容	有考虑或很少考虑组织间的关系成本，更没有考虑整个供应链成本。	需要考虑最低层的原材料供应商到最终疏忽的整个价值链的成本
管理目标	本组织内部的成本最优，确保本组织盈利	整个供应链的成本最优并确保供应链上的所有组织都能盈利
管理主体	单个组织	组织间的协同合作组织

众多学者对精益建造进行了深入研究，在研究过程中发现，供应链管理是精益建造中非常重要的一个内涵，具有举足轻重的地位；同时，精益建造也离不开对供应链的成本管理，需要通过供应链成本管理来削减行业成本。在企业进行精益建造过程中，采取供应链成本管理方法的目的包括以下几个方面。

①及时发现供应链中存在的浪费并消除这种状况，促进资源的节约，从而使供应链成本下降，提高供应链的整体效率。

②全面加强供应链上各个企业之间的合作，促进信息交流，减少企业间的沟通成本，提高沟通效率，使整条供应链的成本达到最优。

③对那些支持供应链管理的企业，要予以奖励，给予一定比例的补偿，以激励手段提高各个组织行动的积极性，促进供应链管理不断发展，从而营造一个长期稳定的合作关系。

2. 构建适当的信息平台

成本信息是成本管理的一个关键内容，它有助于施工项目组织获取准确的管理成本，使企业获得更大的利润。但是，在传统的成本管理理念下，成本管理参与各方的交流一般都是命令式的，都是自上而下进行的。在此模式下，

各方可能会由于缺乏沟通而造成成本信息的流通渠道不畅通。而在建设项目中的各方都比较注重自己的利益，一般不愿意进行成本信息的共享，所以出现了成本信息不对称、成本管理难的问题。

以精益建造为基础的施工项目成本管理需要解决的主要问题是成本信息交流和共享难题。在精益建造下的成本管理模式，必须要建立一个相互间成本信息沟通共享平台，使项目的有关参与方能够通过这个平台进行成本管理沟通，做到互通有无，都能够对建筑企业施工过程中出现的成本管理问题提出自己的意见，避免因成本问题给自身带来一些不必要的麻烦。所以，建设信息平台是精益建造下施工成本管理中的一个重要环节。

信息平台构建原则有三个：第一，及时性原则。及时性原则就是指在施工项目建造的过程中，成本信息平台共享的信息能够被参与项目管理的各方（总包、劳务分包等）及时获得。也就是说，成本信息能够及时在成本信息平台中反映。这样及时的分享成本信息才能够使各方对成本信息进行了解、沟通、交流，从而在成本问题出现之前或者出现了之后进行及时的处理，使成本损失降到最低。第二，准确性原则。准确性是指成本信息在交流的过程中一定要保证其准确性。成本信息的不准确，可能会导致成本管理人员采取不正确的成本补救措施，严重影响项目成本以及延误项目进度。第三，安全性原则。安全性原则是指参与项目成本管理的各方使用严格的成本信息安全保证措施，设置一定的访问权限，防止其他成员非法入侵篡改成本信息，保证成本信息的安全，有效减少项目成本信息的泄露。

成本信息平台的构建要充分利用信息技术，以网络和局域网为根基，以成本管理体系为依据。它是一个成本管理数据库，将成本信息由纵向传递转变为横向传递，以确保成本信息的高效率沟通和交流。如果施工过程中成本管理出现问题，可以将成本信息与各方面进行沟通，使问题能够尽快得到合理的解决，达到有效降低施工项目成本的目的。

二、质量控制管理（全面质量管理）

1. 材料和设备质量控制

监理工程师必须要对即将进入施工现场的工程材料和设备进行检验，认

真检查其质量，经检验合格后方可在工程项目上使用，以保证工程项目建设顺利进行。工程质量检验的原则有两个：质量标准原则和及时检验原则，质量标准原则是最重要的原则。

第一，质量标准原则。工程合同是质量标准最直接的依据。在项目合同中，各个细节都涉及在内，对工程材料的质量也有明确的规定，这些材料必须符合标准才能在项目建设中使用。每个材料员在进行采购时，都必须按照工程合同中的要求去采购企业所需的材料，如果有些具体事项没有在合同中明确说明，则要以保证工程质量为目标，按照企业相关规定进行处理，以保证材料的质量。作为企业的监理工程师，必须要保证工程质量，以科学的检测手段对工程施工过程中所使用的材料进行检验，并将检验结果与质量标准进行对比，看是否存在较大差距，只有材料的质量合格，才决定将其应用于工程施工项目的建设。

第二，及时检验原则。监理单位在收到施工单位报送的相关材料及报检申请后，要及时检查验收，尽量减少审理时间。监理工程师要在最短的时间内对项目施工可行性做出回复，要制订相关计划，及时组织有关力量对工程材料进行检验。如若可行，及时放行，尽量避免在材料审理过程中出现疏漏而造成的时间延误或拖延工期，引发不必要的索赔问题。当然，对相关施工材料进行及时检验是为了避免施工企业出现停工现象，从而导致项目的建设周期延长，给企业带来一些不必要的损失。

2. 施工工序质量控制

在对产品质量进行全面管理的过程中，管理要有侧重点，过程质量管理尤为重要。因为工程项目各个环节的质量管理，是质量形成的最重要阶段。一个企业要想建造出符合顾客要求的建筑，并给消费者提供优质的服务，就必须加强对各施工工序的管理，从而保证工程质量始终处于一种可控状态，这样不仅保证了消费者的利益，也维护了施工企业的信誉。同时，加强对施工工序质量控制的主要目的是为了把对工程质量的事后检查转向事前控制，降低事故发生率，从而可以起到对事故的预防作用。

施工管理者对工序质量检验过程中反馈回来的质量数据要进行全面分析，从分析结果中找出存在的问题并及时解决，这样做的目的是为了尽可能地消

除质量差异，使工程质量符合标准，起到调节管理过程保持稳定的作用。一般来说，工序质量控制允许工序质量在一定范围内进行波动，一旦超出这一范围，即应该对工程质量波动的原因进行深入分析。针对出现的这些问题，应采取一定的措施来有效控制项目的施工工序，保证项目质量。制订工序质量控制计划的主要目的是为了对工序质量控制活动进行统筹安排，并提前做一些预防性的工作。

工序控制点的设置应坚持如下原则：对工程质量进行全面分析，找出工程项目的关键点，在工程项目的关键部位设立检测管理点，对工程各节点进行全方位控制，以期保证工程的适用性、安全性、可靠性、经济性。除此之外，也要在上道工序中设立管理关键点，以检测对下道工序的影响。同时，对那些质量不稳定、经常出现残次品的施工工序也要设立管理点，从而加强对企业项目建设的管理。对消费者反馈过或者过去重新返工的不良工序也应设立管理点，加强监督检查。

三、进度工期控制管理

近年来，建设项目管理方对开发商的要求越来越高，对成本、质量和项目的个性化设计提出了更高的要求。同时，随着科学技术的进步和建设水平的提高，建筑产业产品更新换代的速度大大加快，设计周期和建设周期都要求不断缩短。所以，开发商如果要在激烈的市场竞争中取得胜利，抢占更大的市场份额，就必须要适当缩短项目的建设工期，提高建设效率，改善项目设计和建设过程中的柔性问题。为了达到缩短工期的目的，我们从并行工程和转换时间两方面进行讨论分析。

1. 并行工程

并行工程这一理念在日本比较流行，并得到了广泛应用，受到广大建筑商的青睐，是精益思想中不可缺少的技术。并行工程本身有自己独特的优势，它能够在最短时间内以最低的成本去完成高质量的项目，这也成了企业在市场竞争中取胜的法宝。并行工程将设计与施工进行全面整合，并将其作为工程建设运行的基本原理，把参与项目工程的全部成员集合在一起，将资源进行整合，以提高资源的利用效率，使他们为一个共同目标努力工作。并行工程的好处主要包括两个方面：一是设计者与施工者能够提前进入项目创造的

特定氛围，两者之间相互帮助、相互支持，使他们为实现共同的项目目标而服务，如果一旦出现工程问题，可以一起联手解决，而且对于项目建设初期出现的一些问题可以提前做出反应；二是并行工程以把所有的信息进行有效整合，由此实现信息共享、成果共享，降低中间环节过多所带来的管理成本，从而降低企业的生产和交易成本，进一步提高建设项目的可建造性，使企业获得更大的利润。从一个企业的角度来说，并行工程的使用可以在很大程度上缩短新项目的开发过程，节约工程建设的整体时间，从而降低项目施工的总成本。因此，并行工程的思想可在企业进行推广，有效缩短建设施工周期，提高建筑企业的收益。

(2) 转换时间

为了缩短项目工程内部供需之间的转换时间，提高工程施工效率，要树立精益建造的另一重要思想 —— 使各分项工程之间的转换时间接近于零。从一个企业的角度来看，如果一项工程结束，则要立刻转到下一分项工程中去，这样不仅可以大大缩减各工序之间的转换时间，而且可以尽快完成项目工程。但如果是一个分包项目，则需各分包商之间能够进行有效的协调和配合，从而保证各工程项目的按期完工。

四、供应链精益管理

1. 供应商管理的内容

供应链中存在着资金流、物流和信息流三个流，他们共同作用于企业生产的全过程。资金流、物流和信息流三者之间拥有不同的流动方向，其中资金流是从供应链底端向顶端流动，物流则是从顶端流向底端，而信息流比较特殊，它拥有灵活的运动方向不受外部因素的约束，可以在任意时间出现在供应链的任何一个位置。从某种意义上来讲，供应链是多个部门的一个综合体，它的组成部分是非常复杂的，同时它也是跨行业跨部门的一个链条。在供应链上，所有个体的目标都是相同的，比如加快供应链上各种流的速度、降低供应链上流通与生产的成本。整个供应链是一个复杂的动态网络，它主要包括物料和信息两个部分，在供应链的内部，信息流与物料流都是按照一定的顺序并行流动。建筑施工企业通过构建精益供应链，参与供应链的集成管理，

可有效降低原材物料的成本，及时得到供货，压减不必要的库存，有效保障施工工期等。

2. 供应链联盟管理的方式

采用 Partnering 管理方式下的项目，项目的参与方一般都处于一种对抗、防备的关系中，而供应链联盟管理有其独到的好处，它可以控制项目的成本，进一步提高顾客的满意度，并且可以不断改善技术性能。与 Partnering 关系形式相比，供应链联盟管理方式更加正规，在控制成本等方面具有更加显著的效果。在 Partnering 管理方式中，业主和各类承包商之间存在着伙伴关系，这样就将供应链上的各个成员企业涉及在内。但是这种伙伴关系只能建立在竞争性招投标结束之后，在项目招标之前，由于竞争性关系的存在很难维持这种状态，所以，使得供应商或承包人两者不能同时参与项目的设计。

假设供应链上的每个企业都能够将精益思想运用到日常的管理中去，这样可以在很大程度上将工作进行细化，以便落实到每一个相应个体中去，进而明确项目施工单位的责任，增加项目施工建设的附加值。与此同时，生产过程中缺陷检测系统的建设也是非常有必要的，这样可以尽快地发现问题并以最快的速度解决问题。实践证明，各个企业之间的生产率是不一样的，组织层出现问题是产生这种差异的最主要原因，因此，企业组织的精益化程度也就决定了企业成败的关键。因此，要将精益思想灌输到每一个成员身上，同时，在施工项目管理中，也需要施工人员全员参与，将精益思想贯彻始终。

五、6S 现场施工管理

6S 起源于日本，是日本企业在生产现场中对人员、机械、材料等生产要素进行有效管理的一种独特方法，它是指日文 SEFFIL（整理）、SEITION（整顿）、SEISO（清扫）、SEIKETSU（清洁）、SHITSUKE（素养），即要求员工严守标准、强调团队精神的同时，养成良好的管理习惯，这五个单词中，取每个单词的第一个字母合为 6S。

与一般的生产行业相比较，施工企业拥有更为复杂的施工现场环境，而正是这种复杂的现场环境要求企业必须采取更加有效的施工现场管理策略。由此，6S 管理模式应运而生，其对施工现场环境管理的效果尤为显著。这种管理模式能够对现场资源进行有效整合，提高资源的利用效率，降低设备在生产过程中发生事故的可能性，进而提高生产效率、产品质量以及安全系数，保证企业能够按时高效完工，提高企业产品的交付使用率和市场的满意程度。

第三章

构建精益管理之道

第一节　精益建造管理措施

项目建造管理的水平与能力是衡量客站建造质量的关键因素，项目建造管理将直接决定项目的使用和运行，而客站建设面临的环境却日益复杂，高风险、快变化、高质量、短工期、低成本等作为客站建造管理所要面临的问题，是精益建造管理所需面临和解决的问题，以客站为对象，总结出了五个精益建造的管理措施。

一、标准化管理

1. 标准化管理思路

标准化管理是当今世界大型企业集团普遍采用的先进管理模式，是一种项目目标要素的集成管理，能够快速提高管理工作绩效。推行客站建设标准化管理，就是要通过标准化将客站建设经验加以总结、规范和推广，实现客站建设各阶段项目管理工作的有机衔接和客站目标要素的集成管理，整体提高客站建设管理水平，为又好又快推进大规模客站建设提供保障。

2. 客站项目标准化管理实施

"管理制度标准化、人员配备标准化、现场管理标准化和过程控制标准化"，这四个标准化构成了客站标准化管理框架，也是客站建设参建各方推行标准化管理必须达到的基本要求和微观目标。

（1）管理制度标准化

客站的建设技术、管理和作业三大标准，是铁路客站建设推行全面标准化管理的依据。各建设单位应根据铁路总公司颁布的有关铁路客站建设管理的规章制度、规范性文件和项目管理指南，按照标准化管理要求，结合建设项目实际，系统清理、整合和修订建设项目现有工作流程、管理标准、岗位标准、技术标准、作业标准、工艺标准等。

（2）人员配备标准化

对于人员的配备，也需要实行标准化，根据不同的岗位要求来配备不同的人才，使得各个专业的具有不同能力的人才都能将其能力展现出来，这就是人员配备标准化的目标。

客站人员标准化配备应该考虑作业范围、人员数量、相应能力和资格。为了达到统一的技术规范、标准化作业，通过目标规划设定、知识和信息传递、技能熟练演练、作业达成评测、结果交流公告等现代信息化的流程，让作业人员通过一定的教育训练技术手段，达到预期的水平提高目标。

施工单位人员管理，全面推行"架子队"模式，提高标准化作业水平。通过制定《劳务用工管理办法》《架子队管理实施办法》等规章制度，明确架子队的组建原则和实施细则，对劳务用工的引进、选择、培训、合同管理、工资发放等方面都做出明确的具体规定。

（3）现场管理标准化

现场管理标准化就是有效管理现场的各个施工要素，明确各个施工活动的要求，流程以及作业内容，并根据工作的实际要求设置专业的检查人员来对各项工作进行检查，确保施工现场的秩序。

客站现场管理标准化主要对场地布置、封闭管理、办公及生活区管理、宣传环境、标志标牌、安全标志、安全防护、便道便桥、管线布设、机电设备、施工用电、物资存储与搬运、环保管理、危险源管理等通用性现场进行了统

一规定，并对实行工厂化的场所如钢筋加工厂、实验室、构配件组装等场所进行专项规定，以实现作业环境标准化。

（4）过程控制标准化

在施工过程中要有具体的过程管理工作标准作为指导，才能确保各个施工活动有序进行，这就是过程控制标准化的主要内容。

客站过程标准化主要从以下几个方面进行控制：①源头把关，强化原材料质量控制。同指挥部、施工、监理单位，推行施工单位自控、监理单位监控、指挥部重点控制、总指抽查的质量控制模式，强化对原材料质量的控制。②推行试验先行、首件认可、样板引路制度。在兰州西站建设中，坚持试验先行，明确作业标准。通过试验总结技术参数、施工工艺标准，验证主要设计参数，分析试验中发现的质量问题，进一步完善，为展开大面积施工提供可靠的技术支持和有效的质量控制。③加强工序细化控制。将传统工序进行细化，并在每一细节上进行深入研究和控制，以提高标准化作业深度和精度。

3. 业主标准化管理体系

原铁道部推行以建设单位为核心开展多方参与的标准化管理活动，加强了对建设单位的引导和管理。铁路工程业主方在执行标准化管理时，可以用标准的方法确定并规范建设单位各项管理工作的具体内容、接口关系、相关职责和流程等，采用科学先进且具有普适性的铁路建设项目管理方法、手段和技术，并借助管理标准体系的建立和运行，结合工程实施实际情况的跟踪与反馈开展持续改进工作，从而实现铁路客站工程业主方管理的全面标准化。业主方管理标准体系可划分为几个子系统。

（1）工作标准子系统，包括各岗位、各部门的工作职责和工作要求，各管理的流程及工作绩效考核标准等。

（2）技术管理标准子系统，包括核心技术认定标准、技术知识系统的管理规定、技术创新和工艺攻关的具体措施、各项工程技术规范和工艺操作规程等。

（3）施工要素管理标准子系统，包括项目施工进度、质量、安全、文明控制标准、效益管理标准等。

（4）项目文化管理标准子系统，包括形象标志、员工文明礼仪规范、企业文化核心内容等。

4．在实施标准化管理工作中应强调的问题

（1）进一步提高认识、加强领导、强化基础、积极实践，增强主动工作的自觉性，充分发挥建设单位在铁路客站建设管理中的主体作用。

（2）结合实际、注重成效。紧密围绕铁路客站建设的实际，制定科学合理、充分体现项目特点、简便实用、覆盖客站各个专业的管理标准。

（3）强化质量安全意识，注重施工工艺，按照"抓源头、抓过程、抓细节"的要求，坚定不移地推进铁路建设标准化管理。

（4）建立健全专业化施工管理机制，进一步加强和规范专业化施工招投标与施工队伍管理，严禁变相转包或分包工程。

（5）要及时地总结推进标准化管理工作的经验做法，将行之有效的做法科学化、标准化，不断提高铁路客站建设标准化管理水平。

二、动态管理

1．动态管理思路

项目实施过程中主客观条件的变化是绝对的，不变则是相对的；客站涉及专业多、施工结构复杂、工程规模大、工程建设周期较长，在客站建设进展过程中平衡是暂时的，不平衡则是永恒的。因此，在客站实施过程中必须随着情况的变化进行项目目标的动态控制。

2．动态管理实施

（1）建立动态管理制度

客站建设目标是前提，制度是保证。目标明确、结构合理、运行有效的规范化管理制度对于项目的正常建设至关重要，为此，特制定了如下动态管理制度，保证客站建设的顺利实施。

①预判制度。评估可能发生的变化，找出工程施工过程中影响质量、进度、造价偏差的原因，然后根据存在的原因和不足，制定技术措施，并在下一个施工循环中实施这些措施。

②专业评审制度。针对工程中发生的问题，由各个专业委员会、专业组分别负责对产生问题进行专业化的评价和审核，并提出应对措施，对措施应

用进行实时跟踪，检查实施效果。循环这一过程，直到出现满意的实施效果。

③工作联系单制度。工作联系单是用于联系工程技术手段处理、工程质量问题处理、设计变更等的函件，多见于施工单位出具联系单给建设单位或设计单位，建设单位也常常向设计单位出具联系单，收件单位均要依据具体情况予以答复。

④日对接制度。处理当日工序、交叉施工问题，考核质量、进度。例如，复杂结构件，由技术部门对图纸进行分解，并组织生产、质量、作业班组等部门对图纸理解消化，提出质量控制点；每道工序在自检合格后，才能交接至下道工序。未经自检，质检员有权拒绝验收；跨组工序交接，由上道工序组长、下道工序组长及质检员共同参与进行联合检查，经三方签字确认后，由质检部门存档备查。检查不合格的直接返回上道工序整改，下道工序组长有足够理由不予接收的也直接返回上通工序。经签认接收后的工序质量缺陷，由下道工序作业组负责整改。

（2）做好沟通协调

协调是客站动态管理中的一项重要工作，客站协调的关键在于管理协调，具体包括计划、组织、交界面、合同、信息等方面的协调。

①计划协调。在管理活动中，无论是目标责任者的自我控制还是上级对下级的宏观控制，都需要以计划为依据。特别是在实现目标的过程复杂，人们对目标还不甚了解的情况下，计划可以引导人们有秩序地实现目标。客站建设的目标主要包括投资、质量、进度、安全、环境和创新。

②组织协调。工程项目组织是把分散的、没有联系的人力、财力、物力、时间、信息、知识、环境等因素在一定的空间和时间内联系和配置起来，创造的一个有机的项目实施整体，以协调项目的各项工作正常进行。客站的组织形式主要包括三种类型：直线制、职能制、矩阵制。不管采用何种模式，其从上到下所包含的不同层级、同层级之间都会存在指令或衔接，不可避免地会出现矛盾、冲突，这些都需要进行协调。

③交界面协调。由于项目的复杂性、专业化分工的细化、各组织和部门的目标差异、信息黏滞以及建设项目中存在的文化冲突，建设项目管理组织内的人员之间、不同组织的人员之间、同一系统和不同系统的组织之间、设

备之间、工艺之间、建设阶段之间或其他类型的非人员因素之间，均可能产生各类界面。客站建设的界面矛盾常常反映在以下几个方面：工作内容的范围界限不清楚，导致责任不清楚；界面一侧的工作没按事先规定完成而影响了界面另一侧的工作；双方责任以外的交界面部分工作由哪一方负责不明确。交界面的矛盾最终都反映在信息上，要及时地解决交界面上的信息，否则工程就会受到影响。交界面之间存在许多矛盾得不到解决，除了组织原因，往往是信息不畅的障碍造成的，分析和克服这些障碍才能实现交界面的控制。

④合同协调。建设工程项目的合同协调包括合同的订立、施行、变更、索赔、解除、终止、解决争议等过程中的各项协调工作。客站建设合同中应明确各参与方的责、权、利，包括工程进度、质量、相应的关键控制点、成本控制及变更、索赔管理明确的工作界面及关键施工项目；合同中的风险管理等。

⑤信息协调。客站管理信息量大、交互频繁，特别是要实现高效率的组织、计划和协调，更要求信息获取、存储和处理的完整性、及时性和准确性。信息协调最重要的是使信息准确、畅通和共享。

（3）构建动态管理框架

基于互联网，将信息化技术运用在客站动态管理工作中，把信息化技术、项目管理技术和专业技术服务相结合，以信息化动态管理平台为工具，实现全体参建单位在同一平台上开展信息交流、建设管理工作，尤其是学习借鉴当前国际项目建设新理念的基础上，采取新型管理措施，并借助专业技术服务，对客站进行动态管理。

针对客站动态管理系统，结合工程实践，其主要工作包括以下方面。

①建立基于"互联网＋"式的客站建设项目动态管理，将项目从立项审批到建设实施，实行全过程公开，接受社会监督，从制度上规范客站建设过程中的权力运行，从源头防治贪污腐败行为。

②以项目动态管理系统为工具，实现全体参建单位在同一平台上开展建设管理工作。动态管理系统分办公系统、工程计量、设计管理、工程建设管理、阳光工程、企检共建等六大功能模块，各参建单位及参建单位各级人员根据权限不同，可通过后台管理进行信息录入、修改、确认、审核（审批）等工作。

③建立"阳光工程"管理模块，将实施方案、建设依据、廉洁从业、招

标工作、设计管理、征地拆迁、履约行为、工程进展、质量管理、安全管理、文明施工、立功竞赛等"十二公开"内容向全社会公开，提高客站建设项目的透明度，广泛接受社会各界的监督。建立"企检共建"模块，通过"走出去，请进来"，把建设项目中容易产生腐败的环节，置于监察机关的督促范围内，确保在工程建设过程中廉政建设制度落实。

④以企业内部协调、管理习惯和需求为出发点，量身定做、适应性开发，以满足适应管理、规范管理、公开管理过程的需要，实现工作流程、组织责任、信息整合的标准化。

三、信息化管理

我国是全世界高铁运营里程最长、速度最快的国家之一。到 2015 年年底，我国铁路营业里程达到 12 万公里以上，新建铁路客站 800 余座，同时大批既有车站需要现代化改造。因此，更新管理理念，全面提升车站，特别是大型铁路客站的运营管理水平，是实现铁路"又好又快发展"目标的重要保障。

信息化管理是现代化建设项目管理的重要手段，主要在信息沟通、实时控制、计算机分析、问题处理等方面，对站房质量、安全、工期、投资、环保、稳定提供重要的平台。兰州西站的信息化管理主要体现在以下三个方面。

1.BIM 技术的使用

建立以 BIM 应用为载体的项目管理信息化，提升项目生产效率、提高建筑质量、缩短工期、降低建造成本，具体体现如下：

（1）三维渲染，宣传展示。

（2）快速算量，精度提升。

（3）碰撞检查，减少返工。

（4）合理安排空间布局，优化管线。

（5）虚拟施工，有效协同。

（6）冲突调用，决策支持。

BIM 数据库中的数据具有可计量的特点，大量工程相关的信息可以为工程提供数据后台的有力支撑。BIM 中的项目基础数据可以在各管理部门进行协同和共享，工程量信息可以根据时空维度、构件类型等进行汇总、拆分、

对比分析等，保证工程基础数据及时、准确地提供，为决策者制定工程造价项目群管理、进度款管理等方面的决策提供依据。

2. 视频监控

随着我国电子计算机应用技术、广播通信和移动通信技术及电子科学技术的发展，电子视频监控系统得到了广泛的应用。

目前电子视频监控系统在铁路客站建造现场的监控管理与应用方面主要表现在能直观地加强对客站的现场施工管理与应用，它的应用使领导和管理部门能随时随地直观地视察客站的施工生产状况，促进并加强客站施工现场质量安全与文明施工和环境卫生的管理，通过对客站施工现场重点环节和关键部位进行监控，特别是对客站现场操作状况与施工操作过程中的施工现场质量、安全与文明施工和环境卫生管理等方面起到了应有的监督作用。

视频监控系统在客站现场施工生产安全方面的应用主要包括以下几个方面：

（1）全面了解项目的施工进展。因为视频监控可以记录施工现场每天的施工情况，通过对录像的整理分析，可以对项目的各部分施工进展有一个全面的把握，使出现的工程问题得以及早解决。

（2）对项目重点部位的管控。由于客站现场作业点多面广，尤其是项目的重点环节和关键部位多且复杂，经常出现安全隐患及违章行为不能及时消除的现象，从而造成或引起安全事故发生，通过视频监控系统对重点环节和关键部位进行监控，可有效增加监控面，及时制止安全隐患及违章行为发生。

（3）历史资料留存。常规的资料留存以纸质资料的形式为主，内容多以描述为主，且留存量大，查阅不方便。视频监控的出现彻底颠覆了常规的纸质资料留存的方式，它拥有实时性、直观性、大量性、易查阅等优点，值得在客站的施工中推广应用。

（4）视频监控系统是一种有效的取证手段。客站施工是一个技术复杂的建造过程，且具有参与方多、建设期长等特点，在这个过程中难免会出现设计变更、不可抗力等一些能导致索赔的事件，而视频监控则可以为各有关方提供真实准确的证据视频资料，为客站施工提供一个更加公平的实施平台，为各参与方的利益提供更加有效的保证。

3. 移动客户端

移动客户端主要有手机客户端（包括 QQ、微信平台、相关 App 等）和掌上电脑。移动客户端作为一种终端主要在工程的检查、问题的处理和协调方面、对工程的实时监控和设计更新等方面发挥重要作用。这种终端的使用不受地域的限制，既可以在终端上对项目的实施进展进行监控并发现问题和解决问题，又可以通过终端提前对工程进行设计更新等一系列行为，并将更新数据实时传输到施工现场，将各个参与方有机地联系起来，这样可以提高工作效率，并保证施工质量。

四、样品样板管理

1. 样品样板的基本理念

样品制度是采购材料、器具、配件之前，由供应商提供各种样品，由建设、施工、监理等主要参建单位比选确认采用样品的品类、型号，封样保存，作为材料采购时的标准。

样板的确认制度是建立在铁路站房装修工作量大，易出现质量不均衡、不稳定，外观效果不一致问题的前提下，以单项工程具有代表性的做法，先试做、统一工序和质量标准，再全面推开施工的制度。

通过工程样板，可以确定工程质量的预控措施，树立形象生动的立体教材，充分体现建筑设计意图。

2. 在工程样板实践中的重点环节

推行铁路客站装饰、安装工程"样板引路"的实践表明："样板引路"是纠正错误设计、防止质量通病发生最行之有效的方法。但由于各建设单位的重视程度不一，"样板引路"工作在各客站建设中存在较大的差异，个别建设单位没有把"样板引路"工作纳入项目管理的重要范畴，有些施工单位为了抢进度，忽视了"样板"制作，抱着一种先做、上级检查发现有错了再改的思想来抢进度。其实，这既得不偿失，又会造成很大的浪费。"样板引路"工作做好了，既可以保证和提高工程质量，又可以加快工程的施工进度。有的建设单位和施工单位没有深刻领会"样板引路"的作用，或者不知道操作步骤。

（1）样板制作与确认依据

包括初步设计批复、修改设计文件；控制线装修装饰设计审核依据，已

审查确认的控制性装饰装修设计、效果图；空调、室内与景观照明、客服系统专项设计审查、审核意见；铁路旅客车站细部设计；已审核的装饰、安装施工图及相关材料，涂装面、构件的标准、规格、等级、成分及技术参数等。

（2）样板制作的工艺要求

依据已审核的装饰、安装施工图，在拟装饰、安装工程实施部位按事先确定的比例制作实样，样板应将拟采用的材料、安装与涂装工艺、连接节点、整体效果体现清楚，并形成书面作业指导书。

（3）样板的管理要求

建设单位要始终坚持把"样板引路"工作纳入项目管理的重要范畴，做好"样板引路"的策划和准备工作，编制《样板引路实施规划》《样板引路实施办法》等相关管理办法，及时组织设计、监理、施工单位对照样板确认依据予以确认。实行铁路客站项目群管理的建设单位，要根据设计单位和施工单位的经验与实力情况选择某座客站作为全线客站的"示范站"。客站的选择要具有代表性、全面性，要能真正起到指导整条线路客站施工的作用，每一部分的做法都要落实到位，发现的问题要及时落实整改到位，明确全线统一的细部做法，不留死角。

3."科板引路"的工程实践探讨

（1）"三新"施工应采用"样板引路"

随着建筑科学技术的进步，"新技术、新材料、新工艺"技术运用越来越多，但由于地区差异及施工单位技术能力不同，"三新"施工的效果与国家标准或行业标准还有一定距离，因此针对"三新"施工，按照国家、铁路总公司相关管理规定，通过试做鉴定，达到行业认证或许可后再推开，这是典型的样板引路。例如，银川站采用了拱券为核心形象，融地域文化与现代风格为一体，具有浓郁的地方特色。设计人员采用了清水混凝土来表现室内拱空间建筑风格，但设计文件里没有对清水混凝土的纹理是否留栓洞，通过样板进行对比后，最终选定方案，效果较好，充分体现出了混凝土的粗犷、厚重美。

银川站的主体结构大量采用拱形双曲清水混凝土结构，参建各方组成清水混凝土技术推进小组，场外试做大量清水混凝土构件样板。通过"样板引路"，最终在清水混凝土模板配置、脱模剂选用、混凝土配合比、用材、浇筑

振捣、拆模时间、表面修补及养护控制等方面形成了成熟的技术与方案，并编制出完善的清水混凝土质量控制措施及作业标准，使后续体量巨大的清水混凝土结构施工一次性成功，实体质量远远超过优质工程的混凝土质量标准，观感效果也完全达到设计预想的效果，取得国家专利。

（2）高档精装饰工程的重点部位采用"样板引路"

目前，工程精装饰的要求越来越高，精装饰工程的质量关系整个工程的品位与形象，因此对于精装饰工程的重点部位必须采用"样板引路"。精装饰工程有其艺术性要求，"样板引路"有助于装饰风格及设计的最终明确，避免无谓返工，同时有助于检验装饰与土建、机电安装之间的配合，保证后续大面积装饰施工能有条不紊地展开。例如，海南东环三亚站室内吊顶设计，针对板宽和板缝的尺寸问题，设计人员指导制作了三种样板，组织有关单位的技术人员，到现场进行了确认，最终确定板宽 18mm、板缝 90mm 的方案。同时，根据装饰装修效果图，决定采用弧形板，效果很好。

（3）工程的设计存在优选时宜全面采用"样板引路"

客站工程要经得起严格检查与质量评定，其观感质量及各项测量数据要求均非常高，施工过程中必须通过做样板，以高标准来要求，才能发现问题并及时沟通研究解决办法，从而确保后续大面积施工过程质量达到客站工程质量标准。

此外，客站工程对细部节点的做法要求非常高。屋面、门窗、楼地面、装饰、机房设备安装等评优时都是检查重点，通过做样板，确定工程大量细部节点的创优做法，施工单位才容易在后续大面积施工中一次成优，避免后续的返修工作。

例如，海南东环三亚站的设计具有浓郁的海岛风格，幕墙和室内局部装饰均采用木纹色铝材饰面，其中木纹的选择是难点。设计单位需要通过"样板"比选来确定，在实施过程中，对木纹色分别制作了不同的样板，经比对后选用了海南独特的花梨木纹理装饰，取得了很好的效果，实现了建筑师的原创意图，为海南岛增添了一道靓丽的风景。

（4）重大关键技术施工采用"样板引路"

如果工程存在一些重大关健技术，是否能顺利解决对整个工程的质量、

安全、进度、造价具有重大意义，且涉及该技术的施工内容具备做样板条件，所以应采用"样板引路"。

深圳北站采用铝镁锰板和阳光板组合屋面。设计单位对阳光板的选择确定了强度、硬度、透光率等技术参数。施工单位按设计要求制作了样板，但样板制作后在强烈的阳光下出现了很刺眼的眩光，且阳光板与铝镁锰板的节点处理不好，存在漏雨的隐患。在样板验收后决定更换阳光板，但施工单位在样板还没有确认之前，就对阳光板进行了部分采购招标，为此给更换材料造成了一定的麻烦。

（5）多工种协作穿插施工区域采用"样板引路"

在工程建设过程中，总是存在一些各工种协调穿插非常多的施工区域，如机房、管道井、设备层、技术层、楼层和通道的吊顶内空间等，这些区域的施工应采用"样板引路"。因为往往这些区域空间有限，多工种交叉施工，极容易因协调问题造成相互挤占空间、前道工序成品破坏、返工拆改、检修空间不足及被迫降低楼层净高等问题。通过"样板引路"，在样板施工中做好管线综合平衡，协调各工种的穿插施工，方可避免此类区域大面积施工出现上述问题。

五、网格化管理

1．网格化管理的基本理念

网格化管理是指资源协同者应用网格理念（资源的整合、共享与协同）将各种资源有效配置（如划分成网、格等形式）整合形成集成资源，为资源需求者提供可透明地使用整个网络乃至整个社会资源的服务，最终达到整合组织资源、提高管理效率目的的一种管理模式。

2．网格化管理的应用现状

网格化管理是一种新型的管理方法，在多个领域都有所尝试，并取得了一定的理论和实践成果。首先是在城区的网格化管理，其主要依据"各司其职、优势互补、依法管理、规范运作、快速反应"的原则，将地区各网格内的巡警、城管等人员之间的联系、协作、支持等内容以制度的形式固定下来。其次是工商部门的网格化管理，其实际上是将所管辖区域划分为若干个"格"，相邻的若干个格联结成"网"，每个"格"设置一名巡查干部负责其格内的经济户

口管理和市场主体经营行为的监管，相邻的两个以上的网格责任区为一个巡查组，以组为单位对辖区经济秩序实施执法检查，这是一张纵横交错的监察管理网络。在"网格化"管理模式中，监督管理网是沿着横向、纵向不同脉络进行编织的。最后主要是市容环卫的网格化管理，将市容划分为固定面积网格，并实行分层管理，每层配备责任管理人及一定的清扫作业工人，责任人每天必须在自己"包管"的区域网格巡查，环卫监督、城管队员和社会监督员还要进行联合检查。

3. 客站网格化管理要点

网格化管理在虹桥、南京南、杭州东、上海南、兰州西、银川、中川机场等客站建设的实践过程中取得了良好的效果。其实施要点主要包括确定网格化管理范围、设置网格化管理组织机构、加强网格化管理举措。

（1）确定网格化管理范围

客站网格化管理模式主要使用在工程某些部位的装饰、装修工作。在指挥部统一管理的基础上，将装饰装修安装阶段剩余施工任务按施工区域、施工内容等划分成单元网格，通过激励考核措施，对各区域实施网格化管理，以便及时发现处置施工过程中发生的各类质量事件，实现过程盯控、动态管理的目标。

（2）设置网格化管理组织机构

兰州西站的网格化管理组织机构是一种严格的刚性组织结构，结构层次分明，职责划分清晰。

①组织机构。a. 指挥部成立以总指挥长为组长、主管站房副指挥长为副组长、工程部各专业检查组为成员的网格化管理领导机构，现场设管理办公室，主要负责现场日检查评比及月度综合考核。b. 各施工单位成立以总承包单位为组长的现场网格化组织机构，按照区域、施工内容及专业划分网格单元，实行项目负责人，区域负责人，技术、安全、质量负责人，班组负责人四级管理，将施工质量管理责任传递到班组、个人。c. 监理单位按照总监负责制，按照区域、专业配齐相关专业监理人员，协助指挥部做好日评比和月度考核工作。

②主要职责。a. 指挥部组长、副组长每周听取工程部现场管理办公室周检查评比情况汇报，并对存在的问题提出改进要求。b. 工程部现场管理办公室按照《施工班组每日考评表》负责每天分专业、区域对班组已完成施工项目进行评定，并签署考核结果。c. 监理单位各专业组除按照相关监理规范对当日完成任务检查验收外，还需要协助指挥部现场管理办公室对当日完成施工项目进行检查评定并签署评定意见。d. 施工单位管理机构主要负责现场实施，按照施工组织要求配足各种所需资源，确保现场推进，并按照相关要求落实激励考核工作。

(3) 加强网格化管理举措

在客站网格化管理组织机构和职责的基础上，将施工质量控制单元最小化，通过最小、最优、易于控制的单元划分，对施工过程实施细致的管理举措，使施工质量贴近验收标准。兰州西站管理举措的具体内容包括以下方面。

①实行日验收考评、月综合考核的形式，日验收评定结果除按创优规划进行单日奖罚外，其评定结果将纳入月综合考核中，促进施工单位以积极的态度对待每日的施工作业。

②施工单位按照施工组织要求按月上报施工计划，并按单元格划分区域，每日给现场管理办公室上报需要评定的区域、施工内容及专业，并全程配合进行现场评定，对提出的问题督促整改。

③指挥部现场管理办公室各专业组按照施工单位日计划对当日施工作业内容进行全面巡视（主要巡视现场材料是否合格、作业工具是否符合要求、作业安全防护是否到位、前一天提出问题是否整改到位等），对不符合相关作业要求或对前一日问题未按要求整改的禁止进行相关施工。

④每日下午定点，由各专业组对当日所完成施工任务进行检查验收评定，并按照评定表签署评定结果（评定结果分为优良、合格、不合格三项）和相关意见，对不合格项目经监理核定后下发处罚通知书并督促整改。

⑤指挥部每月组织一次综合评定，评定办法及考核按照兰州枢纽工程建设指挥部《兰州西客站创建"示范性精品工程"管理办法》执行。

第二节 打造精益管理标杆企业：京张高铁的孜孜追求

制造业是国民经济的主体，被人们视为"兴国之器、强国之基"。当我们检阅世界强国兴衰史时，很容易得到一个结论：一个国家如果没有强大的制造业，是很难真正实现国家和民族强盛的。换言之，打造具有国际竞争力的制造业，这不仅是对我国，对于任何一个国家来说都是提升综合国力、建设世界强国的必经之路。

近年来，由于全球经济不景气，发达国家的制造业遭受了沉重的打击。德国推出"工业4.0"项目，投入大额资金，以支持工业技术创新的开启。美国为了挽救制造业提出了"再工业化"战略，试图振兴制造业，推进先进制造技术的研发。英国2013年制定了《英国工业2050战略》，打算重振英国制造业的创新能力。新兴经济体也意识到通过制造业带动经济发展的重要性，2014年印度规划了"印度制造"战略，越南、巴西等国也积极承接发达国家产业转移，制造业已经成为国际竞争的主要焦点。

而我国制造业虽然目前呈现出持续快速发展之态，建立了类型齐备的产业结构体系，极大地推动了工业化和现代化进程，然而，与世界先进水平相比，我国制造业"大而不强"的问题却是非常突出的，在质量、效益、资源利用效率、自主创新能力、持续发展能力等方面更是表现出明显的差距。中国制造业普遍存在粗放管理、过高的资源消耗和日渐高涨的劳动力成本，其发展空间越来越受到限制，生产能力过剩、竞争激烈使企业的盈利能力下降。当前我国制造业发展遇到一系列的障碍、瓶颈以及挑战。

总体而言，全球制造业格局正在极速地发生着改变。在经济全球化的大背景下，制造业的水平直接决定了一个国家的国际竞争力和在国际分工中的地位，也决定了这个国家的经济地位。关于"谁将会是下一个制造大国"这个问题，现在尚难得出结论。而在这种大环境下，中国传统制造业必须转型升级，否则难免被淘汰。

制造业要转型升级，首先要打好管理基础。为什么我们将"打好管理基础"这一话题放到这么重要的位置上来谈呢？

我们知道，一个木桶盛水的多少取决于最短的那块木板。要想让木桶盛水更多，我们需要将最短的木板补长，然后再去加长其他木板的长度。同理，一个制造业企业若要获得良好的效益，增加收益率，便需要核查制造业管理模块的各个方面，有针对性地弥补管理"短板"，重视管理基础工作，这是制造业转型升级的起始点。如果管理基础没打好，那么制造业转型升级必然成为空谈。

对于制造业管理而言，基础性管理工作的类别非常多。比如，现场管理、流程管理、质量管理、绩效管理、成本管理属于支柱性管理方面，规范的支柱性管理将全面提升制造业的生产力、竞争力、执行力、效益和利润；而持续改善管理则属于发展性管理方面，科学有效的持续改善将大大助力制造业管理水平的稳步升级。

"十三五"时期是我国高铁转型升级的关键时期，也是企业发展提质增效的关键阶段。作为我国制造业的重要力量，国内高铁行业要实现"凤凰涅槃"，在竞争激烈的市场中守住自身市场并可持续发展，就必须把精益管理摆在首要位置，深入持久地加以推进。企业的兴旺不仅取决于科技进步，而且

也取决于管理进步，二者相辅相成，互相促进。主动作为，苦练内功，努力向技术创新要效益，向结构调整要效益，向管理改善要效益，实现品质和品牌新的跃升，使高铁企业真正成为有活力、有较强竞争力和抗风险能力的市场主体。同时通过学习借鉴、消化吸收先进企业的管理方式，探索出一条适合企业自身快速发展的精益管理模式。

京张高铁领导班子通过反复研究并借鉴国内外企业在精益管理方面的优秀做法与成功经验，在准确把握精益管理内涵的基础上，聚焦企业发展的关键要素：精益制造——企业创造价值的主要来源，精益管理——企业竞争力的重要根基，员工素质——企业创造价值的责任主体，安全运营——创造价值的根本和基础，精益文化——精益管理落地的动力与支撑。结合企业实际确立了"消除浪费、创造价值、持续改善、精益求精"的精益管理理念，结合实际制定了"理念导入、注重基础、试点先行、以点带面、全面推广、形成体系"的精益管理推进思路。在此基础上，采用"自下而上、自上而下"双向驱动相结合的方式，基于自身的实践，将传统的精益管理拓展为中国情景下的、具有自身特色的精益管理，找到一条适合高铁制造业管理升级的道路。这也是京张高铁一直以来的孜孜追求。

肩负政治使命，践行精益管理。京张高铁是肩负国家战略任务、具有重大历史使命的高铁线路，京张高铁是2022年冬奥会的交通保障线、传承京张铁路百年历史的文化线、全面展示高铁建设成果的示范线、落实一带一路引领高铁走出去的政治使命线。如何高质量、高效率、短交期地响应用户，提供全生命周期服务，建设优质、创新、生态、人文和廉洁工程，打造世界高铁建设的典范，是抓住机遇、领先对手的重点。而核心正是要求京张高铁改进生产方式和管理手段，推进体制创新和管理创新，致力于形成相匹配的管理能力和核心竞争力，为京张高铁项目的有效实施保驾护航。

打造生态精益，持续改善支撑。京张高铁精益管理涉及方方面面，京张高铁的精益管理是一种专业化活动，从研发、供应链到智能工厂、生产制造以及维修服务等各个环节都需要各自的专业化精益相匹配，跨越各个部门、各管理平台和管理线，形成了一种生态化的精益体系。从前端研发、供应链，到中间的生产制造，再到后端的客户和服务，各要素、各环节通过生态化精益形成一个有机整体，在发展过程中协同演进。而精益管理中的各管理线和管理平台都有着明确的工作指向，主动寻求项目管理向重质量、重安全、重效益转变。并建立健全考核机制，实施有效的激励政策，在执行力上做文章、下功夫。通过标准化满足客户要求，保证生产线工位和其他职能正常运行，以此快速实现复制、学习和扩张。

精益文化引领，创新跨越发展。党建、职能部门和生产单位多方联动，强化党的思想建设、组织建设、作风建设、党风廉政建设和制度建设，"五位一体"全面着力，不断丰富精益党建工作范围、工作方式、检验机制、改善工具四大体系，建立强有力的精益文化；主动探索实施具有京张高铁特色的精益管理，岗位职责清晰，协调运转畅通、高效。精益求精、追求完美，提高质量、提高效率，以内涵式增长打造新的竞争优势，促进企业提质增效升级；构建精益文化学习型组织，通过定期举办各层面精益管理专题讲座、精益知识轮训，以精益理念培育员工精益思维和行为习惯，员工学精益、讲精益、用精益的氛围日渐形成，打造高效率、高执行力的员工队伍，营造倡导精益、学习精益、践行精益的浓厚氛围。使精益由企业的表面管理活动，转

变为全体员工的统一行动,推动企业的精益管理从无序到有序、从有序到规范、从规范到科学，使全体员工对精益文化的认知也实现从理论务虚到行动务实，再到实践创新的转变。

近年来，铁路建设规模越来越大，工程要求越来越严格，技术水平标准也越来越高。大中型铁路项目不同于一般的铁路建设，它具有协作性、复杂性等多种特性，对项目中的组织、协调、管理提出了更高的要求，传统铁路施工项目管理模式已彰显不足。如何通过科学组织、系统管理，如何在统一的目标下协调各管理团队的平衡，如何进行各业务部门及作业队伍的协作管理，是项目管理的难点。

项目经理是铁路施工项目管理第一领导者，是一个团队的核心，领导的力量体现在带领团队向着大家认可的共同方向努力实现目标的能力，领导者能够看到别人看不到的预期结果，并且提出得到大家的认可，领导者获得团队追随的能力被称为领导力。

下面就以京张铁路工程建设施工管理为例，研讨探索项目管理的做法和项目经理的领导力，寻求大中型铁路建设项目创新管理的方法。

一、京张高铁项目管理业绩情况

关键结构、过程重点工序，勇夺全线"十八项第一"：自进场以来，按照集团公司的总体部署，按照开工标准化要求，又好又快地全面推进现场施工生产，先后实现了京张全线的"十八项第一"。

"十八项第一"为：进场 22 天率先通过拌合站和中心试验室验收；进场 25 天灌注全线第一根钻孔桩；进场 85 天浇筑全线第一个承台；进场 95 天浇筑全线第一个墩身；进场 100 天完成全线第一段路基试验段；进地 46 天预制全线第一孔箱梁；2016 年 10 月 26 日成功架设全线第一孔箱梁；11 月 18 日完成全线第一个连续梁 0# 块浇筑。2017 年 6 月 14 日，完成全线第一个连续梁墩顶转体；8 月 13 日，梁枕场轨枕取证一次性通过国家审查；12 月 4 日，全线第一个完成标段箱梁预制；12 月 22 日，全线第一个完成标段箱梁（标段内 457 孔）架设。2018 年 4 月 26 日，全线第一个完成标段 580 孔箱梁（含五标大桥局 123 孔）架设任务，线下主体工程全部完成；5 月 7 日，桥面系工程通过京张公司级首件评估；5 月 22 日，率先顺利通过铁总工管中心级无

砟轨道首件评估；10月30日，顺利通过铁总工管中心级无砟轨道高速道岔首件评估；11月1日，成功举办全线铺轨首铺仪式，线下工程第一个实现铺轨作业条件。截至2018年上半年完成产值17亿元，超额完成京张公司投资计划，为全线第一。

举办"八次"大型标准化观摩会议：铁路总公司工管中心、建设单位、中国中铁股份公司组织参建各方对中铁三局京张高铁路基综合试验段、铺轨基地、怀来梁枕场、桥梁综合段、无砟轨道等精品工程示范点工程现场组织进行多次观摩会议，对项目标准化管理、信息化应用、工装工艺创新等方面取得的成绩给予高度评价，将好的经验和做法予以推广。中铁三局京张高铁通过观摩会的举办，使项目标准化管理、信息化智能化应用、施工进度等各方面得到充分展示，取得业主及参建各方的充分认可，保障了项目信用评价良好成绩。

铁路总公司副总经理、建设司司长等多位领导，多次查看京张高铁施工现场，对中铁三局精益管理、智能建造给予肯定，评价三局对全线创建"精品工程、智能京张"开展起到了引领示范作用。

2016年8月15日京张公司在京张高铁举办了全线的标准化管理现场观摩暨桥梁下部工程首件评估会；8月29日，组织了中铁三局的标准化管理推进会，将"京张经验"在全局推广；2017年5月15日及16日，顺利通过了中国铁路总公司工管中心组织的路基工程首件评估及标准化观摩交流会；2017年6月14日举办了新保安高架特大桥跨京包铁路连续梁转体仪式和铺架基地信息化建设现场观摩会；2017年6月29、30日成功主办了中国中铁股份公司的工程项目及安全管理标准化建设推进会；10月20日成功举办铁总建设司组织的梁枕场工序自动化现场交流会；11月16、17日，成功举办了铁路总公司组织的京张铁路创建精品工程现场观摩交流推进会；2018年5月22、23日成功举办了铁路总公司工管中心级的无砟轨道首件评估及全线观摩会，同时举办京张公司级全线桥面系工程首件评估及观摩会。自开工以来累计接待国外同行业、路内外各铁路公司、各局观摩交流百余次，接待观摩人员两千余人。

获得的主要荣誉：截至目前，京张铁路全线四次信用评价均名列前茅，

尤其是 2017 年至 2018 年上半年实现三连冠，获得了铁路总公司最高的特别加分。成功举办铁路总公司工管中心、京张公司、中国中铁股份公司层级的"八次"大型标准化观摩会议。先后荣获 2016 年度"国家 AAA 级安全标准工地"、"山西省工人先锋号"、2017 年度全国铁路总工会"火车头奖杯"；中国中铁股份公司"詹天佑杯"京张高铁劳动竞赛活动优秀组织单位、先进集体、"安全生产百日竞赛先进集体"、"节能减排标准化工地"、"安全标准工地"及京张公司、中铁三局集团公司授予的多项荣誉称号。

二、项目管理实践中的主要做法

2016 年 3 月，京张高铁项目组建进场，在集团公司的领导和关怀下，京张高铁项目部始终发扬"知行合一、永争第一"的企业精神，立足"以快取胜、以质制胜"为指导思想，突出大工期综合效益，积极推进项目开工标准化管理和推行精益管理智能建造，在项目各项管理工作开展过程中贯穿始终。

在施工生产、安全质量风险管理、精品工程创建等管理方面，立足高起点、坚持高标准、创造高效率，精心组织、精细管理、精准施做，快速推进现场施工进度，提高项目管理成熟度，获得了京张铁路参建单位的高度评价，同时获得了铁路总公司、北京局集团公司的高度认可。成绩的取得与卓越的项目总体协调组织者 —— 项目经理是密不可分的，项目经理的能力也决定了企业的当下和未来。

1. 策划先行，目标锁定结果；精心组织，样板示范引路；信评指标彰显实力

京张高铁是 2022 年冬奥会的交通保障线、京津冀一体化发展的经济服务线、传承京张铁路百年历史的文化线、全面展示高铁建设成果的示范线、落实一带一路引领高铁走出去的政治使命线。落实习总书记办好冬奥会"绿色、开放、共享、廉洁"重要指示精神，铁路总公司党组在京张全线打造精品工程、智能京张具有重要的历史意义。中铁三局集团公司高度重视，京张高铁项目部深感使命光荣、责任重大。

实施性施组是项目纲领性文件，是项目经理开展项目管理的依据，施组编制是超前策划的重点。以施组为引领，首先组织详细的施工调查，进行项目策划，结合项目任务情况及合同工期目标进行任务划分、资源需求配置、

施工计划安排、临建设施规划、施工方案编制、根据工程特点工期关键线路分析施工重难点、卡控点、制定应对措施。结合集团公司、京张公司总体管理要求，坚持知行合一、永争第一的企业理念，以天佑精神为引领，精心组织、精细安排，对京张项目最终实现的管理总体目标进行明确定位，即"工程建设质量安全无隐患、零事故，争创股份公司安标工地，争创国家级优质工程，新保安高架特大桥争创鲁班奖。劳动竞赛勇夺詹天佑杯，项目信用评价争第一，强力推进施工生产等各项管理工作。"

总体目标的超前策划必须有阶段性目标策划的支撑，结合铁总开工标准化的要求，针对年度施工任务的特点，进行重点工程、样板工号的策划，打造首件样板示范工程。按照铁路总公司及建设单位"样板示范引路、首件评估先行"、全力创建"精品工程、智能京张"的建设目标要求，快速策划标段14处精品工程、5项重点标志性工程创建，从而实现标段路基、桥梁、轨道、绿化等相关专业同线同标同治。怀来梁枕场建设坚持"优质、高效、绿色、创新"的建设理念，打造最美最持久梁场，同时结合施组规划采用梁枕场合建，充分利用梁场和枕场预制生产施组时间差，梁场和枕场同步建设，同建共享土地资源，以时间换空间提高土地利用效率，节约基本农田占用。按照"2234"目标，即2个月完成临建工程、2个月完成首孔梁预制、3个月实现箱梁取证、4个月快速实现箱梁预制全面生产；进地35天高标准完成智能化铺轨基地建设，迅速形成了全线铺轨作业条件，从而实现了桥梁下步工程、路基综合段及预制构件厂、箱梁制运架、桥面系和无砟轨道等全线首件工程，顺利通过京张公司、铁总工管中心层级首件评估，建设单位组织全线参建单位对过程中的亮点做法进行观摩学习推广。

每次全线首件工程的形成，均源自前期的精心策划组织。制订首件评估计划，明确了首件完成时间、区段负责人及主管领导，以包保协议书的形式，明确相关人员的职责和管理要求。定期实行内部节点考核评比，以明确的目标引领样板引路首件评估创建推动全标段工程施工安全质量、标准化管理、精品工程创建、文明施工管理的总体提升。按照建设单位管理办法检查规则要求，超前规划样板工点作为迎检工点，未雨绸缪，不打无准备之仗。

信用评价是项目对投标承诺兑现的管理目标是否实现的实践证明，是施

工企业的生存基本。按照铁路总公司和建设单位的信用评价管理办法，掌握信用评价的周期时间，结合项目施工进度安排情况，每年初即对信用评价应取得的目标进行总体规划，在每次信用评价前一个周期，即明确下一阶段迎检的重点是路基或是桥涵工点，确定信用评价增分点，提前针对性重点着手做好迎检工点各项内外业工作。以"双缩及点管理"锁定阶段性管理重点。自 2016 年进场以来，京张高铁每次信用评价均名列前茅并实现连续第一，各项工作一直引领推进京张铁路全线建设进展，被业主赞誉为名副其实的全线领头羊。在京张项目施工管理实践中，事实证明，超前的谋划，坚定明确的目标，快速的推进，是项目经理管理成功的前提。

2. 多措并举，强化过程控制；上下齐心，管理重心下移；动态管控追求实效

细节决定成败，过程管控是项目管理中的细节因素，铁路建设施工周期长、点多、线长，管理跨度大，影响因素多，过程管控难度大。施工组织设计是一个特定阶段的纲领、一个过程计划，真正按照施工组织设计实现生产目标则主要根源在于过程控制。作为铁路工程项目管理的最终产品是存在现场的单位工程项目，因此项目管理信用的真正体现价值依然是现场结构物组成的具有独立的设计文件，具备独立施工条件并能形成独立使用功能的单位工程。管理则必须以现场过程管理为主体，因为管理跨度范围大、影响因素众多，造成结果的把控难度大，因此过程控制是项目经理带领团队协作形成良好结果的领导力的充分体现，决定了管理目标能否最终实现。

好的业绩的取得需要有好的施工过程现场支撑、内业管理资料支撑，各项管理指标的过程管控是项目经理掌控协调能力的重要体现。为了加强过程控制，京张高铁多措并举创新管理，重点环节管理重心下移，形成上下同心的合力，辅以公开公平公正的奖罚激励举措，以科学的管理手段、清晰的管理思路来保证最终计划目标的实现。

主要具体做法如下：一是尝试推行工程项目责任矩阵法。项目部明确推行清单式管理模式，以实施性施工组织设计为纲，以架梁、铺轨、联调联试为红线卡控，制定明确的管理清单和作业清单，不断对清单进行分解，以责

任矩阵明确分工，实现施工现场组织的合理、有序管理，落实工程项目责任矩阵法，强化项目管理执行力。二是认真落实"四个一"管理制度。即每周组织一次现场办公、进行一次周计划周考核、开展一次教育培训、召开一个专题会。真正将项目管理与作业现场紧密结合，及时解决存在问题，提升项目整体管理水平。三是严格执行周计划周考核。完善考核机制，制订周计划周考核管理办法，定期进行现场考核，及时通报奖惩情况，充分调动管理及作业人员主观能动性，快速推进现场施工进度及提升安全质量管理、标准化管理、文明工地建设。四是推行"双缩"和"点"管理办法。即"将考核周期由传统的月考核缩短为周考核，将考核单元由传统的工号考核缩小为工序考核"，坚持路基、桥梁、绿化主辅同步施工理念，缩短管理跨度，及时释放管理和作业资源，及时封闭施工段落；"加强进度卡控点、安全质量风险点、投资产值点、成本控制点、文明施工形象点考核监控"。奖罚并举，针对重难点问题解决落实执行力，实现以点带线、以线代面、渐次递进，使项目管理各项指标更加有序可控。

项目部将管理重心下移，了解现场产品生产状态、资源组织状况，对涉及安全质量进度有重大风险和对全线施工生产有重大影响的工点掌握现场存在问题，制订解决方案，加强保证措施落实，协调强化全员过程盯控。项目经理定期组织，项目部各部门及分部各部门管理人员参加进行工地现场办公，确定产品标准、优化现场资源、强化上下沟通、力求信息对等，形成上下同心的良好工作氛围。例如，由于受 110 kv 高压线迁改和沙城站 1.3 km 拆迁群等影响，制约标段运架梁通道及影响全线铺轨工期安排的新保安高架特大桥 112 m 支架现浇＋转体连续梁、既有沙城站拆迁还建区段路基填筑施工，上述工程工期滞后严重，成为制约架梁通道的控制性工程，总体施工组织工期安排的关键卡控点。铁路总公司工管中心和京张公司高度关注并要求限期完工。时间紧任务重，情况特殊，如何化解问题，按期推进工程进展，已迫在眉睫。项目经理亲自组织，先动员、后发动，迅速成立领导小组、现场管理组、作业组，资源统筹调配，优化整合，定人定责定节点。京张高铁项目部各部门、各分部及现场协作队伍上下齐心、顾全大局、不计得失，每天召开施工现场推进会，特别是通过几次专题协调会，进行方案比选和优选，精

心组织，精益施工，狠抓落实，克服困难，艰苦奋战。确定了房屋拆迁分段组织，日计划、日落实，攻坚克难，各个击破，全力创造路基施工作业工作面，克服天气和地质条件影响，集中人力、设备，争分夺秒，保质保量，一举拿下拦路虎，在冬期施工前贯通了架梁通道，避免了进入冬期施工将带来的工程质量和成本风险，彰显项目经理过程驾驭的能力，再展铁军风采，得到建设单位及铁路总公司的一致好评，并向集团公司致贺电表扬，从而实现信用评价连续夺冠。

2017年度，按照铁路总公司、建设单位创建"精品工程、智能京张"的建设目标要求，结合项目进展实际情况，快速响应规划14项精品工程、5项重点标志性工程创建。编制京张高铁精品工程实施方案，明确依据验标、精品工程暂行标准等组织实施，按照管理标准创新，作业标准升级、信息化升级应用的理念，建立完善统一、全覆盖、规范化的制度体系，建立精品工程周例会制度，推进全员、全过程、全项目的三全管理办法，落实包保检查、细化过程评估。

为了应对铁路总公司每月考核评价信用评价每月加、扣分的激烈竞争，快速提升精品工程创建，项目部决策制定了加强过程控制考核激励的"精品工程创建专项考核制度"，明确以精品工序保精品工号，以精品工号创精品工段，以精品工段筑全标段精品工程，开展以"争创精品工序、争做标准化班组、争当京张工匠"专项考核活动，充分调动全体参建员工及协作队伍的积极性。

过程中定期组织开展专项考核评比，评出19项精品工序工号，对成绩突出的管理人员、作业班组进行专项奖励，充分调动全体参建员工主观能动性，做到全员参与，共同创建，力求实效。通过过程超前预控和行之有效的管理，在铁路总公司组织的历次精品工程平推检查评比中京张高铁均名列前茅，得到铁路总公司对京张铁路特殊政策的信用评价加分奖励。

第三节 走向精益：京张高铁项目部跨越发展的根基

纵观全球工业世界与历史，复杂总是常态，发展的实践不断证明，市场看似变幻莫测，实则万变不离其宗；企业要历久弥新，以长青制胜者，管理上唯有回归至简。这也是京张高铁管理追求的最高境界"大道至简、无为而治"。所谓精益管理，是要求科学设计、均衡投入、合理消耗，不是单纯追求成本最低、质量最优、效率最高，而是追求客户和企业都满意的质量，追求成本与效率的最佳配置，追求供应链价值的一体化成长。

把流畅的中国传统哲学思维模式与西方理性科学管理相结合，也就是"道器合一"，融会贯通，方可寻找到符合企业自身条件的现代化管理方法。丰田精益管理中"精"，即为少投入、少消耗资源、少花时间，尤其是不可再生资源的投入和消耗，力求高质量。"益"，即为多产出经济效益，实现企业升级目标。而要实现这些战略目标，要求我们不仅做正确的事，更要正确的做事。掌控好"管"与"放"，把控好两者的平衡尤为关键。"管""放"与"精""益"之间是互相协调、相辅相成的。

掌握管理的本质，"管"就是要"登高望远"，即理清目标，理清细节，

理清程序。用科学的方法，把工作主题核心外的直接因素尽可能地剔除掉，制定科学的管理流程与规范的管理制度，通过持续修炼管理技巧，完善管理策略工作，使复杂的问题简单化、优化工作流程，从而持续提高工作效率，创造更佳效益。"放"就是鼓励创新，充分信任员工，激发大家主动创新的积极性、创造力。管理的核心在"管"与"放"的平衡上掌控得当，从根本上高效解决问题。要把自己看成创新的主体，自我明确目标、自我管理、自我激励，发挥个人作用，在实现个人价值的同时，为企业创造价值。

伟大企业是能长时间做一件事情，能够一个方向上专注发展，丰田的成功，就是源于近一个世纪以来，对把简单的事情做到极致的完美追求。京张高铁将精益管理渗入到管理环节，做到运营系统、管理架构、理念和能力三位一体的转变与提升，具有自身特色的精益管理，摸索出一条适合高铁制造业管理升级的道路。京张高铁不平凡的发展历程，由互相衔接的三个阶段所组成。

京张高铁成立以来，结合高铁行业发展特点和公司实际，扎实开展了精益管理文化实践，企业的安全质量和经营效益稳步提升，安全指标达到国内领先水平。作为一项系统性工程，精益管理要落地，机制理念先行。

一、精益管理的成长培育过程

第一阶段:围绕铁路总公司"强基达标、提质增效"工作主题，秉承"知行合一，永争第一"的企业信念，把工作思路和管理行动统一到"精品工程、智能京张"的建设目标上来，全力建设精品工程。结合自身存在的薄弱环节，针对生产现场的问题和难点进行精益制造与改善，形成制造现场"点"的改善。京张高铁主要通过不断解决各种细、小问题产生大的效应，一个车间一个车间、一个环节一个环节慢慢地实施，问题一个个地解决，并以此为基础，启动精益示范线建设，推进智能化生产线、智能化车间建设，在各生产单位中全面推行，形成精益制造从"点"到"线"的拓展。与此同时，以信息化建设为载体，利用大数据、互联网、云计算、物联网等现代信息技术，实现推进精益建设新思路，把精益模拟生产线和模拟配送线，形成精益制造从线到面的拓展，为日后的高铁装配企业的转型升级，为打造行业标杆奠定了前期的重要基础。

第二阶段：在上述基础上，以打造智能京张、绿色京张为主线，将"精

益管理"理念融入到各项管理制度，以"精益战略、精益设计、精益施工、精益供应、精益绩效"等内容为主体的"一体化全价值链"精益管理为重点，将精益改善的理念和方法延伸至生产、经营、管理等各个领域。抓好"建立健全有效的规章制度、清晰的岗位职责、健全的标准体系、顺畅的信息传递和严格的绩效管理"等多项基础管理工作。在充分认识精益管理的基础上，向管理要效益，向管理要方法，向管理要进步，在执行力上做文章、下功夫。开展安全管理、质量管理、生态管理、财务管理、物资供应等方面的监督检查。京张高铁各项精益指标全面提升。通过努力实现以下目标：零浪费、零缺陷、零事故、零污染、零差错、零故障的目标。目前京张高铁质量合格率100%，施工效率提升10%以上，利润总额提高10%，持续提升管理效率，100%达到质量安全要求及规范。

第三阶段：本着以我为主、自主实施的原则，不断创新管理手段和方法，突出实效性，注重融合应用，打造具有京张高铁自身管理特色。建立符合战略、落实到位、运行高效、持续提升、追求卓越的精益绩效管理体系。通过开展精益课题的研究与攻关，采用巡回宣讲、专业培训等方式，对管理者、职能人员、基层员工展开了一系列系统培训，引导员工将精益思想转化为精益行为，助推企业提质增效；开展"我为精益管理献一计"、"精益小故事征集"、精益改善合理化建议、精益改善案例征集等活动，对在实践中涌现出来的经验做法，通过分享会、交流会等方式在广大员工中进行宣传、传播，帮助广大员工掌握精益原理，营造全员参与精益管理、全员践行精益文化的浓厚氛围。更为重要的是，推进全员精益，构建长效机制，使精益由企业的表面管理活动，转变为全体员工的统一行动，推动企业的精益管理从无序到有序、从有序到规范、从规范到科学，使全体员工对精益文化的认知也实现从理论务虚到行动务实，再到实践创新的转变。

中国高铁由30年的高速发展逐步进入高质量发展新常态，市场竞争越来越激烈，企业靠什么立于不败之地，实现基业长青？如何让整个企业生产制造、经营管理都充分活跃起来，确保物尽其用、人尽其才，如何做到"精益"二字，让精益思维能够落地生根，持之以恒地坚持下去，我们提出了自己的思路。

京张高铁坚持统一规划，注重问题导向，强调以"强基达标、提质增效"

为工作主题，秉承"知行合一、永争第一"的企业信念，并提出了"全面规划、分步实施，突出重点、试点先行，注重融合、系统推进，突出实效、持续改善"的推进原则，确立了"导入精益思想、优化价值流程、运用精益工具、打造精益团队、塑造精益文化，构建精益管理长效机制，推进管理创新和精益转型"的指导思想。

在具体工作中，坚持目标引领，明确了消除浪费、优化资源配置、提升效率和效益的总体目标，在精益流程、精益研发、精益采购、精益生产、精益营销、精益物流和精益组织等方面进行了探索与实践。

生产车间是精益管理的主战场之一。为把精益现场、精益组织等引向深入，智能化车间经过深入论证，围绕精益工艺质量、精益设备、精益物耗、精益物流、精益安全、精益组织、精益现场等多个模块的中心工作，全力打造成行业一流精品生产线。以制度规范化、布局合理化、生产标准化、作业标准化、管理目视化、运行高效化、改善持续化为主要内容，持续深化工具应用，优化管理流程，建立改善机制，形成精益车间建设重点突破。把精益管理作为重要抓手之一，通过管理流程识别优化、标准作业、看板管理、机台对标、项目拉动等措施，制定了20项精益管理项目，消除各种浪费，提升工作效率，全面提升基础管理水平。

实施精益研发。积极探索精益研发，以"强基达标、提质增效"为中心，以工位制为核心，推行标准化、模块化、通用化、系列化和数字化设计，打造产品功能结构树，实现设计、工艺、采购、质量、生产等系统在研发阶段的资源、信息和经验共享，促使各环节采用同一语言管理，实现全链条效能提升，从源头提升产品质量、降低成本、保障实现在研发活动中设计流程状态的精准控制和优化。准确预测、识别、把握需求，发挥市场在配置研发资源中的决定性作用。创新、集成、优化研发工具和手段，以产品突破为目标，建立高效研发模式，深化模拟生产线、模拟配送线建设，初步形成适应精益制造的产品开发流程，固话管理模板，精益研发实现模块化、通用化、标准化，企业创新能力进一步提高。

实施精益制造。树立"质量零缺陷、过程零浪费、现场零无序"理念，以工位为核心，落实七大管理任务（安全与环境、品质、生产、设备、成本、

人事、信息）和五要素（人、机、料、法、环）管理，围绕价值增值环节，固化管控标准，实现工位有序运作。结合企业实际，深化推进工位制生产，应用信息化手段，提高精益生产线建设水平，企业的主产品、主工序和主要零部件逐步实现工位制的流水线生产。以精益改善项目的实施为载体，运用精益工具改善管理难点和瓶颈，实现品质、效率、效益指标实质性提升。以信息化为载体，采取互联协同、安全监控、智能化生产等手段，建立项目信息化生态圈，改变施工现场各方的交互方式、工作方式和管理模式，实现精益建造。

实施精益物流。以"提升服务、提高效率、降低成本"为核心，建立快速响应、高效运作、智能作业、精准服务的精益物流体系，努力消除物流中设备设施空耗、库存过大、人员冗余等各种浪费现象，使物流服务快速、准时、准确满足客户需求，实现物流服务的低成本、高效率。

实施精益采购。以质量、价格、技术和服务为依据，以降低采购成本、提高采购效率为切入点，建立健全物资采购保障体系，实施科学决策和有效控制，推进精准预测、精准采购、精准供应，利用射频识别技术，以电子标签为载体为材料制作，进行材料从生产到运营全生命周期管理。杜绝采购中的各种浪费。

推动精益采购，要求从预算管理上实施更具战略性、目标导向性和快速反应能力的全面预算管理体系，将储备定额责任主体从供应部门调整到需求部门，从源头提高采购计划的准确性和库存的合理性，不断提高预算的透明度、准确度。从研发源头上，要求在研发环节就注重物资的全生命周期成本最低，统一技术参数、统一技术规范、统一技术接口，实现物资标准化管理。从生产环节上，要求需求单位提报准确、及时、规范、合理的物资需求，在供应商考核、物资配送、质量监管等方面与采购部门加强合作、协同推进。从资金管控上，要求财务部门在采购资金的预算管理、支付策略、结算方式、结算审核等方面，与采购部门协同配合、密切合作。从信息化建设上，要加快以采购电子商务、ERP为主体的一体化管理信息系统建设，全面整合信息资源，实现流程统一、操作规范、信息共享、过程控制的信息化管理。

精益人力资源管理。人力资源是企业最宝贵的资源，人力资源的浪费是

企业最大的浪费。人岗不匹配、人浮于事会造成很大的人力资源浪费，这与精益管理的要求是相悖的。为此，根据项目部战略发展规划，对各条管理线、管理平台的人力短板开展有针对性的资源储备，结合年度生产计划，进行劳动力平衡及人员调配，对各岗位技能短板实施有效培训；确定工位劳动定额，为工位切分、工位能力平衡及劳动负荷平衡提供科学合理的依据。同时在人力资源管理上总体规划，统筹提升岗位、人员、能力、绩效、薪酬等五大人力资源子体系，用正确的用人导向激发动力，提高人岗匹配程度释放潜力，用良好的关爱机制增强活力，用全面的教育培训提高能力，逐步释放企业人力资源红利，消除人力资源"显性"和"隐性"浪费。

打造精益组织。通过持续开展精益改善激发员工潜力，增强员工的归属感、责任感，促使员工主动思考、发现问题、解决问题，逐步将精益文化融入企业管理文化中。注重精益人才培养，人才育成向高层次、高素质人才转型，形成一支适应精益管理制造水平、能力不断提升的精益人才队伍。搭建创新管理平台，健全全员创新改善机制，将全员改善与群众性创新活动相结合，围绕降本增效，推进管理创新、技术创新、合理化建议征集等活动，打造一支有能力、懂方法、会改善的精益管理人才队伍，积极打造精益管理组织。

千里之行，始于足下。京张高铁一直坚守打造高铁制造业一流示范基地的发展目标从未动摇。而要实现这样的目标，需要从技术到管理的全面创新加以支撑，更需要探索出一种符合现代管理趋势、又适合自身要求的新发展模式。在漫漫求索过程中，京张高铁就锁定打造一流品牌而孜孜追求，把实施精益作为打造一流示范基地的根基，在全面实施"中国制造2025"，推进产业转型升级的大背景下，精益管理也成为京张高铁打造高铁一流示范基地的战略基石和必然选择。

二、精益管理，创新应用升级；智能生产，勇攀技术巅峰；团结引领实力凸显

大众创业，万众创新，工序和工艺管理作为施工项目管理的最小单位管理是产品质量标准的基础管理体现，项目部坚持创新引领，理念升级，多元培训，将最先进的管理理念贯穿到每个管理人员。通过科技创新，工艺、工法、工装的革新应用，做到改进创新与现场施工科学的融合，达到了提高效率、

节约成本、保证质量的效果。

设立专项奖罚基金，鼓励各层级管理及作业人员，进行工装创新、工艺革新、五小发明应用，始终以工序和工艺管理为抓手，做到精心组织、精细管理、精准施作，仔细研究每一道工序是否有改进和提升的潜力，是否能够异于常规、做出自己的特色和优势，引入先进的信息技术应用到施工生产管理中，推行信息化、智能化应用，只要能够实现更新改进即组织全面推进、应用，并重点宣传，及时考核奖励，充分调动全员积极性，从而形成全员创新的良好氛围，同时沟通建设管理等上级单位，沟通得到上级管理单位的肯定并进行全线推广广应用，以下这些看似简单的创新介绍即推动了京张铁路历次观摩，大家看后即能充分理解。

1. 路基施工工装

在路基填筑施工中，引入连续压实控制技术，通过对路基填筑过程进行动态、持续的监测，由结果控制变为过程控制，变由点的控制为面的控制，确保了施工质量。

实现了砂砾土地质条件下，水沟滑模施工技术应用。对沟槽开挖、轨道走行、混凝土灌注、收面工艺不断试验总结，减少预制工序，降低管理成本，提高了工效。

通过核心土夯实机，对已开挖沟槽、骨架核心土进行夯实，通过增加旋转钻头，实现对拱形骨架进行机械开槽，解决传统人工开挖效率低、成本高的问题，配合人工整修成型，提升整体工效，确保路基整体稳定性。

为实现接触网支柱基础螺栓精确定位，采用可调式外模＋限位钢板装置，通过调整模板外侧丝杠，实现预埋螺栓的快速、精确定位。

针对传统挂线检测六棱块工效低、线形精度差的问题，加工定制六棱块检测工装，在空心砖安装过程中实时检测、定位，做到缝隙均匀、线形顺直。

填料筛分机（备选）采用滚筒式筛分机对原料进行筛分，筛网尺寸按 60 mm 加工而成。筛分后的填料最大粒径在 60 mm 以内，满足填料一次性合格并满足压实要求。

2. 桥梁下部工程工装

桩基桩头环切、承台凿毛工艺，采用 EPE 保护套管对桩头钢筋包裹，在

桩头凿除前，需要截断位置进行标记，水平环向切割、凿除，在承台顶面对墩身立模内线进行环切后凿毛。作业简单，施工效率高，减少噪音灰尘的影响，保证了质量。

为规范承台预埋墩身钢筋位置、间距，作业时采用墩身钢筋定位卡具工装，确保墩身主筋位置准确，间距符合设计要求，待承台混凝土终凝后模具拆除。

研发加工遮板安装、精调设备，采用钢结构桁架，利用力矩原理，减少大型机械设备费用投入。避免与运梁车交叉作业发生干扰。结合紧线器使用，实现对模板安装的精确调整。

桥面系自动喷淋养护，通过内置发电机驱动养护工装行走，通过内置的增压水泵将水箱内的养护用水通过悬臂端的雾化喷头喷洒至挡渣墙及竖墙结构物上，起到养护效果。

3. 箱梁预制工装

研发制作预制箱梁梁高检测装置，减少测量误差，操作更便捷。

采用挡砟墙钢筋定位卡具，以箱梁侧模顶面为基准点，检测核查 A、B 墙及挡砟墙钢筋的位置。

研发箱梁自动喷淋养护装置。采用自动喷淋养护系统，根据设定的时间间隔和洒水次数自动操作，减少人为因素，确保梁体混凝土养护质量。

推行自动化张拉技术，促进施工管理机械化、信息化、标准化，实现对张拉过程的实时监控。

通过接触网支柱螺栓、下锚拉线定位工装，利用水平和垂直气泡对螺栓的水平面和垂直度进行精确调整，确保了安装质量。

采用箱梁预应力孔道压浆封气装置，可实现边割丝、边封气、边压浆、边拆模清灰。依据"动态密封圈"原理，依靠干硬性砂浆被水泥浆挤压到边缘封气，保证孔道压浆保压后的密实。

4. 绿化施工工装

按照京张高铁绿色景观设计要求，以路基绿化为试点打造绿化景观示范段。通过优化树种配置，增加景观苗木，多树种搭配，以提升景观效果，努力构筑绿色和谐工程。自主研发固定式、可移动式自动喷淋养护系统、智能喷淋养护系统，用以解决风沙地区苗木成活率低的问题。与传统水车浇灌相比，

具有可控、便捷、节能等特点。

5. 小型预制构件加工工装

遮板、栏杆养护采用智能喷淋养护系统，RPC 盖板采用智能蒸汽养护系统，通过 PLC 编程控制器及传感器实现温湿度智能控制和分组，实现，自动调控养生，保证产品质量。

对 RPC 盖板成品采用护角包装，栏杆及立柱利用软木支垫隔离、整体包装成型、定型周转架固定的小型构件成品保护工艺，确保装卸、运输过程中成品的外观质量。

引进了 RPC 盖板自动生产线，提高 RPC 盖板生产效率，实现生产自动化，研制了可调时间式振动平台，增加了电气控制箱，通过时间继电器对振动电机进行控制，根据构件的不同调整振捣时间，保证预制构件振捣质量。

6. 无砟道床施工工装

无砟轨道工程施工通过对各工序工装工艺研发革新，从细节入手保障实体质量，提质增效，全面创建无砟轨道精品工程。

可调性横模装置：为解决底座板、道床板结构缝拆模易碰损混凝土的问题，改进模板 + X 型卡组成横模体系，实现结构缝宽度可调、安拆便捷，从而保证了混凝土结构外观质量。

底座板高程及平整度控制装置：研制高程及平整度控制装置，通过调整方钢轨道高程，实现底座板高程与平整度双重控制，表面平整度控制在 5 mm ～ 3m 之内，大大提高底座板施工质量。

底座板节水养护膜新材料：应用节水养护膜，一次注水保湿 14 天，在保证养护质量的同时，节约养护用水量和用工量。

道床板横坡精度控制装置：研发制作横坡精度控制装置，以精调后的钢轨作为控制基准，将道床板顶面利用红外技术全断面定位，实现道床顶面横坡的精准控制。

道床板智能养护设备：研制道床养护系统，由无线发射器、网关等组成的中控装置实现温湿度实时感应自动供水养护。数据实时传输到手持终端，管理人员随时掌控养护状态，保证养护质量，实现养护管理信息化。

第四节　客站的精益建造实践

精客站的建成更重要的在于其精益的建造过程。根据精益建造的理念，结合客站自身的特点，客站的精益建造过程具体分为精益策划、精益设计、精益施工三个阶段。

一、精益策划

项目策划是项目管理的基础性工作，其效果将直接影响项目管理工作的成效。从工程项目立项至工程正式开工前对项目前期策划，加强对项目总体性的分析和把握，对项目的实施进行全面的研究与判断，尽可能地了解并满足客户和项目利益相关方的需求，为项目全面顺利实施做好准备。

在项目前期策划阶段，建设单位着手对项目利益相关方分析，配合相关单位对客站与市政及站场配套情况、周边环境情况的调查和分析；参与客站建设的目标论证和项目定义。在策划中，要综合考虑以下因素：拉动国家经济，发挥社会效益，与商业开发同步，同步市政配套设施。

1. 拉动国家经济

根据《中长期铁路网规划》，到 2020 年全国铁路网规模将达到 15 万公里，覆盖 80% 以上城市，到 2025 年进一步扩大铁路网络覆盖，铁路网规模达到 17.5 万公里，其中高速铁路 3.8 万公里，更好地发挥对经济社会发展的保障作用。与此相适应，按照点线能力配套的原则，中国铁路客站建设与"十一五"规划相比，在数量上有了新的变化。作为城市与交通建设的重要组成部分，新时期的铁路客站建设在其设计理念、城市功能及空间形态设计等方面发生了重要变化。尤其对位于城市中心的铁路客站，与城市发展规划密切相连，了解铁路客站对城市经济社会的影响，将有助于铁路客站的可持续发展，提升铁路客站在城市中的价值。

铁路客站对城市的经济、文化更具有吸引力，有助于区位集聚的形成。新时期下铁路客站的功能由传统客货位移这一核心功能扩展到具有高附加值的一站式休闲、娱乐服务，为旅客提供了完整的运输产品，在满足自身功能需要的同时，充分发挥了其自身的经济潜力，推动区域经济发展。

2. 发挥社会效益

社会效益主要是指社会效益评价，由于项目的建设与运营，对社会、经济、政治、自然环境等发展目标所做的贡献和效益。

客站所发挥的主要社会效益包括缩短乘客旅行时间、增加投资和就业机会、减少能源消耗、提高地区或部门科学技术水平、提高资源利用和远景发展、提高人民群众物质文化生活水平及改善社会福利。

客站在一定程度上促进了周边的商业开发。在客站建设阶段，利用其所提供的区位优势，对交通枢组周边的土地同步进行高密度的商业开发，进行房地产、商业和娱乐等经营性项目的建设，取得土地的增值收益，以充分体现交通枢纽周边土地资源的潜在价值。

客站在一定程度上促进了城市用地结构的调整和城市生产区、生活区、商务区、娱乐休闲区等功能分区的进一步明确。

3. 与商业开发同步

铁路客站商业开发对于完善铁路站房的现代化建设具有重要的现实意义。以国内大型铁路客站商业开发为例，结合国外铁路枢纽物业建设情况，

对目前国内铁路站房商业设计和实际工程操作中遇到的问题及新思路进行探讨，提出对铁路客站商业开发的建议。

在以往铁路客站规划建设中，商业功能无疑处于补充地位，只是对客站运营的一种补充。受体制的影响，各地方部门也没有把商业开发作为整个客站建设的重点从源头抓起，进行早期整体策划。客站建成后，商业只是在可能范围内进行适当的填充，以满足旅客的部分需求。这也导致了客站商业开发的先天不足，以致旅客的需求、客站商业开发的收益都无法得到有效保障。随着我国铁路建设的深入，铁路客站中商业的地位正在发生巨大的变化。高铁的大量建设、运营模式的升级、旅客品位的提高，都对铁路客站商业开发形成有力的冲击。

客站的建设除了对站内商业有积极的影响，对客站周边也有非常重大的影响。通过对国内外铁路客站周边区域的分析可以看出，客站周边步行 15 分钟范围内的城市肌理与周边地区存在明显的差异，这些差异地区就是高铁车站最直接和直观的影响范围，可以称为铁路客站的直接影响区。这一区域的用地范围大约为 1 平方公里，在这一区域进行商业开发，经济效益明显。

4. 同步市政配套设施

我国铁路客站逐渐被城市所包围，已经深入城市交通网的内部。在发达国家的大城市中，市内公共交通发达、中心区高度密集的综合性多功能车站就往往向空中发展，呈立体结构的综合体。以铁路运输为中心，将铁路客运（包括高速铁路客运专线）与公路客运、城市轨道交通及城市商业服务设施综合衔接利用，形成一个高效率、多功能的建筑综合体，其设计理念的核心是"以人为本"的设计思想。

（1）市政交通配套设计

①综合交通枢纽。客站综合体不仅是铁路客站，更是集中组合了多种交通工具的客运枢纽，共享社会资源，可以统一指挥，集中调度，各种交通工具由互相竞争的关系转向联系合作的关系，对城市的整体运输水平起到巨大的推动作用。交通换乘是综合枢纽的核心功能，应该打造立体的交通零换乘，以地上、地下、铁路、轨道、公交、公路组成交通换乘中心，形成快捷高效的交通体系。

②车站与市政公交系统、出租车的换乘设计。站前广场是铁路客站与城市交通的接驳中转，是铁路与城市衔接的纽带，也是客流和车流集散的地点。因此，站前广场换乘设计要考虑以下影响因素：一是保证站前广场行人空间，避免行人与车租车、公交车存在冲突；二是解决站前拥堵；三是保证外围交通顺畅。

③车站和地铁换乘设计。客站进行各种交通方式换乘的人流巨大时，往往需要综合利用地下空间，使各车站集中布设于同一站域之内，通过多层的衔接，使人流便捷地在地下进行换乘，并诱导人流迅速地在地下分散。北京西站就采用了多层衔接的换乘方式。

（2）市政管网配套设计

为了满足客站需要，交通枢纽除了考虑道路系统，还考虑河道水系改造、雨水系统、污水系统、电力系统、给水系统、燃气系统、通信系统、消防系统、绿化及环卫系统等。

二、精益设计

精益设计应该综合考虑投资、质量、进度之间的关系，达到三者的最优结合。

在此基础上，最凸显的问题是工程施工中经常存在设计变更，由此造成工程投资增加、工程质量缺陷、工程进度拖延，造成了施工不稳定的隐患。目前来看，变更不可能完全消除。但是，在设计阶段可以通过不断完善施工设计方案，减少后期变更，尽可能地消除设计变更造成的浪费，从而实现精益设计。

1. 精益设计理念

精益设计主要通过"并行工程"来监督和审核设计方案的质量。并行工程是指在共用信息平台的支持下，设计单位进行方案设计的同时，施工企业进行施工组织设计，材料供应商根据施工企业计算得出的预计材料用量、种类和质量要求制订生产计划。

并行工程能够使业主、施工企业和材料供应商同步参与方案设计。业主适时监督设计方案的进度和质量，及时提出设计质量存在的偏差；施工企业根据设计方案的进度同步进行施工图深化设计、施工组织设计和施工方案的

选择，并确定出所需要的材料种类和数量，能够使材料供应商据此进行生产计划。施工单位进行施工图深化设计起到再次审核方案的作用，并通过共享信息平台及时将同题反给设计单位，设计单位立即重新设计。由于该过程在正式的施工生产开始之前，所以并行工程能够提高设计方案的质量，同时缩短工期，有效地消除了设计阶段质量成本的影响因素。

精益设计管理能够有效地将设计单位、施工单位和业主紧密地联系在一起，消除了传统管理模式下施工企业与设计单位分离的弊端，使施工企业参与方案设计的整个过程，并将施工企业的经验融入设计方案中，减少了工程变更。通过并行工程，施工企业在设计阶段就进行施工组织设计和施工方案的选择，能够节省工期、降低费用，并提高设计方案的质量。

2. 精益设计实施要点

在实施精益设计管理时，应当从以下几个方面实施。

（1）在设计工作开始之前，业主应当充分地与设计单位和施工单位相互沟通，在设计单位和施工企业的帮助下准确地定义建筑产品的质量水平。

（2）建立共同的信息平台，业主、材料供应商和施工单位能够同步地获得设计方案进度并及时反馈意见。

（3）因为设计与施工存在一定的差异，所以应当在设计环节考虑实际施工的情况，加强施工企业在设计环节中的作用，由施工企业派出施工代表参与方案的设计。在方案设计的同时，施工企业同步进行深度设计，对设计方案的正确性和合理性进行检验，确保设计质量。

（4）设计单位内部要进行精益设计管理。一是设计单位对设计方案质量实施管理时采用"拉动式"设计方案质量控制系统，即以满足业主定义质量水平的设计成果为起点，采用由后向前的顺序，确定在设计方案中的各项指标、参数和计算公式，确保方案设计的质量水平与业主所定义的质量水平无偏差；二是方案在设计阶段就要考虑质量成本的因素，避免出现"重质量而轻成本"的现象。

在共用的信息平台的支持下，实施精益设计管理，把设计单位和施工单位的关系由外部关系转为设计团队关系。当设计出现质量问题时，能够共同商讨决方案，通过整个质量链上各个企业共同努力对设计方案的质量进行监

督和管理，将业主要求的质量水平准确地体现在设计方案中，确保设计方案的"零缺陷"，从而达到消除设计环节产生的设计评审费、设计方案质量不足和质量过剩所产生的质量成本的目的。

三、精益施工

施工是保证投资、质量、进度实现的关键过程，施工质量的好坏直接决定了客站建设的成败。因此，重点应该在施工阶段做好精益建造。

1. 精益建造组织结构模式

根据精益建造的思想，尽量减少浪费，因此在组织结构的设计上要减少管理层次，使组织结构尽可能扁平化。这种结构从顶层的决策层到底层的操作层，中间相隔层次极少，不仅能够解决信息流动不畅、决策速度缓慢等问题，而且可以给信息员工以较多的现场决定权，缩短上下级之间的距离。同时，这种模式使信息技术为所有组织内的决策提供信息，全体员工共同拥有同样的信息资源，各部门员工之间、上下级之间可实现充分的交流，职能部门与组织单元之间的界限变得模糊，组织结构呈现出互相交错的网络化。

扁平网络制的精益建设组织结构模式，是由若干相互独立的组织构成的一个成员不断变动的组织系统。网络制组织结构模式的主体由两个部分构成，一个部分是中心层，另一个部分是外围层。也就是指以项目最高管理层为中心，由若干规模各异、拥有专长的项目参与方通过计算机信息网络连接而成的一种超越空间的扁平网络化组织形式，各项目参与方之间通过信息技术及通信技术来提供互补的核心竞争力和共享资源，以完成整个生产过程。该模式具有六个基本特征：地理上分布、充分利用信息通信技术跨越组织边界、互补核心竞争力、共享资源、参与方不断变动、参与方地位平等。

2. 精益施工管理

施工中存在大量的无价值活动，精益施工的原理就是通过消除施工中的无价值活动，实现快速、高质量、低成本地完成施工任务。

在施工过程中存在非常多的无价值活动：①最大的无价值活动就是施工的不连续、经常的停滞所造成的无价值活动；②作业人员的工作不到位造成的材料浪费；③施工过程控制不严，导致计划执行差、工作流不稳定；④作业人员质量检验工作不细致、不深入、不严谨、不经济引起的投入过大而造

成的无价值活动；⑤人员管理不到位，造成人员积极性差、效率低。

针对上述问题,在施工中采取有效措施进行改进,从面实现精益建造目标。

（1）消除停滞、连续施工

一是实行拉动施工体系,即前后工序拉动,实现前后工序的无间隙、连续施工。例如,兰州西站施工中采取的倒排工序,后道工序施工要在什么时间开始,前道工序必须保证在这个时间完成,从而保证客站实施进度的连续性,消除停滞。二是将工序进行组合,连续施工,消除停滞。例如,以脚手架为例,脚手架和模板施工本身不创造价值,属于无效作业,但又是保证施工的必不可少的作业,因此缩短其作业时间,可以减少浪费,优化施工。在实践中,施工队伍将脚手架和模板换为一体化综合模板,消除了时间浪费、简化了操作,满足了精益施工技术要求。

（2）加强材料的管控

原材料的费用往往在工程造价中所占比例相当大,由于目前管理存在欠缺,容易出现物资材料的浪费问题,这极大地影响了整个项目的建造成本,违背精益建造的理念。因此,通过科学管理措施,优化项目施工的流程,从而避免非必要的原材料损耗,将原材料成本降低到最低水平,从而最大限度地提高项目的效益。在客站中实施对材料的精益管控。

①做好材料的供应。保证材料的准时供应,保证材料费用的节约。实施益施工应与供应厂家建立供应链关系,对材料实行准时采购。施工中的所有原材料不可能一次全部到位,而且也没这个必要,当需要的时候才发出领料单,材料也只有见到领料单时才能够使用,这样做不仅可以减少材料堆放时的不必要的损耗,而且可以减少工料看管的管理费用,还可以起到提高材料利用率,明显减少二次搬运费。例如,施工和建材采购中采用牵引式生产方式,对于直接材料,在进行施工采购方面,与上游企业建立良好的战略伙伴关系,不仅节省订货费用,产品的质量也得到保障。

②做好原材料的领发制度。对原材料的入库以及出库建立台账,并且根据施工的进度安排,对不同时段原材料的需要量进行准确计算,领用材料需要采取限额领用机制。

③做好材料的保管，施工材料需要妥善储存，避免因人为因素或者天气因素而导致材料的浪费，同时要定期盘点核销大宗材料，计算损耗率并分析其影响因素。

（3）加强施工过程控制

计划是预期目标，施工控制是接近目标，防止产生偏差。当施工结果与计划不符或不可能达到时，整个建造过程需要重新计划。由于环境是动态变化的，建造系统又十分复杂，所以好的施工计划和施工控制能够提高施工可靠性，减少浪费。兰州西站工程项目贯彻精益建造思想的计划体系，在工程实施过程中，采取"准确，高执行度"计划体系，由整个项目团队（建设、施工、监理、设计）共同参与，商议制定，明显提高了工期计划的可靠性和执行力，保证工作流的稳定性，避免材料及设备的耽误，达到减少成本、缩短工期、减少浪费的目的。

（4）加强质量检验

质量检验是不增加价值的活动。是生产过程中的一种浪费，应当从生产过程中消除，但是，从整个质量控制的角度来看，质量检验是质量控制的一个重要手段，也是对质量控制结果的测量，对整个生产系统无疑是有价值贡献的。因此，对于质量控制中的质量检验工作既不能完全否定，但是也应当注意到质量检验工作所带来的成本增加问题，尽可能地简化质量检验的环节，客站精益建造中，当质量控制缺陷不能完全避免时，应尽可能地接近工作实施过程去识别和改正质量缺陷。显然，最接近工作实施过程的无疑就是建筑工人自身，因此在精益建造的质量控制模式中，考虑把部分质量检验工作从检验人员和现场管理人员的手中转移到建筑工人上来，同时把部分质量缺陷修补的决策权下放，简化质量控制流程，以达到尽早发现和修补质量缺陷的目的。

对于现场管理人员来讲，质量检查不再是其主要工作职能，他只需要对少数的关键质量控制点进行抽查，其主要的质量职能在于控制性质量计划的编制和质量缺陷的预防。

（5）加强人员管理，提高作业水平

①重视技术人员群体。第一线作业人员往往被认为是水平最低、工资待

遇最差、最受歧视的人群，在我国建筑企业更是如此。但事实上，任何成功的产品都直接反映着第一线作业人员的素质、技术，他们的工作态度、工作激情与产品质量直接相关。要尊重第一线施工人员的劳动，认真听取他们的建议，鼓励他们为企业经营献计献策，从他们的切身利益出发，为他们提供良好的工作、生活环境，这是精益建设管理模式里人员管理最重要的思想之一。

②不断提高施工人员素质。工程施工人员专业素质对工程质量有直接的影响，我国建筑行业属于劳动密集型行业，农民工是建筑业的主体，这类施工队伍文化素质有待提高，专业知识缺乏，施工质量不稳定，因此施工企业需要不断提高施工人员素质，从而为改进施工技术并保证施工质量提供人才保障。

③实现全体员工自觉化。没有全体员工自觉化，精益生产是不可能实现的。一是培养员工的共同价值观，以企业发展为己任，关心项目。二是领导班子要有良好的表率作用，班子要能吃苦，要让员工感觉到班子有素质，愿意跟着干。三是有激励机制。项目盈利了要为员工谋福利，有能力的年轻人要给予提拔的机会，四是关心员工。领导要为员工考虑，关心他们的工作、生活、个人疾苦，尽量帮助他们解决后顾之忧。

④加强团队工作精神。精益建造是不断追求完美的过程，要求每一个员工不仅要对本职工作永不停息地改进，而且要以整个企业的利润为终极目标，充分发扬团队合作精神。团队工作需要注意以下要点：在团队工作中，要求每位员工不仅仅是执行上级的命令，更重要的是积极参与，起到辅助决策的作用；组织团队的原则并不完全按照行政组织来划分，还需要根据业务的关系来划分；团队成员强调一专多能，要求能够比较熟悉团队内其他人员的工作，以保证协调工作顺利进行；团队人员工作业绩的评定要受团队内部评价的影响；团队组织是变动的，不是一成不变的。

第五节 从精益制造到精益企业：将精益管理贯穿于企业战略发展的每个环节

精益管理是高铁企业破解发展难题、推进管理创新、促进转型升级的有效抓手。京张高铁紧紧围绕行业工作部署，把精益融入企业日常管理，将精益管理的价值观嵌入组织运营的每一个环节和细节。只有将"标准化运行、程序化管控、信息化支撑"的理念融入精益管理推进工作中，从薄弱环节、管理短板入手，把精益思想落到实处，才能将精益管理的成效转化为推动京张高铁持续健康发展的不竭动力。京张高铁精益管理呈现以下几个方面。

一、第一个"轮子"："文化＋精益"，充分发挥文化引领驱动作用

秉承中铁三局"目标引领、精益提升、全员奋进、争当标兵"的发展思路，融入"精益求精"的精益价值观，建立事的改善、法的应用和人的参与文化体系架构，通过制度完善、流程再造、效能改善、标准执行和素质提升等管理升级工程，促进精益文化成为全体员工的工作规范和行为准则；开展精益文化宣贯及其创建活动，使精益管理理念深入人心，推进"生产上精耕细作、

经营上精打细算、管理上精雕细刻、技术上精益求精"的精益文化理念要求做到极致，构建出以党建文化为引领。精益思想导入为基础、精益团队建设为支撑，以管理创新为方向、精益信息管理为辅助、精益改进为核心、精益评价为动力的精益管理体系。

践行精益管理，强化党建引领作用。对党建和党风廉政建设同步策划，积极贯彻"融入中心、进入管理、推动生产、展示作为"的项目党建工作要求，在全标段制定并实施了党建工作清单式管理办法，坚持问题导向，将党建工作均按照目标、任务和责任清单进行部署、检查及奖罚。制定建立了一系列卡控预防制度，如党政会签制度。将廉洁谈话、述职述廉等廉洁制度体系贯穿项目的始终，努力营造清正廉洁、规范有序的建设环境。创建"党员先锋工程"等争先创优活动，把党支部的战斗堡垒作用和党员的先锋模范作用细化、量化到项目管理中，努力创造京张高铁精益管理品牌。

二、第二个"轮子"："创新＋精益"，充分发挥创新战略驱动作用。

创新是驱动力，是推进精益管理的不竭源泉。着力做好"三大创新"：首先是"重点工程"管理创新，推进精益管理上台阶。一是突出生产现场，抓好建立工位制节拍化流水生产线的重点工程，实现产品的精益制造；二是突出系统协同，抓好建立供应链、产业链、价值链一体化管理体系的重点工程，建设高效率、高效益的精益企业；三是突出专业管理，实现专业运营管理的精益化。通过抓好这三个重点工程,逐步建立起京张高铁特色的精益管理体系。

其次是专业化创新,着力构建专业化管理团队。突出专业人才做专业管理,专业队伍做专业工程，资源重组整合整体推进的思想，专业化包括专业化管理与专业化施工，两者相辅相成，缺一不可。专业化管理以严把采购关为切入口，高标准择优选择设计、建立、评估、质量检测、施工等专业化供应商，着力提高管理队伍的专业素质，切实抓好人员选配、机构设置、工作分工等基础工作，认真落实管理责任，形成整体推进力，以此来推进、提升项目专业化管理能力和水平，打造专业化、职业化管理团队，为京张高铁战略发展提供有力的智力支持。

再次是精益工具应用创新。运用价值识别、浪费消除、标准作业、作业

流程改善等方法工具，使基础改善成为京张高铁内部专业改善的核心内容。在基础改善的使用过程中，加强对工具的理解和掌握，将精益理念和工作实际进行更好的融合。一是推行"清单管理"模式，落实"四个一"制度，坚持主体与相关工程同步施工。二是运用 PDCA 方法，对线下工程、制梁架梁进行同步策划，梁场按照"2234"的组织原则，使各专业施工节拍相互匹配，减少等待浪费，实现均衡生产。三是积极进行工装工艺创新，开发并推广应用以连续梁"四个定位"为代表的多项技术，提高路基、桥梁工程施工质量。四是应用信息技术及智能设备，助推梁枕场智能化生产、自动化作业，减少人为因素引起的质量波动。坚持创新促发展，创新激励机制，列支专项资金，营造创新氛围、提供创新平台，推动全员参与改善活动，实现顶层设计和基层实践的有力对接，推进成果转化，以不断涌现的创新成果推动企业创新发展。

三、第三个"轮子"："科技＋精益"，充分发挥科技支撑驱动作用

近年来，以人工智能、互联网＋为代表的新技术蓬勃发展，在轨道交通行业深入渗透，深度融合发展成为新常态。特别是随着工业 4.0 时代的到来，信息技术对现代工厂的支撑作用愈加凸显，在建设数字化、智能化、精益化工厂上取得了新突破。一方面，以大数据智能管理平台建设为契机，深度挖掘数据价值，有机整合各类管理资源，持续优化资源配置，加强对成本管控、企业对标、物流管理等方面的数据分析和预测，充分发挥大数据智能管理平台的预警管控、智能分析、辅助决策功能。另一方面，利用大数据全面诊断管理短板，开展具有前瞻性、系统性、价值性的精益课题研究，做好课题成果转化工作，以课题为载体提升制造能力，优化精益管理模式，为企业发展增添更强的牵引力和驱动力。

顺应"互联网＋物联网"的发展趋势，结合标段施工要求与自身实力，推行"智创工程"项目。采用先进技术与先进设备双管齐下的方式，通过远程监控达到对现场作业的可视化管理，实时掌握场内位置和施工状态。同时结合智能硬件对现场施工数据进行监测，实现施工现场重大危险源的源数字化安全预警；利用大数据、云计算技术，在现浇连续梁、悬浇梁、移动模架、既有线过渡施工、物资管理、安全管控、成本管控等方面开展工作，实现对

重要工期节点进度的实时预警，达到施工管理高效化；自主研发 CFG 桩基信息管理系统、梁场生产信息管理系统、二维码路基质量追溯等，提高信息化手段对质量管控的支撑作用，突出完全自主化、功能架构完整、安全可靠、全生命周期成本优良等突出技术优势，满足高铁智能化运营需要，也代表了行业技术发展的趋势和方向，打造品牌竞争力和影响力。

第六节 立足"六个维度"，推进精益管理再升级

精益管理是一门实践科学，不但具有从实践中提炼出的精益管理理论，而且有指导实践的精益工具、技术和方法。笔者认为，管理是一项长期性的工作，实施精益管理必须规划好、设计好，有计划、有步骤地推进各项工作，在实施过程中，必须明确目标、任务、重点、责任、时间、措施等，上下联动，共同推进各项精益措施有效应用，形成自我改善内生动力，不断推进各项管理升级。对精益管理可以从以下几个维度去认识和理解。

一、维度之一是"一把手工程"

构建京张高铁精益管理体系，必须成为"一把手工程"。在思想上提高认识，在工作中坚决推动，始终重视精益、践行精益、推动精益、督导精益，把推动精益、深化精益作为京张高铁管理工作的重要内容。各企业一把手不断提高对精益工作的认识，定期组织研究精益工作，定期检查督导精益工作，使精益管理成为加强企业管理的核心抓手，实现工作常态化。精益分管领导和

精益业务精英骨干，始终围绕管理目标，分阶段扎实推进精益长远规划和年度工作计划的落实，不断结合行业特点和企业实际，强化和固化精益管理成果，为最终建立京张高铁特色的精益管理体系承担责任。

二、维度之二是以"工程思路"持之以恒地推进

精益管理是一项需要长期坚持方能见效的工作，不可能一蹴而就。

要抓住精益管理在高铁企业运行中各环节的工作切入点，持之以恒、脚踏实地地开展工作，形成长效机制。要建立组织领导机制，构建层次全面、职责明确的精益实践团队。要建立健全持续改善机制，着重抓好改善项目的计划制订、方案实施、评审激励、成果固化与推广应用等环节，形成完善的动力驱动机制、绩效考核奖励机制和成果应用转化机制。同时，加强全员精益管理培训，使精益理念深入人心，让精益方法融入管理全过程，逐步形成全员追求卓越的精益文化，形成符合企业自身持续发展要求的精益理念，促进企业持续创新、持续高效发展。

三、维度之三是创新模式，挖掘精益管理的深度

创新观念是深入推进精益管理的引擎动力。当今社会瞬息万变，新事物、新思想层出不穷，高铁企业面临的形势和问题也是复杂多变。要想跟上时代发展的步伐，掌握市场需求的节奏，必须树立与时俱进、勇于创新的观念，遵循社会发展的客观规律，在思想观念、管理模式、营销方式、生产活动等方面不断优化完善、持续改进。

创新观念要敢于突破思维定式，勇于打破条条框框，既要吸取优秀文化的精华，又要坚决摒弃过时的、阻碍生产力发展的糟粕。只有推陈出新、不断更新、适时创新，才能探索出精益管理的新规律、新方法。要以激发精益管理的功能作用为主线，把创新重点放在优化资源配置、提高工作效率和降本增效上，将现代科技和知识、信息和技术、先进管理理念和方法，综合运用到源头管控、流程优化、节能减耗、资产保值等各个方面，促进精益管理取得新成果。

四、维度之四是严格管控

严格管控有利于制度的实施和组织目标的实现，是深入推进精益管理的有效手段。要从生产到经营实施严格管控，让所有员工领悟严格管控的真谛，

掌握严格管控的方法。

建立精益管理决策管控体系。体系由生产决策与控制、市场分析、财务分析、采购监控、生产监控、人力资源等方面组成。要从每个部门抓起，从每个人员抓起，从每个环节抓起，从细、从严、从实抓好严格管控工作。一是突出生产现场，抓好建立工位制节拍化流水生产线的重点工程，实现产品的精益制造。二是突出系统协同，抓好建立供应链、产业链、价值链一体化管理体系的重点工程，建设高效率、高效益的精益企业。三是突出专业管理，实现专业运营管理的精益化。要加快推进职责、标准、流程、考核一体化建设进程，强化标准化执行，深化专业化管理。要使每个部门、每个员工、每道工序都严格按照制定的规章制度办事,这样才能使企业走向规范化、标准化，才能提升高铁企业形象，使企业更加充满活力。

五、维度之五是全员参与

全员参与是深入推进精益管理的基础保障。精益管理要保持良好运行、有效推进,依赖于全员畅通传导、有机配合。作为精益管理方针策略的规划者、实施操作的践行者、业绩成效的主控者，每一位员工既是精益管理的目标对象和传递载体，也是开展精益管理的关键主体和重要元素，决定着整个过程的方向、效果和质量。只有让每一位员工都自觉融入精益管理实践中，最大程度地激发员工的主观能动性，使其成为提升企业竞争力的坚强支点，精益管理理念才能落到实处。将企业的人才优势转化为推动企业转型升级的强大动力。要着手通过教育引导、舆论宣传、文化熏陶、机制激励、制度约束等形式，多措并举，将精益管理的思想和理念潜移默化地植入每一位员工心中，并将其与职业生涯紧密结合，使参与精益管理成为每一个人的主动行为与自觉行为。

六、维度之六是积极构建精益评价体系

实施精益评价尤为关键。实施的效果如何，要有一套适合自身发展要求的评价体系对精益管理的实施情况进行考核。精益评价既是为了考核各项精益措施的效果，也是为了进一步明确企业开展精益管理活动的方向。开展精益评价要从规范、标准、高效、节约、创新等五个方面进行。规范，即生产

过程要规范、经营方式要规范、服务标准要规范、工作行为要规范；标准，即执行过程有标准可依、评价方式有标准可循、工作行为有标准可评；高效，即信息传递高效、决策执行高效、现场操作高效；节约，即时间空间要节约、资源消耗要节约、成本费用要节约；创新，即管理方法有创新、管理过程有创新、管理成果有创新。

第七节 以快取胜，突出大工期效益

项目经理的管控能力、项目管理结果的成败，取决于施工现场任务完成、安全质量、进度等硬指标，施工现场任务的全面完成是关键。京张高铁项目部始终结合项目工程进展实际情况，精心组织，科学安排，动态优化施组，以箱梁架设为主线，以箱梁制、运、架的匹配为指导，以铺轨组织为龙头，依次安排线下工程的施工生产，突出大工期综合效益，促成总体目标的全面实现。

一、全要素配置以快取胜，强力推进施工进度

京张铁路主要包括路基、桥梁、站场、轨道专业施工，标段内没有列入全线的重难点、控制性工程，无复杂结构工程，京张高铁硬是靠着强烈的争先意识和实干精神，变不可能为可能、变可能为现实、变普通工程为精品工程和亮点工程。先后取得了全线相关重要工序转序"十八项第一"，引领全线建设进展，创造了梁枕场箱梁预制"2个月临建、2个月出梁、3个月取证、

4 个月全面生产箱梁"和 35 天建成高标准、高质量、智能化铺架基地等多项纪录。

全要素配置，全过程管控。一个好的项目经理，会根据项目推进的不同阶段，结合施组安排，动态优化，实现资源合理统筹、协调匹配，发挥团队作业优势，发挥人、机、料、法、环各类资源的最大效用，从而以促成不同阶段各关键卡控节点的完成，来保障项目终极目标的实现。

2016 年进场之初即快速推进，进场 22 天率先通过拌合站和中心试验室验收；进场 25 天灌注全线第一根钻孔桩。新保安高架特大桥 2# 拌合站彩钢棚近 1 万平方、场地硬化 3.2 万平方米、临建房屋面积 1600 平方米、2 套 3 立方拌合站，巨大的工作量、紧迫的时间要求，进场 22 天即顺利通过建设单位验收，在京张全线乃至三局集团公司可圈可点；为了快速推进主体工程开

工，在正式配合比未能批复之前，协调采用同属京张公司管理的大张铁路的配合比，从200公里之外的山西运送原材料，从而依法合规、保质保量地实现了京张全线第一根钻孔桩灌注，有力地推动了全线桥梁下部工程施工进展，进场后仅用时25天。

京张高铁项目自进场以来，各关键工序施工进度情况始终位于京张参建各标段前列，这与项目第一管理者超前的预控决策能力及超强的管控能力密不可分。尤其是在2017年下半年，针对制约标段运架梁通道及影响全线铺轨工期安排的新保安高架特大桥112米支架现浇＋转体连续梁、既有沙城站拆迁还建区段路基填筑施工，京张高铁项目部全体参建员工，发扬"攻艰克难、敢打必胜"的工作作风，项目部亲自上手，上下齐动，通过协调建设单位、地方、铁路房屋设施迁改，积极主动优化设计方案，克服天气和地质条件不利因素影响，强化施工组织，房屋拆迁重点突破、分段实施。自7月中旬始，夜以继日工作通过100多天的不懈努力，分别于10月28日完成了112米转体连续梁合龙、11月14日完成既有沙城站拆迁还建区段路基填筑，打通了铺架通道，保障了制运架匹配的施工组织安排，顺利实现铁路总公司和京张公司下达的工期目标，为架梁、铺轨总体施工组织目标的实现提供了保障，得到铁路总公司、京张公司一致好评，并贺电表扬，为中铁三局集团公司企业赢得了信誉，树立了企业形象。

2018年4月，中铁大桥局范围箱梁全部架设完成，标志着京张高铁主体工程全线第一个全部完成；5月22日，顺利通过铁总工管中心级的无砟轨道首件评估，率先进入线上无砟轨道施工，突出大工期综合效益；在10月15日，提前15天实现铺轨试铺；11月1日，按照既定施组节点开始全线铺轨，得到了铁路总公司、北京局集团公司、京张公司及参建各方的高度赞誉，赢得了良好的信誉。

二、信息技术升级，创新研发流程再造

项目部制定科技创新规划，通过广泛开展科技攻关，优化施工工艺，强化创新成果的推广应用，在工程质量管理、技术创新、新技术推广应用以及解决重大施工建设技术难题方面成效显著，取得了良好的社会效益和经济效益。

积极推广应用信息化、数字化、智能化管理方式，不断提升信息化对质量管理的监控作用，为精益管理提供技术支撑。一是推广信息化技术应用。推广应用安全质量隐患排查、试验室拌和站、箱梁自动张拉压浆、路基连续压实、自动沉降观测、铁路工程运输调度等生产管理信息系统；应用BIM技术，实现三维可视化交底、方案比选、虚拟施工、碰撞检查。二是搭建信息平台。研发"智创工程"综合管理平台，利用周界预警、远程监控、智能安全帽、行车管理等智能硬件及监控系统，实现现场人员、安全质量进度、大型设备及车辆的数据统计、工效分析、动态管理。开发梁场生产管理信息系统，集计划管理、工序管理、产品质量追溯为一体，实现梁场生产管理信息化。建立轨枕生产中控管理系统，通过对工序时间的管理，在后台对大数据进行分析应用，发现生产问题，提高生产效率。开发架桥机信息化管理云平台，实现了对架桥机状态的远程监控、数据的实时传输及风险预警；增加了公司对现场辅助指挥、远程诊断的能力。建设智能化铺轨基地，引进《铁路工程运输调度指挥管理系统》，实现了列车定位、绘制列车运行图、列车速度监控及超速报警、施工防护区域接近报警、视频监控等功能，极大地提高了项目的调度指挥能力和安全监控水平。研发了长钢轨群吊的固定门吊集成系统，该系统可控制32台固定门吊，实现群吊的单动及联动操作，同步起吊、横移、一键复位，高差或位置差超限后自动预警，防止长钢轨吊装过程中产生表面擦伤和变形，提高效率的同时保证了操作安全。

三、合力团结协作，永攀智能建造高峰

京张高铁是中国高铁建设样板线、示范线，铁路总公司提出精品工程智能京张的建设目标，怀来双块式轨枕场承担着41万根CRTS Ⅰ型双块式轨枕生产任务。前期策划与怀来梁场合建占地182亩，节约了基本农田占用。梁枕场建设实行梁枕合一，同步规划进行，施组工期风险增加。时不我待，机遇难得，为了创建精品工程，项目部决定对现有传统生产线分两阶段改造升级，满足智能化生产的创新管理要求。

执行力是有效利用资源，保质保量达成目标的能力；是贯彻战略意图，完成预定目标的操作能力。怀来双块式轨枕智能化生产车间的创建是京张项

目项目经理领导力体现的又一杰作。通过创新应用智能化升级，研发应用双块式轨枕生产信息管理系统，涵盖轨枕工序生产节拍、隐蔽工程影像资料采集、蒸养时间预警、人员定位及劳动力分析等，引入基于射频识别技术的产品全生命周期管理方案，对轨枕从原材料到成品各个环节，全过程采集质量信息，形成生产数据库，实现轨枕全生命周期管理，为高速铁路建养一体化打下基础。

建设之初，参建员工多有不理解，项目经理本着同心同力方能完成艰巨任务的想法，多次召开协调会，私下谈心沟通，与上级部门、项目部班子沟通，组织智能化培训等，使大家充分认识到智能化生产的重要意义，打造智能化无人生产车间的时代意义，形成建设合力。同时给铁路总公司、京张公司领导郑重承诺，确保如期完成。

怀来轨枕场基于生产设备的自动化、生产线的智能化全面升级改造，2018年6月第一阶段升级改造完成，形成了自动化升级改造后先进生产线模式，为打造轨枕预制精品工程，体现智能建造理念，对重要工序采用新设备、新材料、新工艺，对传统的生产及流程进行改造升级，对双块式轨枕的关键环节模具清理、脱模剂喷涂、预埋套筒安装、吊装码垛、蒸汽养护、轨枕脱模、产品外观检验、成品养护等工序进行智能化升级。成功研发全自动双枪喷涂机、全自动套管锁付机、模具清洁机器人、全自动残渣吸附机、裂纹智能检测标识系统等，达到降本提质增效目的，运用自动化、智能化设备，提高了生产效率，节约了成本。经过升级改造后，轨枕日产能力由改造前1200根提升至1,400根，产品废品率由改造前2.5‰降至1‰以下，作业人员由原有47名减至18名，减少29名。第二阶段进一步深入研发落实，提升各工序智能化程度，打造形成少人无人的智能化生产车间。为实现轨枕信息化及自动化生产，对现有十二道工序设备实行阶段性升级改造。研究双块枕（含岔枕）智能制造技术。

6月份至今，轨枕生产车间迎来了京霸、京滨、京津冀、广铁、俄罗斯、印尼、老挝、泰国等国内外建设、施工单位的多次参观交流，铁路总公司领导对中铁三局进行的双块式轨枕智能化生产新模式创新应用给予了高度评价，要求不断提升打造中国高铁智能建造示范基地。

宝剑锋自磨砺出，梅花香自苦寒来，负有挑战性的任务，才能彰显价值。双块式轨枕无人生产车间的成功建设，体现了施工企业项目的核心力和项目经理的有诺必践，攻坚克难，团结引领的凝聚力。

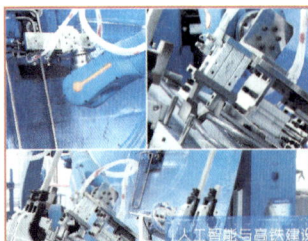

桁架钢筋制作

枕轨、桁架运输

蒸汽养护

模具清理

桁架、箍筋安装

枕轨脱模

脱模剂喷涂

混凝土浇筑

产品外观检验

预埋套筒安装

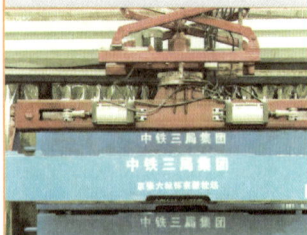

吊装码垛

成品养护

第四章
创新精益管理体系：
构建全生命周期管理

第一节　全生命周期管理的内涵及特征

全生命周期管理在京张高铁项目建设中最初提出的目的是为了提高高铁的技术含量，在高铁重要配件双块式轨枕中埋入电子传感标签，通过搜集双块式轨枕的信息来确保实现轨枕在使用和维护过程中的质量。

提出全生命周期管理的出发点是从双块式轨枕作为高速铁路的重要配件入手的，高速铁路以其速度快、运能大、能耗低、污染轻等一系列的技术优势，成为我国的"外交名片"，确保其运行安全的重要性可想而知，而双块式轨枕作为其路基部分，质量问题尤其重要。因双块式轨枕的技术含量的高低是衡量国家高铁技术水平的重要标志之一。传统的对双块式轨枕的质量管理理论与方法，已经无法适应高铁发展对技术和安全的需要。通过引入全生命周期的管理理念，结合信息化手段，在双块式轨枕中埋入电子标签，通过搜集双块式轨枕的信息，实现对双块式轨枕生产、管理、使用、维护、维修、报废整个生命周期的信息化管理，为双块式轨枕的科学化管理提供依据，为中国

高速铁路的安全运行保驾护航。

在京张高铁的建设过程中，针对全生命周期管理的战略规划是涉及到高铁的各个方面，包括箱梁全生命周期管理、Ⅲ型板全生命周期管理等，最后推广到整个高铁的层面。目前还停留在规划阶段，但双块式轨枕全生命周期管理的系统已经成型，正在测试，已经取得预期的成效，但还有待验证。

下面，来介绍一下全生命周期管理的内涵及特征。

包括双块式轨枕在内的任何产品从市场预测、战略规划、设计、样机试制、设计定型、测试、投产、批量生产、销售、售后服务到报废回收，都会经历这样一个生命周期，也就是从无到有、从生到死这么一个过程，生命周期在产品生命周期中，随着各阶段和过程的延伸，产品在功能、性能、指标、形态、材料、生产资源及采购、供应、销售等方面都发生着一系列的变化，这个过程会产生大量复杂的技术和商务信息。

而在目前全球化市场竞争加剧，信息化手段越来越先进，更新换代的节奏也越来越快，这个过程中，只有科学地搜集并利用这些信息，才能保证产品的竞争力。在此背景下，如何管理和有效控制产品生命周期中产生的技术和商务信息，应对日益激烈的市场竞争环境，则是越来越多人不断深究的问题。

产品生命周期管理，英文全称为 product life cyclemanagement，缩写 PLM，是为满足制造业对产品生命周期信息管理的需求而产生的一种新的管理

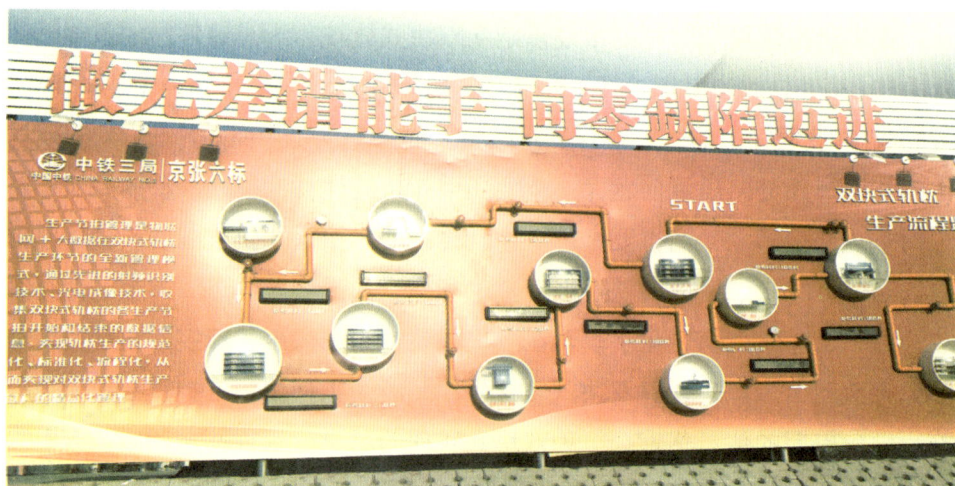

模式。通过使用互联网技术，每个相关人员在产品的全部生命周期内相互合作、相互配合，共同对产品开发、制造、销售、后期维护进行管理，而不管这些人员在整个过程中担任何种职位、何种角色，都能及时得到信息，得知各个环节的信息。

整个全生命周期管理是基于信息化的技术，通过统一的或者某种固定的形式的数据访问模型将不同的数据进行搜集、整理，并根据某种需求进行统一编码、整理、集成，最终呈现出来，使得所有参与者都能协同工作，避免以往过程中的"信息孤岛"，也就是将"信息孤岛"通过全生命周期管理形成"信息群岛"。

全生命周期管理的基础，是目前的 CAD、CAE、CAM、PDM、ERP、供应链管理（SCM）客户关系管理（CRM）和知识库等信息平台。它的作用是呈现出产品的全局信息，把主要精力集中到产品生命中的整个过程，而不只是关注产品的某个阶段。

全生命周期的管理思想是从战略规划开始，就将与产品有关的功能、性能、外观特征、质量、成本、客户、价格、生产规模、市场占有量维护、差异化竞争优势的保持等一系列问题进行统一考虑，详细计划、分阶段控制实施，使各种有限资源发挥出最大效益。

第二节 全生命周期管理模式的实践及其探索

为了提高中铁三局集团的整体竞争力，实现公司的战略目标，体现中铁三局在项目建设和管理中始终处于领先的宏伟愿景，在 ISO9000 体系持续多年有效运转的基础上，于 2016 年前后在京张高铁怀来梁枕场开始着手建立双块式轨枕全生命周期质量管理模式。

该模式综合了针对双块式轨枕生产过程和运维过程中的多种质量管理系统及多种质量管理理论、方法、工具，对双块式轨枕从研发设计到正常使用及后期的运营维护的整个生命周期的各个阶段进行了明确的质量管理要求，是对 ISO9000 质量管理体系在双块式轨枕实现环节在理念上和技术上的升华，使双块式轨枕的设计、生产原材料、生产制造、投入使用形成了一体化的质量管理与保证系统。

双块式轨枕全生命周期质量管理模式主要由系统管理、过程管理、规范管理、风险管理、预防管理和持续改进等组成。该模式遵循的原则为智能识别、整体预防和消除潜在的质量风险与隐患，持续提升双块式轨枕质量系统保证

能力，最终保障双块式轨枕在使用过程中的质量安全。

双块式轨枕全生命周期质量管理系统的整个技术核心是智能电子标签，电子标签能够记录和搜集双块式轨枕的不同数据，同时搜集的数据被作为质量评判的标准，与标准质量的数据进行比对，当数据与质量数据对比一致时，表现质量是没有任何问题的；如果数据不一致，则要查明原因，为质量标准提供可供借鉴的依据和准则。

双块式轨枕质量管理系统中第一个子系统电子标签的储存位置，所保证的是双块式轨枕电子标签在研发设计阶段的质量安全，所搜集到的和采集到的数据，能够准确、及时。在电子标签的研发设计过程中，中铁三局始终坚持双块式轨枕的质量原则，重点强调电子标签的功效性、稳定性、安全性以及符合高铁运行的安全放在首位。双块式轨枕电子标签开发包括项目立项、电子标签研发、考核验证、正式投入使用五个阶段，每个阶段设定电子标签的成功标准并验证确认，并最终由集团技术专家委员会评审通过后使用，从而实现双块式轨枕全过程质量的管控。

双块式轨枕质量管理系统模式中第二个子系统是原材料质量管理系统，所保证的是双块式轨枕生产材料的质量安全，通过记录供应商的产品批次、产品证书、合格编号等，保证产品的原材料供应质量符合标准，保证双块式轨枕的原材料是符合标准的。针对原材料的供应，中铁三局建立了完善材料质量管理系统，主要从供应商的准入和退出、材料的验收、禁入、限用物质监测、供应商的质量考核、检查评审等方面来开展。对于核心供应商，推广实施质量管理前移，确保前端原材料的质量稳定。

双块式轨枕质量管理系统模式中第三个子系统是生产节拍管理系统，所保证的是双块式轨枕在生产制造阶段的质量安全，该子系统涉及每一个生产环节的生产时间。双块式轨枕生产过程直接影响双块式轨枕质量的合格、稳定。中铁三局对生产过程双块式轨枕质量控制是生产节拍管理系统，通过对生产各个过程的时间进行管控，一来可以保证生产进度，二来可以保证产品质量。例如，双块式轨枕的生产环节主要有混凝土制备、运输、混凝土原材料检验、钢模清理、清渣、清边、钢筋桁架加工、箍筋加工、桁架钢筋、箍筋安装、挡浆夹安装、喷涂脱模剂、预埋套管安装、螺旋筋安装、砼灌注、

振动、养护、测温、脱模、产品检验、成品存储、出场等环节，每一个环节都有标准的时间，通过生产节拍，对每一个环节的时间进行预设，保证双块式轨枕在单位时间内都能够按照统一的质量标准完成，从而确保双块式轨枕的整个产品质量。

以其中的检测环节为例，中铁三局通过整合检测资源，强化监测能力。在京张高铁的管理过程中，集团逐渐整合资源，强化质量监测能力建设，加大对高端检测仪器设备的投入和研发，引入质量检测系统，提升检测能力，极大地提高轨枕裂纹检测的准确度，确保投入使用的产品的合格率，以裂纹的标准达到99.99%。

在双块式轨枕全生命周期管理中，通过严格执行和严格监管两种模式来开展，确保各生产工序质量要求得到彻底落实，产生效果，双块式轨枕质量结果得到及时监控，保障质量安全。同时，还设有专职的质量管理团队，负责组织跟进和检查与通报，确保了执行的结果与效果。

双块式轨枕生产节拍管理系统是双块式轨枕实现的大质量管理系统的一个重要组成部分，通过有效的风险识别与质量预防，从而保障双块式轨枕质量结果始终处于稳定受控的状态。

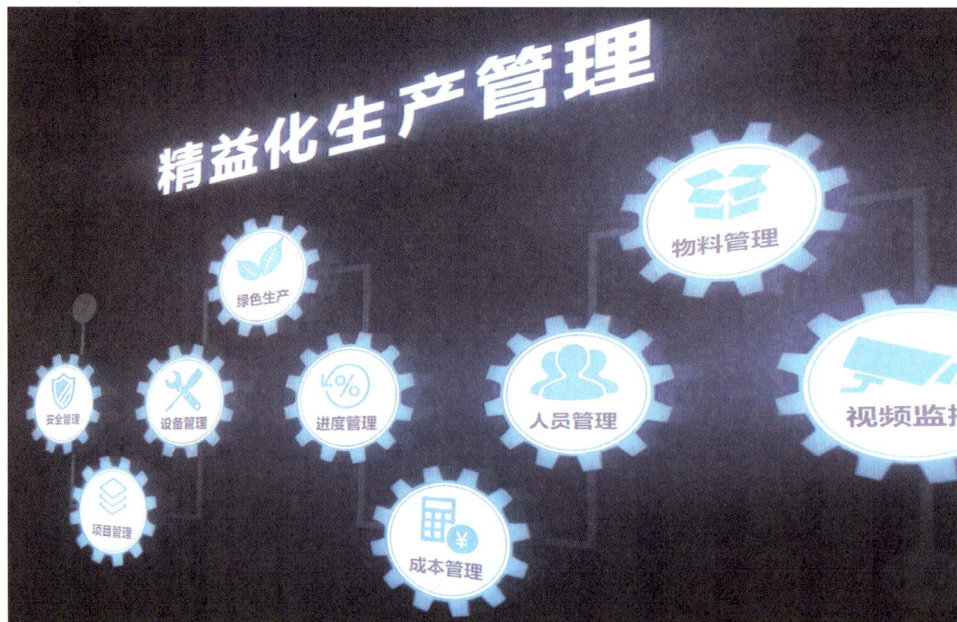

第三节 全生命周期管理模式的实施要点

这里以双块式轨枕全生命周期管理为例，详细介绍一下全生命周期管理模式的实时要点。根据前面的介绍，已经知道双块式轨枕整条生产线以及各个环节，包括混凝土制备、钢模清理、清渣、清边、钢筋桁架加工、箍筋加工、桁架钢筋、箍筋安装、挡浆夹安装、喷涂脱模剂、预埋套管安装、螺旋筋安装、砼灌注、振动、养护、测温、脱模、产品检验等工艺环节，在整条生产线上，全生命周期管理模式的实施是通过科学规划和统筹的。

一、实行关键环节节拍监控设备的重点应用

在具体的实施过程中，积极推行监控关键环节节拍的方法，因为整条生产线的环节比较多，需要监控节拍的地方也比较多，如果针对每一个环节都予以监控节拍时间，投入会比较大。因为整个节拍的管理，它不单纯是一个经济问题，更准确地说是一个技术经济问题。将整条生产线按照不同的环节、不同的时机、不同的功能划分为不同的单元，设计人员根据重点环节进行方

案筛选与设计。这种监控关键环节节拍的方法能有效地控制整个项目的成本。同时，为了让生产节拍管理达到预期的目的，应该做到技术研发人员必须是有经验懂技术经济的策划师。他们设计的节拍管理必须实用、先进而且成本合理。

这样的话，整个技术得到了统一，方案得到了统一，设备也进行了统一，规范了设计；同时，合理确定了投资，切实把控制生产进度与质量有机结合起来，达到控制成本的目的。

二、加强双块式轨枕生产线的进度控制

双块式轨枕生产是有工期规定的，拖延工期时间越长，管理费、人工费等各种费用支出就越大。通过生产节拍管理狠抓生产进度管理，控制住合理工期，整个生产的成本就有所降低。通过生产节拍管理，合理组织生产施工，正确安排施工工序是保证工期的重要条件。加强施工现场的组织协调，把整条生产线的各个环节有机地结合起来，利用节拍时间管理，合理确定材料、机械、资金及劳动力等最佳组合方式，搞好物料的合理调运，就可以避免不必要的重复工作，节省人力、物耗、降低成本。

三、形成生产成本控制体系

双块式轨枕生产阶段是中铁三局把握和控制工程生产成本的关键阶段，生产成本管理的目标控制事实上是合同价的控制。合同价的确定在合同签订阶段签订后，中铁三局通过对双块式轨枕的工程造价进行层层的解析，做好工程细化工作。并且通过单位内部强化经济管理，增强单位竞争意识，将外部竞争的机制转移给单位内部的项目负责人和物资供应等相关部门，并达到有效控制双块式轨枕生产成本和平均合同价格的目的。

四、加强双块式轨枕质量监管力度

双块式轨枕质量是高铁运行安全的基础，优质的成品是中铁三局的目标。加强双块式轨枕的质量成本的控制监管力度，避免由于内部或外部原因所造成的安全事故或者质量事故的出现，避免返修，确保双块式轨枕质量的硬性化标准，让生产管理顺利进行，从而降低工程造价和成本。

五、落实生产节拍设备的价格把关制度

在进行生产节拍管理的过程中，节拍管理设备的成本总额在工程造价中

比重较大，因此，控制工程成本关键在于把控好节拍设备的价格。在对技术进行充分论证的基础上，实行比价采购，品种、数量、质量和价格范围都按照规定的物资标准、投标报价或者合同规定内实行限额采购，降低设备费用。利用已建立的单位自身物资设备价格信息网络，从中获取信息，必要时做到资源共享，减少不必要的费用开支。

另外，节拍设备的管理要加强，减少因现场施工等原因引起的损耗。节拍设备的收发制度要严格，在进入施工现场时要认真点验，确保质量和数量的明确，严格按照计划发送，并做到节拍设备与账本的记录同时进行，注重各个环节之间的互相监督和互相制约。

六、确保数据搜集工作的正确性

双块式轨枕生产节拍管理中一项最基本的工作就是数据采集，参与数据搜集的专业人员必须熟悉专业知识，熟悉生产现场的环境和各个生产工序的开始和结束的地点，熟悉操作步骤和工艺，避免错误采集数据、遗漏数据采集，定期如实做好统计计量工作，为生产进度提供科学的数据支撑。

在双块式轨枕生产节拍管理的实施阶段，设备损耗和浪费的可能性很大，应该展开合理有效的管理活动，对这一阶段的数据采集工程进行全方位的控制，从技术、经济多个方面采取措施，保证费用正常投入，在保证施工质量的前提下，将施工投入控制在造价预算之内，防止过量超支现象，达到最优效益。

第四节 实施全生命周期管理模式的成效

中铁三局的双块式轨枕全生命周期管理在实施之后,取得了一定的成效。在介绍成效之前,先看一组先前的经验数字:

FMC 公司作为世界知名的化学制药企业,其提供商在实施全生命周期管理系统之前的订单交付时间平均是 21 个月,在实施全生命周期管理系统之后,交付时间平均为 3.5 个月,效率惊人。

洛克希德·马丁空间系统公司,美国知名航空航天制造商,在实施全生命周期管理系统之后,流程效率整体平均提高了 40%。

宝马公司,在实施全生命周期管理系统之后,产品开发时间成功地缩短了 30%,在市场上大大提高了产品竞争力。

摩托罗拉公司,全球知名的通讯设备厂商,在实施全生命周期管理系统之后,实现了在全企业内数据存取的简便性,减少了 60% 的创建和维护 BOM 的时间,CAD 的 BOM 实现 100% 正确,降低了 38% 的工程更改、评估和批准的均匀时间。

由此，不难发现，这些国外知名企业就是在实施全生命周期管理系统之后，生产效率得以脱胎换骨，从而在市场上提高了产品竞争力，掌握了主动权。由此可见，全生命周期管理系统确实帮助企业提高了效率，主要内容包括企业的协同设计环境，实现产品的协同开发；产品协同生产等，全生命周期管理的实施将有效地帮助企业实现对产品知识的治理从而积累企业的核心竞争力。

美国德州大学的拉加德教授通过对 30 多家国际知名的企业实施全生命周期管理的公司长达一年的跟踪调查表明，投资全生命周期管理系统对这些企业带来的明显好处是缩短产品上市周期、降低开发成本、改善产品质量和提高用户满足度。

根据拉加德教授的分析报告和企业核心产品的市场竞争力来分析，实施 ERP 系统的企业，可以减少间接成本 15% 左右，保持领先同行一年多的时间；使用 SCM（供应链关系）系统，可以缩短产品上市时间 30%，保持领先同行约两年半的时间；成功地实施了全生命周期管理系统，可以瞄准开发出行业"杀手锏"级的产品，保持领先同行约 5 年的时间。

综上所述，实施全生命周期管理系统，可以缩短产品上市周期、降低产品开发成本、改善产品品质等。结合中铁三局双块式轨枕生产线的效益来看，实施全生命周期管理系统的成效，主要表现在以下几个方面。

一、降低产品开发成本

在实施双块式轨枕全生命周期管理系统之前，花在产品开发的成本只占全生命周期成本的不到 20%，但全生命周期成本的 80% 是在产品设计阶段决定的。

双块式轨枕全生命周期主要包括产品开发、产品验证、试生产、批量生产和投入使用等几大块，形成过程中对成本的影响，其中在产品开发设计阶段决定产品成本 70%，产品验证测试阶段决定产品成本 18%，生产加工预备阶段决定产品成本 7%，大规模原材料采购批量生产阶段产品成本的影响只有 7%。全生命周期管理系统和它的一个组成部分——生产节拍之间的一个主要区别，在于全生命周期管理系统影响产品生命周期中的产品制造阶段方面的能力。全生命周期管理系统和制造系统之间的无缝集成，使得企业能够在所有的产品配置中数字化地优化和验证任何制造工艺和流程。所以它能有效地

降低制造成本。

二、改善双块式轨枕的质量

在双块式轨枕生产过程中废品率随着双块式轨枕开发阶段的推进有巨大的变化，具体表现为废品率大大降低。研究表明95%的双块式轨枕质量是由双块式轨枕生产阶段引起的，5%的双块式轨枕质量是在运输阶段以后出现的。

全生命周期管理系统的解决方案在设计与生产阶段发现错误，避免在后期阶段以较高的费用用于双块式轨枕的修补，那样就有点得不偿失了。

总的来说，全生命周期管理系统是帮助企业实现制造信息化战略，降低生产、研发及管理成本，改善产品品质，加速产品创新，从而提高获益。

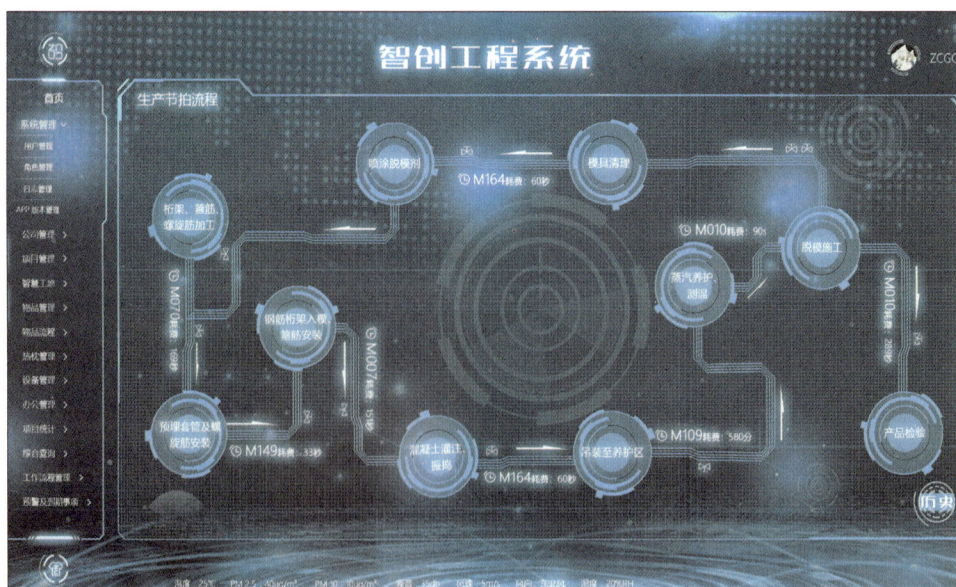

第五章

点—线—面结合
构建精益建造推进体系

第一节 标准工位建设

拉式生产是精益生产的基本理念。在拉式生产环境，下游活动将他们的需求传给上游活动。比如，装配工位将他们的需求传给物料输送部门。这个原则同时也适用于精益工位；作业员在需要的时候准时获得零件和装配工具。对于精益工位而言，所有一切必须像组织一支乐队那样设计，每一个动作都有它的目的。它需要新的思维。传统上，大多数工位都被设计成方便物料运送者，而不是增加价值的作业员。

工位作为构成工位制节拍化流水生产线的基本单元，是"七大任务"即安全环境、质量、生产、成本、设备、人事、信息管理的落脚点，也是落实执行"六要家"（5MIE：人、机、料、法、环、测）标准化作业的根基。对于整个产品链而言，生产工位的标准化，将从横向拉动管理工位化，即"七大任务"涉及各专业管理的标准化，构建高度协同、高效运行的管理平台，实现同步提升；纵向拉动流程工位化，即明确每个管理工位的输入、工位内容、

输出和节拍要求，形成高效运转的管理流水线。标准工位是公司一切管理流水线建设的基础与平台，加强工位管理，提升工位管理水平，是确保工位制节拍化流水生产线高效运行的基本保证。

一、标准工位的概念

（一）标准工位定义

1. 工位的概念

工位是指产品在生产线上流动时，员工在一个节拍内完成规定作业内容，产品相对停留的区域位置。工位是作业管理的最小单元。一条生产线是由多条工位连接组成的。

2. 工位管理内容

工作管理一般包含两部分内容，即以"七大任务"为主要内容的基础管理和以"六要素"为主要内容的作业管理。基础管理要落实以"七大任务"为主的制度和要求，实现现场的过程可控；作业管理侧重于工位作业的条件管理，并确保"六要素"与工位的符合性。

（二）标准工位建设的基本框架

标准工位建设的基本框架为五化、六要素、七大任务和八个步骤。

1. 五化，包括管理流程高效化、管理表单系统化、管理形式标准化、管理运行目视化、管理行为规范化。

（1）管理流程高效化。围绕七大任务,即安全环境、质量生产、成本、设备、人事和信息管理，打造上下贯通、一体化的工位管理链，形成支撑生产线运行的高效化工位管理体系。

（2）管理表单系统化。以七大任务管理要求进行的表单化、工位表单目视化为着力点，拉动建立职能部门、生产单元、作业工位，形成三位一体相互联动的管理表单系统，通过表单日常运行的 PDCA 循环，形成专业管理面向现场的快速反应机制。

（3）管理形式标准化。以打造精益化公司运营管理平台为核心，融合班组管理、安全管理、节拍化生产线模式等具体要求，分层级提炼工位管理中涉及七大任务的各项管理要素，形成标准化的工位管理输入输出要求，提高

工位管理效率。

（4）管理运行目视化。应用安东系统、目视看板、信息化管理等手段，增强现场生产工位运行状况的动态管理，形成迅速暴露问题、立即采取纠正和改善行动的运行机制，不断提升生产效率，保障作业安全；提升现场管理者的管理能力，彻底进行预防性管理，保障产品质量。

（5）管理行为规范化。通过标准工位建设，增强员工"上标准岗""干标准活"的意识，结合 BI 员工行为规范的推行，以提高员工对标准作业文件的执行力为目标，规范作业行为，克服随意性，从根本上消除因员工作业行为不规范造成的质量问题。

2. 六要素，以现场工位管理要素的标准化管理为目标，以 SMIE 管理六要素（人、机、料、法、环、测）为落脚点，以实施管理标准化为重点。

3. 七大任务，以建成标准工位管理平台为目标，将现场七大任务（安全环境、质量、生产、成本、设备、人事）横向形成标准工位运行的协同支持系统，纵向形成分解落实专业管理要求的子公司职能部门、车间、工区、工位（班组）的管理链。

4. 八个步骤，建设标准工位，应紧密结合本单位实际，一般按照标准工位的导入、建立制度体系、标准工位要素的分解细化，建立管理表单系统、标准工位的运行控制、标准工位的评估、员工作业行为的标准化和标准工位的持续优化与善等八个步骤扎实推进。

（三）标准工位建设原则

建设标准工作，要在基础管理和作业管理两个层面重点系统规划，分步实施。应贯彻工位制节拍化流水线生产的要求，强化七大任务在现场工位的落实和过程管控，应通过模拟线建设，验证作业管理大要素在工位中的符合性，并将作业管理六要素在工位落实。

工位是企业管理水平的集中体现点和基石。职能部门管理水平的高低和价值体现在对现场工位的支撑和服务水平上，企业职能部室都应以现场为圆心，建立对现场的支撑组织，为现场提供支撑和服务，建立对现场异常快速校正、响应、处置的机制。

二、标准工位的建设方法

（一）成立组织、明确职责、计划推进

1. 成立工作组织

成立标准工位建设的推进组织，分别负责不同层次的推进工作，明确负责人及分工，落实责任制，标准工位建设对各专业部门的协同要求较高，必须明确风险部门和七大任务的具体实施部门。

2. 明确标准工位建设部门职责

标准工位建设由工艺部门牵头组织，具体实施由工位管理要素的各归口部门负责，具体根据企业实际确定。

3. 选择试点工位，逐步推进

制订标准工位建设计划，选择试点工位，取得成效后逐步推广。按突出重点、突破难点、总结经验、全面推进的工作思路明确各阶段的目标、指标，编制实施方案，明确工作内容及要求实施措施、责任主体等，强化推进过程的组织、协调，开展自我评价和持续改善等工作。通过目标管理，确保标准工位建设逐步上台阶。

（二）建立标准工位制度体系

1. 建立健全工位管理制度

建立专业管理在工位系统化落地的制度体系，并不断深化与动态优化，梳理并完善各层级工位管理制度。

2. 落实标准工位日常运行的分层分级管理

各单位按管理职能要求，落实标准工位日常运行的分层分级管理制度。建立起工位、工区、车间、部门四层级的管理制度。工区、工位须按标准工位建设要求做好六要素及七大任务现场实施工作；车间须按标准工位建设要求做好六要素及七大任务现场管理工作；各职能部室按标准工位建设要求做好六要素及七大任务归口管理工作。

3. 明确工位中各管理节点的输入输出

对工位一线作业人员的要求，一定要简单、易记，便于执行，不搞流于形式的制度标准，避免重复检查评价。

4. 管理制度必须严格执行

标准工位日常点检到位，记录齐全，整改及时，根据点检结果建立奖惩机制并予以落实。

5. 标准工位管理要素的分化瓦解

针对工位的不同类型，如流水线工位、移动作业工位等不同特点，进行管理要素的分解，细化共性和个性化要求，进行分类指导、分阶段创建。

（三）建立管理表单系统

1. 表单系统的建立原则

按精简、规范、简化的原则要求建立，并落实到工位的管理表单系统。精简：按精益原则，表单少而精，特别是需要工位操作人员填写的表单，必须是专业管理确实需要，可量化、可收集、有价值的现场数据。规范：表单格式统一、填写要求统一、表单管理流程统一、专业人员的支持和指导统一。固化：固化专业部门、车间、工位（班组）各层面的输出表单，每张表单上下贯通，内容、标准、填写人员、部门支持人员固化，形成封闭的管理链。

2. 表单系统建立的基本程序

第一步，表单设计和梳理。各职能部门对本专业管理现行表单进行梳理，结合建立标准工位的要求，将七大任务表单化。按复杂的问题简单化、简单的问题常态化、常态的事情标准化、标准的事情表单化的原则，结合公司内部生产单位的不同特点，对表单内容、格式、填写要求、点检要求等进行综合设计。

第二步，建立表单支持系统。各专业部门牵头，成立职能部门、车间、工位（班组）三个层次的支持系统，明确各层次人员的职责和任务。同时，按 PDCA 管理循环的要求，设计收集，汇总，反馈统计分析工位（班组）表单信息的支持表单，形成下对上层层反馈、上对下层层验证的表单运行体系。

第三步，表单评审。班组建设归口部门组织各专业部门领导、管理专家和相关专业人员，对表单进行评审。评审明确表单系统制定和运行的标准和要求，对不符合的项点进行修改补充，根据完善情况，可进行多轮评审，定稿后下发生产单位，征求执行层领导及专业人员、工位长（组长）的意见。

第四步，试点先行。根据公司内部生产单位的基础工作状况和作业环境

条件，可先选定 1～3 个车间进行试点，待运行正常，取得成功经验后再逐步推开。

第五步，培训和转训。表单系统试运行前，应组织对专业部门、车间相关专业人员进行培训，明确现场表单，支持性表单的管理流程，支持系统运行和每种表单的具体填写方法、要领和点检要求。培训完成后，由各车间专业人员对工区长、班组长（工位长）进行转训，转训时尽可能让一线人员进行实际训练，从一开始就能正确掌握每种表单的作用和填写要求，减少正式运行后的整改工作量。

第六步，评价、完善、推广。在表单试运行初期，各专业部门、各单位领导要加强对现场人员填写表单情况的巡回点检和指导，对不符合项点及时督促整改，对运行中出现的问题，要随时调整表单内容或填报要求，不断完善表单管理体系。表单系统运行 3～6 个月基本成熟后，可在公司内部全面推广，使表单管理逐步走上精简、规范、高效的轨道。

3. 目视化管理板的应用

设置工区管理板、工区宣传板、工位、管理板，将工区工位七大任务管理表单与现场有机结合，在管理板上进行定置，使得现场表单信息一目了然，以便管理人员随时随地了解现场的管理信息。通过共同监督，避免了管理工作"两张皮"的现象；同时，针对现场管理薄弱环节，能够快速有效地制定措施。

（四）标准工位的运行控制

1. 工位支撑系统的优化

进一步梳理工位支撑人员组织机构，建立和完善部室对现场工位支撑的人员体系，对工位异常处置，设有专人，快速解决异常问题，根据异常管理办法，做到对回复、解决的记录。

2. 完善异常管理制度

建立异常问题快速反应机制和快速处理流程，异常问题通过表单或信息系统快速反馈至有关部门立即解决，保证异常在最短的时间内能够处理完成，不影响生产进程。建立异常问题的回复、解决，防止再发生的管理机制和评价机制，促使生产现场、生产管理部门与各职能部室同心协力，使异常问题管理正常化。

3. 信息化手段的应用

(1) 在保证安全系统设置合理、设施运行正常的前提下，要引入工位管理信息化系统，由工位作业人员直接输入异常信息，异常信息管理系统按流程进行自动跟踪、反馈和汇总异常问题处理结果，形成快速响应即时处理的异常信息管理机制。

(2) 深入开展研究产品制造平台建设，不断固化平台内容。结合产品制造平台管理框架要求，固化平台管理表单信息，建立产品信息化表单管理和知识管理平台。

(五) 员工作业行为的标准化

1. 结合 BI 的推行，严格规范岗位作业行为

在标准工位建设中，在充分发挥工位管理制度、标准文件作用的基础上，要结合 BI 的推行，以提高员工遵守标准作业文件要求的自觉性和执行力为目标，着重解决工位操作员工对规程掌握不熟练、工作中不运用、思想上不重视的问题，严格规范岗位作业行为。

2. 开展"标准化作业示范员工""标准化作业之星"评选

在加强对标准化作业执行情况检查的同时，要通过组织员工参加标准化作业模拟演练，开展"标准化作业示范员工""标准化作业之星"评选等话动，引导员工树立"上标准岗、做标准事"的意识，对员工在每项作业中应该做什么、怎么做、做到什么程度、工序衔接时如何进行确认等环节固化标准作业行为，调动员工主动学习标准的热情和自觉执行标准的意识。

3. 持续推进标准作业符合性调研工作

围绕标准工位运行五项稳固（人员稳固、标准作业稳固、物料稳固、节拍稳固、区域稳固），持续开展标准工位运行符合性调研工作，通过强化职能部室对现场工位的支撑、服务，引导车间做好现场管控，持续夯实现场管理。

(六) 标准工位点检及评价机制

1. 建立标准工位建设点检机制

建立标准工位建设点检机制，涵盖工位七大任务和质量六要素，包括基础管理点检和作业过程点检。重点点检过程质量控制记录、关键工位和关键工序的质量管控项点。按标准要求抓好员工的自我点检，工位、工区车间和

专业部门的日常点检，例检和巡检，对检查中发现的问题，职能部室要指导工位进行改善并落实考核。

2. 建立标准工位运行的评价、考核机制

建立日常检查评价、定期检查评价、达标检查评价和年度工作评价的评价机制，评价结果要纳入绩效考核体系。

（七）标准工位的优化与改善

1. 开展工位优化

在标准工位建设中必须按动态管理的要求，对工位运行中发现的问题，制订改善计划，实施改善对策，对改善效果进行跟踪，建立各类问题的解决机制，用精益工具对问题点进行不断优化。

2. 组织员工对工位管理要素的优化，作业瓶颈的改善等进行创意提案活动，发挥员工在标准工位建设中的主体作用。

三、标准工位建设的实施及评价标准

（一）标准工位建设的实施

建设标准工位，本质就是实现工位"六要素"和"七大任务"的管理标准化，它们的标准化，既能支持将现场工位建设成标准工位，同时其本身的管理水平也在现场工位上得到反映。"六要素"和"七大任务"的实施遵循以下原则：

对于"六要素"管理标准化的实施，主要侧重于要素配置的齐备性和有效性，建设标准工位，要在实施过程中不断评审本工位所需要素是否配备齐全，具备基本的开工条件，在工位运行过程中，要对要素的质量和运行情况不断评估，持续优化改进，以形成标准化要素配置的工位，甚至在此基础上对不同类型的产品进行模块化细分，形成模块化的标准化"六要素"工位。

在实际标准工位的建设过程中，除了要做好工位现场表单系统的设置运行外，对七大任务整个管理链中流程的运行管控及标准化也是至关重要的。要以专业管理职能部门为管理上端，以现场工位为管理下端，以生产车间、车间产线或工区为中间管理层，形成"上对下层层验证，下对上层层反馈"的管理体系，标准化各层级的管理输入输出接口，从而确保标准工位的建设得到有效保障。

（二）标准工位的评价方法

为了确保对过程和结果的双注重，标准工位的评价可以采取多种方式方法，可以采取日常检查评价、定期检查评价。

达标检查评价和年度工作评价相结合的评价机制，可以将评价结果纳入绩效考核体系，从而建立提升标准工位建设水平的持续改善机制。

标准工位现场评价作为企业基础管理工作的重要组成部分，要与现有基础管理体系评价有机结合，避免出现"两张皮"现象。

（三）标准工位评价结果应用

由于工位是构成生产线生产车间的基本要素和单元，故而对标准工位的评价结果应作为企业精益体系中其他集成化模块评价的重要内容，与企业年度精益管理工作评价相结合，且将评价结果纳入年度精益管理工作考核中。

第二节 精益示范区（线）建设

一、精益示范区（线）的定义

精益示范区（线）是指以提高品质、效率、效益和消除浪费为目标，应用精益生产思想、方法和工具，建设具有示范引领作用的示范线及专有技术延伸产品的制造精益化生产区（线）。

精益示范区（线）在目前精益生产领域尚无公认的定义，京张高铁的精益生产示范区（线）至少要体现以下几个方面的内涵：

1. 精益生产的核心。

2. 应用精益生产思想、方法和工具，提高品质、效率、效益，消除浪费。

3. 精益示范区（线）的主要作用。

4. 具有示范引领作用，作为创建精益工厂前导。

二、精益示范区建设的目的

精益示范区建设，是各企业生产单位根据建设工位制节拍化生产线的要求和建设方法，结合自身特点，全面革新生产组织方式的工作载体，是京张

高铁践行精益理念、推进精益生产的重要方式，也是精益管理从点到线的主要表现形式。

精益示范区（线）也是实现工位制节拍化生产方式和标准工位建设的载体，可以规范公司推进精益生产工作过程中的工作规范，确保其掌握推进要领，其建设过程可以促进共同推进精益生产的步伐，进一步提高产品实物质量、生产效率、经营效益，加快人才育成和消除浪费，夯实公司精益生产管理的工作基础；其建设结果可以作为精益管理体系的前导，在生产制造及专有技术延伸产品的制造等各自同行业内具有引领和示范作用，带动类似生产区（线）更快、更有效地推进精益。

三、选择精益示范区（线）

在选择精益示范区（线）时，需要企业根据实际情况，应用精益生产原理，主要有以下 4 条要点。

（一）选择主型产品的示范区（线）

综合考虑企业实际情况，选择主型产品的示范区（线），这样的精益示范区（线）在创建成功后，可以将创建成果和经验快速转化，可以较为轻松地推广至其他生产区（线）。

（二）综合考虑精益工具的适用性

在选择精益示范区（线）时，需要综合考虑准时化生产、看板管理、全面生产维护、单件流持续改善安东系统、生产线平衡设计等主要精益工具的适用性，确保其适用性，才能更有效地开展精益示范区（线）建设活动。

（三）综合考虑精益改善的可操作性

精益改善是精益生产推进工作的精髓，也是基础，只有确保选择的示范区（线）能够具有精益改善的可操作性，才能不断提升示范区（线）的生产效率、产品质量、精益效益、员工技能并消除浪费，才能更有效地支撑精益示范区（线）的创建。

（四）选择可以独立运行的作业单元或生产区（线）

在创建精益示范区（线）的过程中，要确保选择的精益示范区（线）不受其他生产区（线）的干扰，或干扰程度较小，才能正常地按照创建计划有

条不紊地开展创建工作。

四、精益示范区（线）建设步骤及方法

在开展精益示范区（线）的建设过程中，要充分应用精益生产的思想、方法与工具，充分协调好企业内部各方面资源，按照精益示范区（线）建设的相关要求，制订详细的精益示范区（线）推进方案和实施计划，带动全员共同按照实施计划开展精益示范区（线）的各项建设工作。

（一）成立精益推进组织

各子公司要成立精益示范区（线）的三级精益推进组织：领导组、推进组和实施组，明确各组织人员的管理职责和分工。

1. 领导组由公司领导和各职能部室领导组成，制订总体建设计划和目标，领导推进组和实施组开展工作。

2. 推进组由精益办带领各职能部门相关业务人员共同成立，负责根据领导组的要求制定具体的推进实施计划，并在实施过程中跟踪、协助、评价。

3. 实施组由精益示范区（线）创建单位成立，主要成员由创建单位的七大任务职能人员组成，按照推进组制订的推进计划，共同开展计划实施工作。

（二）制定精益示范区（线）推进方案

在成立精益推进组织后，推进组在领导组的指导下，制订精益示范区（线）的推进方案，要明确工作思路和推进目标，制订推进计划落实负责人，明确工作流程和参与人员职责。推进方案一般分为以下几个部分：

1. 明确建设目的

建设目的相当于精益示范区创建工作体系的大脑，在推进过程中，首先要明确建设目的，统一全员思想，才能更好、更有思路、更有目标地开展各项推进工作。

2. 明确工作思路

工作思路是精益示范区创建工作体系的中枢神经，清晰的工作思路可以让全员共同参与，使精益示范区的建设工作事半功倍，所以必须要有明确清晰的工作思路。建设工作思路如下：

掌握生产区（线）的现状和管理要求 —— 对标（精益示范区（线）评审标准），找出差距 —— 针对存在的差距制定推进目标 —— 对目标进行分解，

落实推进责任人——定期组织评审，把握推进进度——目标达成后进行标准化，未完成的工作依据实际情况继续制定推进计划，组织实施。

3. 明确建设目标

清晰的目标能为精益示范区（线）创建工作指引正确的工作方向，所以必须要明确建设目标，为保证精益示范区（线）创建工作得到有效、有序开展，要集中突破推进过程中的难点，推进组要在领导组的领导下，与实施组共同协商，针对精益示范区（线）的效率、效益、消除浪费等方面制定切实可行、可量化的、明确的改善目标值。

4. 明确奖惩制度

结合自身情况和工作计划，针对精益示范区（线）建设过程中各层级人员对精益推进的支撑情况，制定管理办法成管理规定，明确奖惩制度，鼓励和督促各层级人员共同开展精益示范区（线）的各项推进工作。该奖惩制度必须经过各部门会签，达成共识，并由推进组严格执行。

（三）论证推进方案

示范区（线）的前期策划非常重要，要组织各部门进行推进方案论证，如论证不慎重，可能造成运行效率低下，配合脱节甚至会导致失败。要重视方案的论证工作，本着科学、合理、高效的原则，充分考虑各种制约因素。

精益办或相关部门要发挥好牵头作用，精益示范区（线）推进方案实施的所有涉及单位必须参加方案的讨论、优化工作，在论证过程中，各单位可以明确实施要求，改善目标、职责分工和主要任务，为下一步的实施打好基础。

（四）明确工作计划及责任人

根据论证后的精益示范区（线）推进方案，结合生产区（线）的运行、管理实际情况，对标《精益示范区（线）评审标准》，找出当前生产区（线）存在的差距，列出问题清单。然后针对每条问题展开充分的讨论、分析，找出问题存在的真因。围绕真因结合生产区（线）实际情况，制定行之有效的改进措施，并明确负责人和时间节点，确保问题能够得到有效解决。

（五）完善管理制度

在开始实施推进方案前，公司必须要完善示范区（线）的管理制度、运行程序、控制程序、考核制度等，特别是对精益示范区（线）在运行过程中

出现的各类异常情况，建立必要的信息反馈快速响应、即时处置防止再次发生的管理机制，形成完善的有保障的运行体系。在完善管理制度时，结合公司内部实际情况，可以在原有的基础上进行修改、完善，也可以新建一些管理制度和工作机制，确保精益示范区（线）正常运行。

（六）实施推进方案

在实施推进方案过程中，要充分运用精益思想、理念、工具、方法，按照制订的工作计划严格实施；在实施过程中可以根据实际情况随时调整计划，确保推进计划和目标按时完成。在实施过程中，有以下几项必须要做的工作。

1. 基础管理工作，包括下列内容

（1）现场 6S 管理：企业建立 6S 管理制度、评价标准和工作计划，划分责任区，重点针对精益示范区进行现场检查整顿，通过持续改进活动，使现场整洁有序。

（2）目视化管理：企业制定目视化管理标准，通过可视化、标准化显示技术和装置，重点将精益示范区管理中的有关信息及时、准确地展示给员工和管理者。

（3）安全管理：企业建立岗位安全作业规定，确定示范区安全管理目标。排查和治理关键生产设备、重点部位安全隐患，监控重大危险源。通过开展班组内危险预知训练等活动对员工进行安全教育，旨在使各生产环节符合有关安全生产法律法规和行业标准规范要求。

（4）质量管理：建立企业质量管理流程，完善质量管理组织机构，确定示范区质量管理目标。重点围绕生产过程质量控制，利用标准作业、4M 变更管理等精益工具以及检查表、分层法、因果表、直方图、控制图等手法，提高产品良品率，降低质量成本。

（5）环境管理：制订了环保和节能减排工作计划和工作目标，生产设备或耗能设施采用有效节能减排措施，如应用变频器、节电器、节水阀、感应灯、热交换、余热回收、助燃改良等。

2. 精益改善工作，包括下列内容

（1）人机作业研究：应用诸如标准作业组合表、人机作业分析图等典型

工具，分析一个加工周期内，人与机器在作业时间上的相互关系，使操作者、操作对象、操作工具三者科学地组合，合理地安排和布置，以提高人和设备的工作效率。

（2）数量管理：制定示范区在制品控制标准和管理办法，设定降低在制品工作目标和工作计划，并组织实施。

（3）快速作业转换：制定转换作业标准，应用 SMED 技术，缩短包括换产、换刀、换模等作业转换时间，并通过记录和分析转换起止时间实施持续改进。

（4）优化物流管理：通过绘制内部物流线路图、改善搬运路径、优化布局、改善搬运器具、采用巡回混载运输等方式，有计划地开展内部物流效率研究，优化示范区物流管理，缩短物料搬运距离，加快流动速度，提高物流效率。

（5）操作平衡分析：通过应用操作平衡图（或称山积图）等精益工具，对人的作业动作和作业时间进行研究，平衡操作者的负荷、平衡工序的循环周期，提高平衡效率，并对平衡效率进行持续管理。

（6）生产节拍控制：根据需求设定生产节拍（TT）目标，并制定节拍控制方式，采用固定节拍、节拍提醒器等，稳定生产节拍。对节拍实绩的表现和节拍目标的差异实现目视化管理，并针对差异和异常状况进行持续分析改进。

（7）生产工艺优化：借助流程程序图等分析工具，对生产工艺流程进行分析和改进，通过被称为 ECRS 的取消、合并、重排、简化等改善措施优化工艺流程路径；通过试验设计（DOE）、质量功能展开（QFD）等质量管理手段优化关键过程生产工艺参数。

（8）设备设施调整：照产品工艺流程和单位产品结构特点适当调整设备设施布局，缩短工序距离，实现连续流动、弹性作业组合，如 U 型单元布局。

（9）价值流映射：通过对产品族的分析，选择和定义合适的价值流，应用价值流图析工具，绘制当前和未来的价值流图，将改善团队的工作方向始终聚焦于价值流的时间陷阱（不增值的时间），有实际的改善案例表明，增值率有明显改善。

（10）TPM 活动：成立 TPM 推进组织，制定 TPM 管理制度和工作计划，重点开展以操作者为主的自主保全活动。

五、精益示范建设效果

1. 精益示范区建设的成果体现在京张高铁项目部工位制节拍式作业方式在质量、效率、效益指标提升上的明显效果。从效率、质量、成本、交付四个维度，综合评价前期所设定的各项精益指标（即精益KPI）的改善度，即对比指标的基线水平，提高或降低的百分比。作为一个参考的综合评价尺度，30%以上的精益指标的改善度应大于或等于10%。

2. 目标达成状况：对照示范区设定基线水平和改善目标，包括定性和定量指标，评判其目标达成程度，尤以定量化指标为主，如劳动效率提高、交付周期缩短、废品损失率等。

3. 示范成果推广：通过示范区精益实践，将总结出的经验进行标准化，并推广至其他生产区域或部门提供了借鉴。同时，通过精益生产线建设，向基层生产管理者和一线操作者灌输精益的理念，并提升员工发现问题、解决问题的能力，促进全员改善活动的推进。

六、特色与创新

1. 特色精益活动：为促进精益文化的形成、加速企业精益转型，企业还有计划地开展了各式各样的适合自身特点的特色精益活动，活动效果明显，并对所开展的特色活动进行了总结和持续改进。

2. 精益管理创新：企业在研发、制造、物流等多个领域应用符合精益理念的创新性工作方式，有计划地开展了创新性工具的应用并取得突出成效。可应用的创新性工具包括但不限于价值工程（VE）、六西格玛、TRIZ、质量功能展开（QFD）、试验设计（DOE）等。

3. 所开展的精益管理创新活动所取得的经验和成果对集团公司相关行业或单位具有较大借鉴和参考价值。

第三节 精益车间建设

精益车间作为企业的运行单位，是直接创造效益的场所，也是各项管理落地的关键，更是打造精益制造的主要载体。稳固的制造流程和有序的生产现场以及规范的现场管理，是企业管理体系的基础和保证，推动精益思想和现场改善方法在基层落地生根，带动整体基础管理水平基础提升，为企业转型升级注入强劲动力。

一、精益车间的内涵

精益车间建设是以精益思想为指导，以强化基础，提升质量、效率、效益为核心，以提升管理水平为目的，以打造精益管理连、精益生产示范线、精益班组为主要内容和载体，持续巩固精益现场，深化精益管理，打造精益工厂，具有示范引领作用的车间，为建设精益企业奠定基础。其中，在运营系统方面，经营业绩、成本控制能力在同行业中处于领先地位，同时现场整洁、有序、高效，消除粗放管理；在管理架构方面，建立可视化业绩管理体系，

形成精益的、可复制推广的管理机制和最佳实践；在理念能力方面，员工与组织共同成长，具有创新意识和团队精神。

二、精益车间建设的特点

（一）以精益指标为导向

精益指标重点关注品质、效率效益和安全，根据车间实际，建立相应的提升指标。精益指标既要保持其先进性，同时也要保证指标的可操作性和可测量性，便于统计分析，能衡量实际绩效，有利于车间提高管理水平。

（二）以精益管理链建设为核心

精益管理链建设以精益制度管理链 JIT（just in time，准时制生产方式）生产管理链、精益物流管理链、TPM 管理链、5S 现场（安全）管理链、成本管理链、质量管理链为主要内容，建立车间基层管理的精益模式，形成基础扎实、上下贯通、层次清晰、运行高效的精益管理体系，构筑一流的精益现场管理平台。

（三）以精益生产示范区（线）建设为重点

精益生产示范区（线）建设以制度规范化、布局合理化、生产平准化、作业标准化、管理目视化、运行高效化、改善持续化为主要内容，持续深化工具应用，优化管理流程拓展建设范围，建立改善机制，形成精益车间建设重点突破。

（四）以精益班组（工位）建设为基础

精益班组（工位）建设将车间管理"七大任务"分解落实到班组（工位），优化班组建设的人、机、料、法、环、测等管理要素，打造标准化的班组管理单元，为精益车间建设夯实基础。

五、以构建精益管理闭环管控为运行机制

构建精益车间从"运营系统、管理架构、理念能力"三个维度系统推进，关注车间全价值流的整体改善；二是精益理念导入，按照 PDCA 循环，持续改善，螺旋式上升；三是开展有效业绩对话，探索建立分厂、车间、班组级业绩管理体系；四是构建闭环管控模式，建立精益车间常态化运行机制。

三、精益车间建设过程

（一）精益管理链建设 —— 精益制度

车间围绕精益管理链建设进一步完善了车间推进组织结构。建立考评组，增加考评职能完善考评机制。强化管理人员对生产一线的支撑，强调管理人员服务一线的职责，从而形成各业务组与工区间的对接、帮扶机制，绩效相互挂钩，最终形成车间层层对接、帮扶的内部管理结构。制度是保证各个车间正常运转的基石，其重要性不言而喻。车间不断在管理制度上下功夫，围绕着精益车间的建设，结合七大任务管理制度，开展精益推进工作，完善精益管理、任务顺利运行。

（二）精益管理链建设 —— 6S

车间在精益管理链的6S管理中，主要围绕工位安全定置图、工位安全点检表、工具的定置管理、考评组的现场点检开展6S的管理工作。主要围绕车间安全责任制的建立，工位危险源的识别、管控、日常安全点检，工位安全喊话等开展安全管理工作。

（三）精益管理链建设 ——JIT生产

车间在精益管理链的JIT生产管理中，以生产计划执行生产任务，异常时使用安全系统以异常处置管理办法及相关流程进行异常拉动和处理，各部门现场支撑，从而保证各条流水线的准时化生产。

（四）精益管理链建设 —— 品质管理

车间在品质管理上主要以技术作业要领的编制、培训，员工标准作业，工艺纪律检查及质量表单的管理、质量三检和质量六要素管理等展开，此外车间的工位交接制度的实施和深化，进一步加强了内部质量的管控，保证了产品的质量。

（五）精益示范线建设 —— 建立流水线

车间在工艺部门的支持、配合下，建立了多条精益流水线，这些流水线的建立保证车间精益生产的能力。

（六）精益示范线建设 —— 确定节拍

车间对各个项目的生产线进行写实，利用工序推移图、员工山积图等精益工具对写实数据进行分析，以工序调整、人员调配、工序拆分等方式对节

拍进行完善，通过生产节拍的控制，平衡生产中各种资源运动的量和速度，识别并解决生产中的瓶颈问题。

（七）工位建设 —— 定置管理

车间工位定置管理中，主要围绕工位安全定置图和现场的"三定"展开。工位划分责任区城，区域内每个定置点设定管理责任人。强化了工位全员参与工位管理，使得工位现场环境得到保持。

（八）精益示范线建设 —— 标准作业

为强化工位员工的标准作业，车间组织工艺、工位长对每个项目进行了作业要领书的编制，在现场进行目视化并进行培训。同时车间加强日常工艺纪律检查，加强对作业要领书执行情况的点检，通过点检、分析改善的PDCA模式，使车间标准作业水平迈上新台阶。

（九）工位建设 —— 管理板、表单管理

管理板、管理表单的使用和管理是公司推进精益工作的一大重要工具。车间的工位建设主要围绕管理板的维护和使用进行管理，工位管理板使用的标准15张表单，涉及工位的七大任务、六要素的规范管理，工位七大任务的状态在管理板上目视化，一目了然。

（十）建设目标达成结果

精益车间建设以来，车间推行节拍生产、利用工序推移图、员工山积图对工位作业进行分析、调整平衡，最终对生产线的整体节拍进行了压缩，由之前的12小时／节拍缩短到7小时／节拍，到现在的4小时／节拍，保障了公司各项目的顺利交付。

第四节 "点、线、面、体"推进构建精益建造体系

"精益建造"模式是集成了建造企业经营方式和管理哲学的方法体系。精益建造的推进阶段包括精益需求、精益概念设计、精益设计规划、精益方案实施、精益系统使用和改善。精益方案实施的过程分为培养精益文化、实施精益技术和工具、实现持续改进三个阶段。借鉴人力资源视角的研究，结合中国建造企业精益建造模式的推行实践，将精益建造推行阶段划分为"点、线、面、体"四个阶段，其中"点"阶段主要针对个人进行改善，"线"阶段主要针对团队进行改善，"面"阶段主要针对组织进行改善，"体"阶段主要针对企业的整个系统进行改善。

一、精益建造模式"点"阶段

该阶段主要以建筑企业员工个体改善为主，围绕现场的岗位上的静态物品进行标准化管理，对物料管理和物品方式状态的改善。该阶段是在企业最高管理者和各级高层干部的号召下，开始一系列基层员工的改善活动，为了

保证员工的参与度，需要设计有效的精益改善激励机制。在这一过程中，精益专业人才数量、长期战略中精益定位程度、精益长效机制齐套性、主业务流程增值程度和管理过程标准化程度都相对较低，此阶段关键质量目标的实现度也较为一般，但这个阶段是精益建造模式推进的基础阶段。

二、精益建造模式"线"阶段

该阶段在"点"阶段改善的基础上，主要以项目部团队（由基层作业员、班组长、工区经理、项目经理班子等组成）改善为主，围绕项目管理的动态过程进行标准化管理，对授权内的项目管理流程进行改善。在改善过程中，需要大量的高层管理者亲自号召，也需要相对有效的精益改善激励措施调研员工的参与积极性。此阶段职能部门、精益专业人才数量、长期战略中精益定位程度、精益长效机制的建立、主业务流程的增值程度、管理过程的标准化程度方面相对较弱，但通过团队改善后，关键质量目标的实现程度较高。

三、精益建造模式"面"阶段

该阶段主要以建筑企业各职能部门整体推进为主，中层管理者如部门领导要关注流程的问题，对流程进行标准化，识别非增值环节并进行优化，同时在职能管理的"面"上组织根本改善。在该阶段要求精益的高层人员、职能部门、基层员工、专业精益人才等都较高，长期战略中精益定位程度、精益改善激励、精益长效机制齐套性、主业务流程增值和管理过程标准化实现程度也都较高。经过全面阶段的精益改善，关键质量目标的实现程度较高。

四、精益建造模式"体"阶段

该阶段主要以企业整体推进为主，高层管理者以及帮助高层管理者履行职责的精益建造模式推进部主要关注体制问题，将管理机制形成标准，保障管理提升的循环不断进行，包括在整体上进行机制的改变。建造企业全面推行精益建造模式并逐步形成机制后，号召精益的高层人员数量和相关改善激励措施相对其他阶段不是非常重要，因为形成机制后一起可以固化下来，员工可以自发地进行改善。该阶段部门和员工的参与度都很高，长期战略中精益定位程度、管理过程标准化程度、关键质量目标的实现度等都达到了很高水平。该阶段的企业真正开始全面推行精益建造模式。

第六章

智能工厂建设：

开启精益制造基点

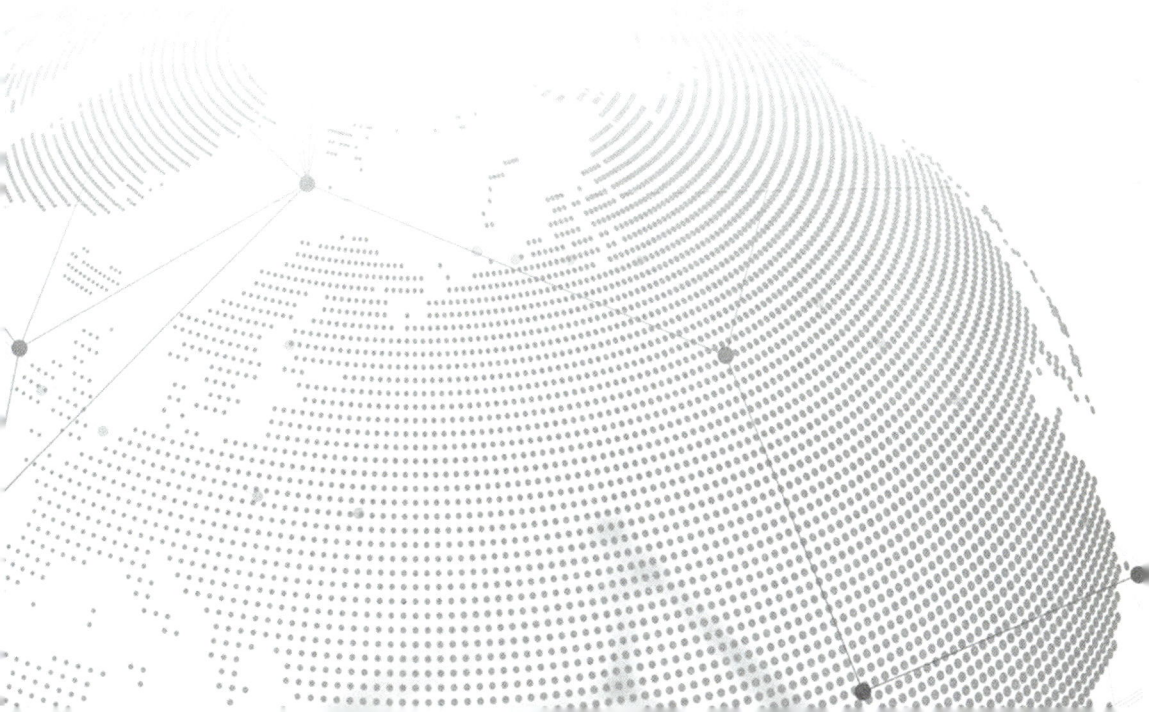

第一节 智能制造理论概述及基本范式

习近平总书记在党的十九大报告中号召，加快建设制造强国、加快发展先进制造业，要推进中国制造向中国创造转变，中国速度向中国质量转变，制造大国向制造强国转变。如何实现这样一个历史性的转变？习近平总书记指出，要继续做好信息化和工业化深度融合这篇大文章，推进智能制造，推动制造业加速向数字化、网络化、智能化发展。要以智能制造为主攻方向，推动产业技术变革和优化升级，推动制造业产业模式和企业形态根本型转变，以增量带动存量，促进我国产业迈向全国价值链中高端。

首先，我们来了解自动生产线。自动生产线是指由自动化机器体系实现产品工艺过程的一种生产组织形式。它是在连续流水线的进一步发展的基础上形成的。其特点是：加工对象自动地由一台机床传送到另一台机床，并由机床自动地进行加工、装卸、检验等；工人的任务仅是调整、监督和管理自动线，不参加直接操作；所有的机器设备都按统一的节拍运转，生产过程是高度连续的。

智能生产线是自动化生产线的升级版，充分运用了智能制造技术，它除了可以做到规模化、标准化、自动化以外，还能做到个性化定制、极少量生产、服务型制造以及云制造等新业态、新模式，其本质是在重组客户、供应商、销售商以及企业内部组织的关系，重构生产体系中信息流、产品流、资金流的运行模式，重建新的产业价值链、生态系统和竞争格局。

智能生产是智能制造的主线，而智能工厂是智能生产的主要载体。智能制造技术是在现代传感技术、网络技术、自动化技术、拟人化智能技术等先进技术的基础上，通过智能化的感知、人机交互、决策和执行技术，实现设计过程、制造过程和制造装备智能化，是信息技术、智能技术与装备制造技术的深度融合与集成。智能制造，是信息化与工业化深度融合的大趋势。

制造智能是我国制造业创新发展的主要抓手、转型升级的主要路径，是"中国制造 2025"加快建设制造强国的主攻方向。智能制造作为制造业和信息技术深度融合的产物，其诞生和演变是和信息化发展相伴而生的。从 20 世纪中叶到 90 年代中期，以计算、感知、通讯和控制为主要特征的信息化催生了数字化制造。从 20 世纪 90 年代中期开始，以互联网大规模普及的主要特征的信息化催生了数字化网络制造。当前，工业互联网、大数据机人工智能实现群体突破融合应用，开创了智能制造的新阶段。相对应于信号化技术发展的三个阶段，智能制造在严禁发展中，可总结、归纳和提升出三种智能制造的基本范式。

一、新一代智能制造技术的基本范式

一是，数字化制造，也可以称为第一代智能制造。20 世纪下半叶以来，以数字化为主要内容的信息技术广泛应用于制造领域；20 世纪 80 年代以来，我国企业逐步推进应用数字化制造，取得巨大进步。同时，必须清醒地认识到，我国大多数企业还没有完成数字化制造转型，我国必须踏踏实实完成好数字补课，进一步夯实智能制造的基础。数字化制造是智能制造的基础，其内涵不断发展，贯穿于智能制造的三个基本范式。我们这里定义的数字化制造是再生第一种基本范式的数字化制造，是一种相对狭义的定位，国际上也有多种关于数字化制造的广义定位和理论，有点像数字经济、数字社会、智能社会等等。

二是，"互联网＋"制造，数字化网络化制造，"互联网＋"制造或者数字化网络化制造，实际上是"互联网＋"数字化制造，是第二种基本范式。20世纪末，互联网技术开始广泛应用，网络将人、流程、数据和事物连接起来，通过企业内、企业间的协同和各种社会资源的共享。德国的工业4.0和美国的工业互联网深刻阐述了数字化网络化制造范式，完美地提出了实现数字化网络化的技术路线。这几年我国工业界大力推进"互联网＋"制造，一方面一批数字化制造基础较好的企业，成功实现了数字化网络化升级；另一方面大量原来还没有完成数字化改造的企业，才能并行推进数字化制造和"互联网＋"制造的技术路线，跨越了"互联网＋"的阶段。

三是，新一代智能制造，数字化网络化智能化制造。它是智能制造的第三种基本范式，也可以称为新一代智能制造，新一代人工智能技术与先进制造技术深度融合，形成了新一代智能制造。

四是，并行推进、融合发展的技术路线。智能制造的三个基本范式体现了智能制造发展的内在规律，一方面体现着先进信息技术与制造技术融合发展的阶段性特征，另一方面是融合性特征。智能制造在西方国家是串联式的发展过程，数字化、网络化、智能化是西方顺序发展智能制造的三个阶段，我国应发挥后发优势，采取三个基本范式，走一条数字化、网络化、智能化并行推进的智能制造创新之路。一方面，我国必须坚持创新引领，直接利用互联网、大数据、人工智能等最先进的技术，推进先进信息技术和制造技术的深度融合；另一方面，我们必须实事求是，因企制宜，循序渐进推进技术改造、智能升级。充分利用我国推进互联网＋制造的成功经验，企业根据自身发展的实际需要，采取先进的技术解决传统制造难以解决的问题，扎扎实实完成数字化补课，同时向更高的智能制造水平迈进。

加快发展智能制造装备和产品。组织研发具有深度感知、智慧决策、自动执行功能的高档数控机床、工业机器人、增材制造装备等智能制造装备以及智能化生产线，突破新型传感器、智能测量仪表、工业控制系统、伺服电机及驱动器和减速器等智能核心装置，推进工程化和产业化。加快机械、航空、船舶、汽车、轻工、纺织、食品、电子等行业生产设备的智能化改造，提高

精准制造、敏捷制造能力。统筹布局和推动智能交通工具、智能工程机械、服务机器人、智能家电、智能照明电器等产品研发和产业化。

深化互联网在制造领域的应用。制定互联网与制造业融合发展的路线图，明确发展方向、目标和路径。发展基于互联网的个性化定制、众包设计、云制造等新型制造模式，推动形成基于消费需求动态感知的研发、制造和产业组织方式。建立优势互补、合作共赢的开放型产业生态体系。加快开展物联网技术研发和应用示范，培育智能监测、远程诊断管理、全产业链追溯等工业互联网新应用。实施工业云及工业大数据创新应用试点，建设一批高质量的工业云服务和工业大数据平台，推动软件与服务、设计与制造资源、关键技术与标准的开放共享。

智能制造的基本范式。广义而论，智能制造是一个大概念，新一代信息技术与先进制造技术的深度融合，贯穿于产品、制造、服务全生命周期的各个环节及相应系统的优化继承，实现制造的数字化、网络化、智能化，不断提升企业的产品质量、效益，推动制造业创新、协调发展。制造智能在长期的演化中形成了许多不同的范式，包柔性制造、并行工程、敏捷制造、数字化制造等，在历史上指导制造业的转型中都发挥了积极作用。但是，众多的智能制造范式不利于形成统一的智能制造技术路线，给企业在推进智能升级的实践中造成了许多的困扰，面对智能制造不断涌现出来的新技术、新模式，需要总结基本范式，进而探讨基本范式的起源、概念、内涵，以凝聚共识，更好地服务智能制造的升级。

二、智能制造的发展模式

制造业的智能化升级是一个系统工程，需要从五个方面推进：产品智能化、装备智能化、生产方式智能化、管理智能化和服务智能化。

产品智能化。产品智能化是把传感器、处理器、存储器、通信模块、传输系统融入各种产品，使得产品具备动态存储、感知和通信能力，实现产品可追溯、可识别、可定位。计算机、智能手机、智能电视、智能机器人、智能穿戴都是物联网的"原住民"，这些产品从生产出来就是网络终端。而传统的空调、冰箱、汽车、机床等都是物联网的"移民"，未来这些产品都需要连接到网络世界。这意味着，到2020年这些物联网的"原住民"和"移民"加

起来将超过 500 亿个，且这个进程将持续 10 年、20 年甚至 50 年。

装备智能化。通过先进制造、信息处理、人工智能等技术的集成和融合，可以形成具有感知、分析、推理、决策、执行、自主学习及维护等自组织、自适应功能的智能生产系统以及网络化、协同化的生产设施，这些都属于智能装备。在工业 4.0 时代，装备智能化的进程可以在两个维度上进行：单机智能化，以及单机设备的互联而形成的智能生产线、智能车间、智能工厂。需要强调的是，单纯的研发和生产端的改造不是智能制造的全部，基于渠道和消费者洞察的前段改造也是重要的一环。二者相互结合、相辅相成，才能完成端到端的全链条智能制造改造。

生产方式智能化。个性化定制、极少量生产、服务型制造以及云制造等新业态、新模式，其本质是在重组客户、供应商、销售商以及企业内部组织的关系，重构生产体系中信息流、产品流、资金流的运行模式，重建新的产业价值链、生态系统和竞争格局。工业时代，产品价值由企业定义，企业生产什么产品，用户就买什么产品；企业定价多少钱，用户就花多少钱——主动权完全掌握在企业手中。而智能制造能够实现个性化定制，不仅打掉了中间环节，还加快了商业流动，产品价值不再由企业定义，而是由用户来定义——只有用户认可的，用户参与的，用户愿意分享的，才具有市场价值。

管理智能化。随着纵向集成、横向集成和端到端集成的不断深入，企业数据的及时性、完整性、准确性不断提高，必然使管理更加准确、更加高效、更加科学。

服务智能化。智能服务是智能制造的核心内容，越来越多的制造企业已经意识到了从生产型制造向生产服务型制造转型的重要性。今后，将会实现线上与线下并行的 O2O 服务，两股力量在服务智能方面相向而行，一般力量是传统制造业不断拓展服务，另一股力量是从消费互联网进入产业互联网，比如微信未来连接的不仅是人，还包括设备和设备、服务和服务、人和服务。个性化的研发设计、总集成、总承包等新服务产品的全生命周期管理，会伴随着生产方式的变革不断出现。

工业 4.0 要建立一个智能生态系统，当智能无所不在、连接无处不在、数据无处不在的时候，设备和设备之间、人和人之间、物和物之间、人和物

之间的联系就会越来越紧密，最终必然出现一个系统连接另一个系统、小系统组成大系统、大系统构成更大系统的情况 —— 对于工业 4.0 的目标智能制造而言，它就是系统的系统。

第二节 智能工厂的内涵及特征

近年来，全球各主要经济体都在大力推进制造业的复兴。在工业4.0、工业互联网、物联网、云计算等热潮下，全球众多优秀制造企业都开展了智能工厂建设实践。

随着新一代人工智能的应用，中国企业将要向自学习、自适应、自控制的新一代智能工厂进军。新一代人工智能技术和先进制造技术的融合，将使得生产线、车间、工厂发生革命性大变革，提升到历史性的新高度，将从根本上提高制造业质量、效率和企业竞争力。在今后相当一段时间里，生产线、车间、工厂的智能升级将成为推进智能制造的一个主要战场。

一、智能工厂的内涵及建设重点

智能工厂是实现智能制造的重要载体，主要通过构建智能化生产系统、网络化分布生产设施，实现生产过程的智能化。智能工厂已经具有了自主能力，可采集、分析、判断、规划；通过整体可视技术进行推理预测，利用仿真及多媒体技术，将实境扩增展示设计与制造过程。系统中各组成部分可自

行组成最佳系统结构，具备协调、重组及扩充特性。已系统具备了自我学习、自行维护能力。因此，智能工厂实现了人与机器的相互协调合作，其本质是人机交互。

人、机、料、法、环是对全面质量管理理论中的五个影响产品质量的主要因素的简称。人，指制造产品的人员；机，指制造产品所用的设备；料，指制造产品所使用的原材料；法，指制造产品所使用的方法；环，指产品制造过程中所处的环境。而智能生产就是以智能工厂为核心，将人、机、法、料、环连接起来，多维度融合的过程。

在智能工厂的体系架构中，质量管理的五要素也相应地发生变化，因为在未来智能工厂中，人类、机器和资源能够互相通信。智能产品"知道"它们如何被制造出来的细节，也知道它们的用途。它们将主动地对制造流程，回答诸如"我什么时候被制造的"、"对我进行处理应该使用哪种参数"、"我应该被传送到何处"等问题。

企业基于 CPS 和工业互联网构建的智能工厂原型，主要包括物理层、信息层、大数据层、工业云层、决策层。其中，物理层包含工厂内不同层级的硬件设备，从最小的嵌入设备和基础元器件开始，到感知设备、制造设备、制造单元和生产线，相互间均实现互联互通。以此为基础，构建了一个"可测可控、可产可管"的纵向集成环境。信息层涵盖企业经营业务各个环节，包含研发设计、生产制造、营销服务、物流配送等各类经营管理活动，以及由此产生的众创、个性化定制、电子商务、可视追踪等相关业务。在此基础上，形成了企业内部价值链的横向集成环境，实现数据和信息的流通与交换。

纵向集成和横向集成均以 CPS 和工业互联网为基础，产品、设备、制造单元、生产线、车间、工厂等制造系统的互联互通，及其与企业不同环节业务的集成统一，则是通过数据应用和工业云服务实现，并在决策层基于产品、服务、设备管理支撑企业最高决策。这些共同构建了一个智能工厂完整的价值网络体系，为用户提供端到端的解决方案。

由于产品制造工艺过程的明显差异，离散制造业和流程制造业在智能工厂建设的重点内容有所不同。对于离散制造业而言，产品往往由多个零部件经过一系列不连续的工序装配而成，其过程包含很多变化和不确定因素，在

一定程度上增加了离散型制造生产组织的难度和配套复杂性。企业常常按照主要的工艺流程安排生产设备的位置，以使物料的传输距离最小。面向订单的离散型制造企业具有多品种、小批量的特点，其工艺路线和设备的使用较灵活，因此，离散制造型企业更加重视生产的柔性，其智能工厂建设的重点是智能制造生产线。

二、智能工厂主要建设模式

由于各个行业生产流程不同，加上各个行业智能化情况不同，智能工厂有以下几个不同的建设模式。

第一种模式是从生产过程数字化到智能工厂。在石化、钢铁、冶金、建材、纺织、造纸、医药、食品等流程制造领域，企业发展智能制造的内在动力在于产品品质可控，侧重从生产数字化建设起步，基于品控需求从产品末端控制向全流程控制转变。

第二种模式是从智能制造生产单元（装备和产品）到智能工厂。在机械、汽车、航空、船舶、轻工、家用电器和电子信息等离散制造领域，企业发展智能制造的核心目的是拓展产品价值空间，侧重从单台设备自动化和产品智能化入手，基于生产效率和产品效能的提升实现价值增长。

第三种模式是从个性化定制到互联工厂。在家电、服装、家居等距离用户最近的消费品制造领域，企业发展智能制造的重点在于充分满足消费者多元化需求的同时实现规模经济生产，侧重通过互联网平台开展大规模个性定制模式创新。

三、智能化生产线的特征

智能生产和传统的生产相比，智能生产系统具有以下特征：

1. 自律能力

即搜集与理解环境信息和自身的信息，并进行分析判断和规划自身行为的能力。具有自律能力的设备称为"智能机器"，"智能机器"在一定程度上表现出独立性、自主性和个性，甚至相互间还能协调运作与竞争。强有力的知识库和基于知识的模型是自律能力的基础。

2. 人机一体化

IMS 不单纯是"人工智能"系统，而是人机一体化智能系统，是一种混合智能。基于人工智能的智能机器只能进行机械式的推理、预测、判断，它只能具有逻辑思维（专家系统），最多做到形象思维（神经网络），完全做不到灵感（顿悟）思维，只有人类专家才真正同时具备以上三种思维能力。因此，想以人工智能全面取代制造过程中人类专家的智能，独立承担起分析、判断、决策等任务是不现实的。人机一体化一方面突出人在制造系统中的核心地位，同时在智能机器的配合下，更好地发挥出人的潜能，使人机之间表现出一种平等共事、相互"理解"、相互协作的关系，使二者在不同的层次上各显其能，相辅相成。

因此，在智能生产系统中，高素质、高智能的人将发挥更好的作用，机器智能和人的智能将真正地集成在一起，互相配合，相得益彰。

3. 虚拟现实技术

这是实现虚拟制造的支持技术，也是实现高水平人机一体化的关键技术之一。虚拟现实技术（VirtualReality）是以计算机为基础，融合信号处理、动画技术、智能推理、预测、仿真和多媒体技术为一体；借助各种音像和传感装置，虚拟展示现实生活中的各种过程、物件等，因而也能拟实制造过程和未来的产品，从感官和视觉上使人获得完全如同真实的感受。但其特点是可以按照人们的意愿任意变化，这种人机结合的新一代智能界面，是智能制造的一个显著特征。

4. 自组织超柔性

智能生产系统中的各组成单元能够依据工作任务的需要，自行组成一种最佳结构，其柔性不仅突出在运行方式上，而且突出在结构形式上，所以称这种柔性为超柔性，如同一群人类专家组成的群体，具有生物特征。

5. 学习与维护

智能生产系统能够在实践中不断地充实知识库，具有自学习功能。同时，在运行过程中自行诊断故障，并具备对故障自行排除、自行维护的能力。这种特征使智能制造系统能够自我优化并适应各种复杂的环境。

第三节　推进智能生产线的实施要点

一、策划阶段及实施要点

策划阶段是整个项目智能生产线建设的第一个阶段，是为了实现建设高效运行的生产线的目标，应用精益思想和方法，对项目进行构思、设计、制作智能生产线实施方案的过程。

一是做好设计模块化和简统化工作。设计模块化和简统化都是为了降低产品设计成本和控制设计风险。为此，需要在之前各产品设计过程中积累广泛的数据和经验的基础上，针对智能化生产中新产品、新结构和新工艺的"三新"项点，进行重点识别，开展针对性的设计工作。

二是做好产品设计满足标准化要求的工作。标准化要求设计是实现系统流程生产的基础和前提，设计部门应遵循精益研发的思想，实现研发流程标准化，为实现安全、高效生产做好铺垫。

其次，工艺部门、设计部门和精益推进部门组成智能化生产项目组，编制推进计划。工艺部门要牵头成立相应的组织机构，明确生产系统的工作进度、

工作要求、工作机制等情况，而项目组的人员应有丰富的经验和较强的工作能力，为智能生产线的下一步工作开展打好基础。

二、启动阶段及实施要点

启动是按照项目计划由工艺部门组织识别完善"三新"项点，编制试制工艺方案，明确执行计划，确定实施内容，实质上启动只是整个智能化生产线建设的一个标志性的节点。在这个节点上，由牵头实施智能生产线的工艺部门召集项目组成员单位，召开启动大会，将生产所需的"大要素"进行明确，并向所有单位明确各模块的建设任务，在此阶段对本生产系统所涉及的任务进行细分和研究，制订相应的推演实施计划。

三、准备阶段及实施要点

准备是通过对智能生产线实施方案的进一步分解与细化，根据启动中各模块的工作任务，从生产、工艺、管理等方面入手，对生产线所要推演的具体项点进行明确与安排的过程，是整个生产线建设最实质的工作阶段。

从目标角度来说，准备阶段所有开展的工作都是为了实现后期生产线的推演验证以及对实物生产线的工位化支撑，即要明确本项目的准备项点。生产线工位上开工前六大要素的准备满足情况，是准备阶段所有工作的重点。因此，需要先分析六要素在开工前的要求以及后期工作的要点，从而推动准备阶段的实施。

"人"要素："人"要素的准备情况需要重点关注，包括人员配置到位且满足相关项目经历及绩效成绩要求，操作人员的资质是否符合要求，开工前的培训情况，操作人员的实际操作技能水平。因此，相关部门需要按照清单配备生产所必需的人员，而人员的理论基础和技能水平等须满足智能化生产的重要条件。在保证了理论资质符合的前提下，可以对员工进行工作试件并检验，只有试件质量符合要求，才能确保具备实际操作技能。

"机"要素："机"要素的准备主要体现在生产进行时所需要的设备、工艺装备等的到位情况，也就是工序施工所需要的设备和工艺装备是否能得到有效配备，并完成安装、调试和验收等工作，因此，在新的设备投入到生产之前，相关部门便对设备进行验证试验，并出具设备的验证报告，或者对新设备进行试件生产，以试件的合格率确保新设备的状态良好，能满足工艺的

要求。同时，工艺装备应按要求出具相应的检测合格报告，应按清单将各类工具配备到生产工位上。

"料"要素：对于"料"要素而言，工序施工时所需要的物料，包括工艺用料的到位情况，是主要的关注点。由于产品的复杂性，所需的物料需按内外部的供应区别对待，而在准备阶段，应更多关注风险系数相对更大的外部采购物料，对外购件的鉴定和入库的情况 —— 如果存在，还需关注其复验的情况。因此，需要先合理分制工序并明确产品物料明细在实施时关注现场或库房内物料的到位和质量状况，必要时要实施各类检验手段，相关部门要提供鉴定报告、原材料复验清单及报告等。

"环"要素："环"要素是生产的辅助性要素，却对生产能否安全正常开展起着限定性作用。相关人员需要到现场查看温湿度仪表的有效性，并提供相关记录并编订现场的生产安全地图，以确保现场环境能满足工艺需求。

"测"要素："测"要素实质上是"法"要素的衍生。相关人员要在生产进行工序检验的策划，制订检验计划、检查记录、检验指导书等相关检验文件，并重点针对检测的设备、工具、量具和样板等的配置情况进行检查。同时，对相关的检查人员要进行培训，使之了解检查工序成部件的要求。

以上便是从目标角度，明确了在开工前"六要素"准备的要求，智能生产线的服务对象是实物生产线上的生产工位，再细分下去，就是工位上的"六要素"。

因此，从结果角度来说，准备阶段，就要形成并输出一整套支撑"六要素"完备情况的标准文件的框架，并明确各个单元的模块任务，以便后期进行推演；准备阶段应该根据前期制订的计划按照不同的产品项目的特性，通过工艺部门进行的工艺方案的策划、设计和评审等工作，开展生产技术的准备工作，并结合工艺试验的结果，开展针对文件的设计工作。在文件设计完成的基础上，开展对人员情况的设计、对装备情况的设计、对物料情况的设计、对安全环境的设计和指向工位的设计。

具体来说，文件设计工作主要在前期工艺策划方案的基础上，重点针对"法""测"要素的设计工作。具体来说，主要是针对本项目，由各分管工艺

师识别分管范围内的关键、特殊、风险工序并报工艺技术分管人员，以关键、特殊、风险工序工艺文件汇总表形式公布，进行潜在失效模式分析；编制作业指导书、工艺规程、工艺流程图、工艺平面布置图等工艺文件，以及检验计划、检验作业指导书、质量检前记录等检验文件。

人员设计模块，人力资源部门在工艺定员的基础上，结合各生产单位提报的人员需求组织对现有人员满足情况进行分析，通过人力资源调配等手段进行人力资源平衡，对未满足资质等岗位需求的人员进行培训。

装备设计模块，根据工艺文件提出的设备、工装（包含物料配送定置）、工量具清单，装备管理部门对既有设备进行符合性分析，由工艺部门组织对工装、工具进行符合性分析，检测部门组织对量具和探伤等设备进行符合性分析。对缺少或不符合的装备，由工艺部门进行相关的设计，进行内部制作或直接由采购管理部门展开外部采购流程，最后交由装备管理部门进行内部配置和管理。

物料设计模块，根据产品图样、工艺文件，由工艺管理部门对本项目产品所需物料的消耗定额进行提报，汇总至生产准备，生产准备根据分工 BOM、材料消耗定额，建立 ERP 系统的产品结构树（制造 BOM）；根据长周期外购清单和分工 BOM，由采购部门编制采购计划，由生产管理部门编制负荷计划；同时，生产部门根据工艺流程图、营销合同、采购计划、负荷计划、生产技术准备手册等制订生产作业计划，生产单位据此提出物料需求计划，制定物料现场定光方案和物流路线需求，再由外部物流部门进行配送方案的明确。

安环设计模块，安全管理部门根据工艺文件（作业方式）、工艺平面布置图等，对工序危险源进行分析，提出工序危险源清单，提交生产单位和工艺部门，由生产单位制定安全地图、防范措施和安全点检表，而工艺部门负责完善作业指导书中防范措施。同时，对于工序中的特殊过程，需依照企业针对特殊过程的程序文件进行过程分析，提出特殊过程的能力确认表等。

以上，我们对生产线建设的最关键阶段——准备阶段进行了论述，明确了准备阶段的"六要素"的要求，并结合要求开展各模块的设计；明确了相关模块的准备所需进行的具体工作，以便在后期推演过中进行改善。

四、推演阶段及实施要点

推演是各单位按照计划及各自负责内容对生产系统"六要素"进行方案实施、点检，通过推移演练，梳理管理思路，发现问题、瓶颈和实施难点的过程。

生产线启动阶段完成后，开始进入实际操作阶段，由于是一个新项目，虽然经过前期策划阶段的详细规划，在准备阶段也进行了各模块任务的梳理，但在具体重演实施的时候，仍然会遇到许多前期未考虑周全的问题。因此，推演是一个不断实施、验证发现问题并改善的过程。

推演实质上是一个过程性的点检工作。按照生产线推演点检准实质上可以将推演工作分为两大块实行，即针对管理文件的项目任务点检和针对工作现场满足情况的工作点检。项目任务的点检主要是对项目组负责的任务模块进行推进和问题暴露处置，而点检则由生产单位对项目组输出给现场工位的过程性准备进行动态及时的点检反馈。

在推演阶段，各单位要明确自身的生产任务，明确自己部门对智能生产线的输出要素和输入要素的标准要求；同时，由于一些流程的接口需要两个或多个部门的衔接，这时就需要做好部门间的管理协同。管理协同是推演阶段最需要关注的项点，做好管理协同需要做好两个关键点。

一是节点协同。节点协同主要是指流程相关方在业务流转的时间节点上必须明确。不同的部门在管理流水线上就相当于是多个管理工位，要做到这些管理工位的业务流转的无缝连接，消除流程的时间浪费，必须严格定义好时间节点，并制定一个多方共同认可且必须遵守的规则，同时做好对过程进度的动态跟踪控制。

二是标准协同。对于在管理流水线内流转的业务流程的输出内容标准必须前后协同，消除因管理孤岛和部室各自为政导致接口标准不统一而产生的返工浪费。具体来说，就是统一各部门间流转的管理文件的标准格式，统计口径甚至文件版本，等等。在流程接口清晰的基础上，建立信息化、可视化的信息管理平台系统是实现推演阶段管理协同的最直接有效的方案。

五、评估阶段及实施要点

评估是针对推演的过程进行总结，对产生的各类问题进行风险评估、

分析和整改，为验证做好开工准备的过程。在评估阶段，需要做好两个方面的重点工作。

一是由工艺管理部门组织，召开对准备和推演阶段的问题的总结评估会议，总结准备阶段、推演阶段实施情况，对推演阶段的过程性点检发现的问题进行风险评估，依照重要和紧急的程度落实整改方案，并制定防止再发生的措施和制度。

二是正式开工后，由生产制造单位组织进行点检，有车间组织工位按照开工点检表明细进行确认、点检，未配齐的项点在备注中进行说明；点检中发现的问题按异常处理程序解决。实际上，这个过程是对整个智能生产线建设的结果性的点检，各管理部门在自我的过程性点检和经过评估会议整改后，编制本部门的开工点检单，由生产单位进行实地确认，以保证正常试制开工。

六、验证阶段及实施要点

验证是指生产制造单位在生产线前期建设形成的工位文件和评估报告的基础上，按试制计划进行试制，将试制过程中产生的异常及问题点及时反馈给相关部门，并在问题整改后不断优化管理文件，从而为生产系统打下坚实基础的过程。

在验证阶段，生产制造单位及时将试制过程中遇到的异常问题反馈给相关部门，各职能部门按照部门职责对智能生产线"六要素"项点进行实物验证，试制结束后各部门针对验证过程中的问题进行汇总归纳、分析，工艺部门组织对智能生产线进行最终评审和完善。最终，各部门将验证合格的"六要素"标准文件输出给生产流水线，完成模拟生产线向实物生产线的转换。

当然，虽然经过试制验证合格，以"六要素"标准为内容的工位管理标准文件仍然有暂时未暴露的问题，在日后的实物量产阶段，仍然要进行持续的改善。但是，智能生产线的整个建设，已经最大限度地降低了在实物生产阶段可能出现的各类异常问题点，使问题的暴露和处置都得到了有效的前移，保障了实物量产阶段的过程稳定性。

第四节　完善基础操控系统，构建智能生产平台

近年来，京张高铁不断完善基础控制系统，搭建数字化生产、智能化管控的生产制造工艺平台，为智能工厂建设打下了良好的基础。

聚焦"五力建设"。按照"全面感知、全程管控、优化协同、科学决策"的总体要求，制定了智能工厂发展规划，聚焦"六力建设"，探索系统保质量、数据提品质、平台促管理的新模式——以全员管控为手段，提升过程质量"管控力"；以健康评价为突破，优化设备保障"诊断力"；以优质高效为目标，强化物流供应"保障力"；以数据应用为基础，提高管理决策"洞察力"；以互联移动为依托，激发党团建设"凝聚力"。

提升"两个实力"。企业从平台建设和体系保障出发，搭建起信息网络、"云"化资源、企业级微应用等三大平台，夯实智能化工厂建设的"硬实力"；积极构建信息安全保障体系，提升智能化工厂建设的"软实力"。

推进"三个转变"。一是信息化从保障支撑向价值贡献转变，打造集"生产调度指挥、工艺过程监控、质量水平分析、成本能耗管理"职能于一身的"生

产集控中心"。二是大数据分析从局部探索向深度挖掘转变，借助数据解决业务流程节点、管理方向中存在的痛点。三是信息化应用从工厂内部向跨界合作转变，实现外部材料供应和内部生产配送的系统化、流程化，提高工厂内外供应链运行效率。

打造智能控制新模式。智能控制是在无人干预的情况下，设备自适应环境，自主驱动机器实现控制目标。通过自主设计和改造，目前已实现了对生产线的智能控制。

为升级企业的"操作系统"，京张高铁将卓越绩效模式与精益理念相融合，以信息化工具为引擎，结合自身特点，构建了以精益流程管理平台、情报知识管理平台、生产绩效分析平台为支柱的运营管理系统，具体表现如下：

以"面向对象"为原理，构建精益流程管理平台。为使日常运营更加高效、顺畅，企业着力于强化流程与流程之间、人与流程之间的连接，引入流程管理信息化工具，建设精益流程管理平台，实现流程的网络化写实，提高流程网络的完整性和可靠性，保障流程梳理与优化的便捷性、自驱动和可持续，使流程与管理体系高度整合、员工与流程高度关联，企业运营基于流程有序高效地开展。

以"去中心化"为核心，构建情报知识管理平台。着力于增强人与人之间、人与事之间的连接，主导设计、建设了"去中心化"的情报知识管理平台，并配套相应的移动客户端，实现员工智慧和知识的显性化。

以"多维分析"为诉求，构建生产绩效分析平台。聚焦质量、成本、效率、库存四个方面，选择设备综合效率、质量指数、库存周转次数、生产物耗指数四大指标进行建模设计，构建起生产绩效多维测量分析平台。通过信息化工具，实现"指标细节化、数据关联化、分析模型化"。

智能制造平台将轨道过程中所涉及的视频监控、环境监测、设备监控、人员管理、项目管理、项目维护等功能融合到一个平台，并延伸开发出在线办公、在线指挥生产等其他多种实用功能，而且它提供的是云服务，极大地突破了地域和空间的限制，用户可随时随地通过平台处理事务，大大地提高了工作效率。

管理者通过该平台，可实现对施工现场的全天候实时监控，降低施工安全事故的发生率；实时监测生产产品的产量以及合格率，随时掌控生产状况。

京张高铁实施智能控制系统，取得了显著成效，体现在以下几个方面：

创新能力明显增强。自主创新体系更加完善，拥有一批关键核心技术和自主知识产权体系，形成了一批具有自主知识产权的发明专利，数量达 500 余件。

融合发展全面深化。信息技术在生产重点领域的渗透融合水平明显提升，装备数控化率显著提高，智能制造模式广泛推行，信息技术应用（尤其是管理的信息化）得到创新，装备数控化率达 70%，机器联网率达 40%。

质量效益持续提升。制造质量显著改善，高铁装备发展的质量和效益总体达到国内先进水平，进一步推动了京张高铁管理部在行业内的竞争力。

绿色发展加快推进。生产领域用能效率和资源集约利用水平明显提升，工业污染物排放显著减少，循环经济发展成效突出，绿色制造体系基本形成。京张高铁工业增加值能耗下降幅度、工业增加值用水量下降幅度和工业增加值污染物排放量下降幅度均达到计划目标。

第七章

八大管理平台：

构建精益管理基石

第一节　计划控制精益管理建设及实践

精益生产的两大支柱是准时化和自动化，JIT 生产，采用节拍生产计划管理方式。拉式生产就是从市场需求出发，根据市场需求来生产产品，借此拉动前面工序的生产加工。每个生产部门、工序都根据后向部门以及工序的需求来完成生产制造，同时向前向部门和工序发出生产指令；在拉式生产中计划部门只制订最终产品计划，其他部门和工序的生产是按照后向部门和工序的生产指令来进行的。根据"拉动"方式组织生产，可以保证生产在适当的时间进行，并且由于只根据后向指令进行，因此生产的量也是适当的量，从而保证企业不会为了满足交货的需求而保持高水平库存产生浪费。

一、拉式生产的概念

计划控制管理线方式是一种通过只补充后工序当前需求的资源，来达到控制资源流动的生产管理系统。它是丰田精益生产两大支柱之准时化生产得以实现的技术承载，与生产计划管理线相对应的是推进式生产。拉式生产是

始造者大野耐一先生凭借超群的想象力，从美国超市售货方式中借鉴的生产方法。传统的推动式生产，是前一作业将零件生产出来"推给"后一作业加工；在拉式生产中，则是由后一作业根据需要加工多少产品，要求前一作业工序制造正好需要的零件。运用好拉式生产能杜绝搬运、仓储、过时产品、修理、返工、设备、设施、多余存货（包括正在加工的产品及成品）等各项浪费，迅速地降低制造成本和管理成本，并能有效地缩短从投产到产品交付的整个制造周期。

二、推式生产与拉式生产的区别

推式生产和拉式生产的主要不同点是一个是用实时事件驱动信号来控制价值流，一个是用非实时的计划运行来控制价值流。

在推式生产的环境下，主要按照客户需要节拍时间生产，尽可能开发连续的流程，而且生产过程有各种不同的变化，生产很少能与计划精密地吻合。因此，当每道工序专注于自己的计划表时，它们就像一个个"孤岛"，与下游工序分割开来，每道工序根据自身的特点，制定自己的批量，而不是从整个价值链的角度去制订生产计划，这种情况下，就会堆积库存，这种推动式生产的连续流动几乎无法实现，调度员是整个生产线的关键人物，往往也是整个生产线的救火队员。

在拉式生产的环境下，主要按客户需求节拍时间进行生产，尽可能开发连续流程，将客户订单下达到最后工序，各工序按照看板进行生产计划管理，整个过程可以小批量甚至单件流，无中间库存或缓冲且所有不必要的移动都消除，这种产品通过生产流程流动的方法可以被优化，其优化的结果就是库存被消灭了，在生产环境中典型的高成本因素物料成本可以被减少。

三、推式生产向拉式生产转变的五个阶段

从推式生产向拉式生产转变的整个过程，大致需要经历五个阶段。

1. 前推或预先排定：排定每个作业步骤的生产量，往前相至下一个生产步骤。

2. 后拉看板：上工序对下工序顾客取走的物品进行补货。

3. 顺序后来：按照顺序从后向前拉动。

4. 先进先出顺序：明确规定不连接的作业步骤之间的在制品数量的标准，采取先进先出的顺序。

5. 持续的无间断流程：各作业步骤连接起来，之间没有存货。

四、京张高铁计划控制管理实践

结合企业的总体订单情况及要求，因订单复杂性、客户交付周期、产品质量运营安全成本持续降低等多方面的要求，企业由传统的推式生产向生产计划管理线转变迫在眉睫。京张高铁通过一系列的计划控制和推进，收到了显著成效。

（一）以消除浪费为目标的观念转变

计划控制管理线建设初期，围绕 6S 目视化、消除浪费为目标，结合精益培训及集中外训，对主要领导及推进人员进行精益理念培训与实作演练，通过学、做、悟体会生产计划管理线的精髓，从消除浪费的角度进行观念的转换，达成众人一事、众口一词的总体目标，为生产计划管理线的推进构建统一的语言和路径。

（二）以节拍为输入的工艺管理线

根据客户需求，结合自身制造资源，确立生产节拍，进一步明确工艺流程、工序分割、工位作业内容、生产物料、物流配送方案、储运一体化工装、工艺装备、人员资质、设备工具、工艺路线、作业指导书等相关文件载体，以生产现场的最小作业单位为载体，形成模块化的工艺设计模块，确保工艺规划与现场作业相结合。

（三）以模拟点检为手段的开工保障

在项目试制节点前，识别"三新"（新材料、新结构、新工艺）项点，通过"三关"（模拟关、验证关、协同作战关），最大限度地保证项目高效、安全地执行；设计模拟现场工位节拍，推动开工前工位所需资源的准备工作；通过对试制节拍的模拟及验证，减少生产异常、缩短试制周期，使批量生产能够尽早进入节拍式生产。

模拟生产线作为工艺流水线的输出，是在产品试制之前，由工艺部门牵头，按照生产工位实际管理要求，以项目中涉及的"三新"即新结构、新工艺、新材料为重点，将生产工位任务及标准作业管理落实到工位有形的"六要素"

管理中，并对工位"六要素"内容进行模拟仿真运行，提前暴露并解决问题；经过观场试制模拟验证，形成模拟生产线，是管理流向实物流转换的衔接点，从而有效验证和规范量产前的各种准备情况，对发生的异常问题进行有效拉动和处置预防，是生产工位生产运行时各项管理标准的总和。

（四）以标准作业为基础的稳定作业

通过实施标准作业，分析工序瓶颈的同时，深化作业要领书的应用，规范现场施工人员的动作，明确施工过程中的要点，提高产品的作业质量和效率，同时作为新员工的培训教程和现场管理者管理的工具。

作业要领书是对经验的积累和教训的归纳，是实现作业标准化的依据和工具。既能使操作者微观了解工艺各步骤的具体要求，还能掌握必要的技能技巧，提高效率，提高质量，保证作业安全。

作业要领书内容包括对应的产品，对应工位的工艺完整性，作业顺序、作业要领、安全预知要领、劳保防护用具、规定现场施工人员的作业资质、质量相关要求等，确保工位的作业标准化，实现节拍的稳定化。

（五）以持续改善为目标的节拍优化

通过生产试制及节拍拉动，分析生产过程中的瓶颈工序或质量问题点，通过持续的员工改善活动、工艺优化、设计优化、工具优化等多种方式，持续不断地开展作业时间优化活动，使作业时间与节拍时间趋于平衡，达到节拍计划控制管理的总体要求；通过员工改善活动的持续升温，构建起全员参与改善、全员乐于改善的文化氛围。

（六）以节拍拉动计划为主线的生产组织方式

按照节拍计划控制管理线组织方式的要求，根据客户需求交付计划要求，在每一订单开始或换产前确定生产节拍、生产顺序，确定各项目生产推移计划。在实际生产控制过程中，结合月度生产实际情况，生产部门展开了多项目推移计划滚动更新、生产进程明示管理，所有项目以生产单位按月度指导生产，通过计划平衡会确定当月计划目标，每月更新生产推移计划，组织各制造单位按月度更新工库推移计划。以即时滚动的生产推移计划指导物流、指导采购。

采购部根据项目计划和多项目推移计划编制采购计划；物流中心根据多项目推移计划和库存管理编制物料需求计划。将采购计划、物料需求计划与生产计划统一起来，加强了内部供应链的协调、供应商的协同管理，避免了强调其中一项管理活动而忽略了它们之间的联系，降低采购环节的不确定性，实现对物料的滚动预测和共用件的预测。

生产部每月下发委外件生产计划，指导各外协厂家生产供应外协件。

物流部门根据多项目推移计划和库存管理编制物料需求计划，并按月度更新发布；采购部根据物料需求计划制订交付节点计划；供应商根据交付节点计划准时化供货。

（七）以看板拉动为载体的物流配送体系

结合精益的方法和理念规划生产车间的整体设备布局，严格按照工艺流程从整体上设计生产流程，保证各工位之间搬运次数最少，运输路径最短。

通过按照流水线重新调整设备布局，并设置固定的工序工位，确定时间节拍，将两个产品生产节拍设定为生产单件流的批次，保证流水线上的部件搬运、传送时间最短，将物流配置在流水线的两侧，以便物料方便取用。

内部物流配送与外部物流（供应链）管理。通过全面改善内部物流、优化外部物流，并以 ERP-SAP 强大的功能为支撑，搭建全方位的高效的信息化平台，构建三位一体的物流体系，实现物流与信息流的同步，提升物流效率，拉动物料的快速流动。

在内部物流配送方面根据自身产品特点，制定了符合自身需要的PFEP(plan for every part) 表，建立线边超市以及可视化的地址系统，并进行物流路径、先进先出的设计规划与标准化物流容器改进，以看板拉动为导向实施标准化配送方式，确保准时化供货通畅，满足生产物流拉动的要求。

在外部物流（供应链）管理方面，建立以客户需求为源头的拉式供应链，采用固化的货车直线运输配送线，品质检验前置来料免检日配送，并实施可循环的专用标准物流容器，达成推拉结合的物料供应系统；并增加了风险评估机制，对供应商产品质量和进度进行评价分析，形成有质量保障的完整的供应链管理。

（八）以快速响应的异常处置流程为载体的过程保障

构建现场安全管理系统，明确异常问题处置流程，以信息化的手段传递异常问题信息建立时效性异常处置节点，以层级上报机制保障异常问题的处理实效，提高现场异常处理速率，保障节拍拉动过程部件的顺利流转，满足产品节拍的总体要求。

（九）以节拍达成率和质量管控指标为抓手的保障体系

各生产单位以精益生产日报为载体，统计发布项目节拍达成率，创建赶超比拼的氛围，进一步激励现场改善活动，同时缩短异常问题的处置时间。

以推移计划为基础，引入色彩管理，规范生产日报，通过生产推移计划与日报有机结合，对计划完成情况监控实现动态化控制、简约化管理。通过色彩对比体现日计划进展情况；通过规范生产日报，生产计划与实际完成情况能够一目了然地反映在生产推移表中，可以非常清楚地了解生产计划安排与生产进展情况，为加强生产过程控制提供了便利的条件，便于及时发现重大异常问题，快速做出决策。

第二节　质量管理精益建设及实践

精益质量管理是对作业系统质量、效率、成本综合改善的方法，是在精益生产与六西格玛关于作业系统相关理论方法基础上，吸收其他关于作业系统综合改善的相关理论和方法形成的管理模式。精益质量管理"精益"的研究重点是作业系统，重点是效率改善，其核心工具是 JIT 指令；"质量"的研究重点是作业工序，重点是质量改善，其核心工具是 Cpk 指标。

对制造企业而言，管理革新可先以精益质量管理为切入点，精益质量管理方法能够实现作业系统质量、效率和成本的综合改善，克服原有生产项目与质量项目相互孤立以及项目切换困难的弊端。在针对作业系统和作业工序的精益质量管理取得成效后再扩展到精益生产或六西格玛管理，将更利于企业实施应用精益生产和六西格玛管理成果，促进企业管理变革的推行，达到管理显著改善的最终目的。

一、精益质量管理的理论学研究

（一）精益质量管理来源

20世纪80年代，在生产管理领域和质量管理领域分别基于企业实践进而理论总结形成了两个革命性的理论，即精益生产管理与六西格玛管理，这分别来源于日本与美国的两种理论，随着中西方企业的竞争与合作，逐渐被我国企业重视并掀起了学习和应用的热潮。

由于中西方文化的差异，中西方管理基础的差距，重视程度及资源投入的差距，以及对理论内涵理解的偏差，精益生产与六西格玛在我国的应用仍处于曲高和寡的状态，表现为一方面是尝试应用的企业数量少，另一方面是多数应用效果不理想，尤其是资金和人才相对受限情况下的中小规模企业。

笔者认为，精益生产与六西格玛这两种理论在我国应用不理想除前述原因外，二者没有有效结合并找到更好的切入点是应用不理想的一个重要原因。从二者各自核心思想看，精益生产强调减少浪费，强调生产效率的改进；六西格玛强调减少偏差或波动，强调质量的持续改进。质量、效率、成本在管理过程中尤其是生产过程中相互伴随密不可分，因而改进过程中孤立改善某方面常会限制改进效果。

精益生产与六西格玛从理论上看实际已有部分交叉。比如精益生产方式两大支柱之一的JIT（三及时，或称准时制）其重要依托是可靠的产品质量，甚至于称为零缺陷质量；另一支柱自动化（包括人的因素的自动化）其特色是自动防错装置，目的是保证质量的高效率。从六西格玛角度看，质量是广义的质量，偏差也可表现为时间的偏差、数量的偏差等，精益生产中JIT指令就可纳入六西格玛方法度量。另外，二者在成本与浪费方面均有关注，只是角度有所区别。精益生产与六西格玛除交叉部分外，各自均有相关理论方法和特色应用模式。如精益生产强调的均衡生产、JIT拉动式、看板工具、6S基础、改善活动；六西格玛独特的度量方法、六西格玛项目模式、绿带黑带等组织模式等。

基于对中小型制造企业推行管理变革特点的认识，以及对作业体系和工序中质量、效率、成本三者关系的理解，我们认为把精益生产与六西格玛中围绕作业体系和作业工序的方法提取出来，并结合其他相关方法，形成针对

作业系统和作业工序的质量、效率、成本综合改善方法，并以此为总切入点，将有利于企业进行管理革新，此方法我们称为精益质量管理。

精益质量管理是综合精益生产和六西格玛各自特定成果而形成的方法，而精益生产和六西格玛仍独自保持原有体系。对制造企业而言，管理革新可先以针对作业系统和作业工序的质量、效率、成本综合改善为使命的精益质量管理为切入点，取得成效后再扩展到精益生产或六西格玛管理，将更利于企业实施应用精益生产和六西格玛管理成果，促进企业管理变革的推行，达到管理显著改善的最终目的。

（二）精益质量管理方法

精益质量管理中"精益"的核心工具是"JIT指令"，即实现生产经营各环节间"准确的产品、准确的数量、准确的时间"。JIT指令的特征是要求各作业子系统间的协作，要求各子系统中各作业工序间的协作。"精益"的管理目标是通过各级JIT指令的实现以达到整个作业系统的"JIT"，从订单交付角度看就是要达到订单交付时"准确的产品、准确的数量、准确的时间"，实现客户满意。

精益质量管理中"质量"的核心工具是"Cpk指标"，即工序能力评价指数。根据作业系统的构成，Cpk指标在作业工序Cpk指标基础上，根据作业体系

构成，形成各作业子系统 Cpk 指标和作业系统的 Cpk 指标。Cpk 指标是衡量作业工序加工精确度和加工准确度的综合指标。Cpk 指标是作业工序质量能力评价的指标，可作为质量的要求，也可反映实际质量状况。Cpk 指标是保证 JIT 实现的重要条件。

精益生产管理提出了 JIT 要求，却未借鉴六西格玛管理方法对 JIT 进行度量评价，精益生产提出了为下工序交付准确的产品，却未结合实际质量状况进行评价和应对，而以"零缺陷"一笔带过。六西格玛管理强调了度量的作业，并给出了六西格玛水平这个度量工具，却未针对作业系统 JIT 三要求进行度量。可见，综合精益生产和六西格玛各自优点的精益质量管理弥补了双方各自的不足，在针对作业系统和作业工序的 JIT 要求和度量、Cpk 要求及评价方面具有应用价值，能弥补原有孤立方法在作业系统管理改善效果方面的不足。

（三）精益质量管理推行

精益质量管理借鉴和综合了精益生产和六西格玛管理的研究成果，根据其特点应采取相应策略。精益质量管理推行的切入点是作业工序，主抓的重点是标准化作业，进而转入作业系统的精益管理改善阶段，通过作业系统和作业工序的精益质量管理拉动外围相关工作的改善。

精益质量管理离不开度量和反馈，除 Cpk 可以度量工序标准化执行结果外，对 JIT 指令的执行情况要纳入度量，即从偏差或波动的角度分析工序对 JIT 相关要求的保障程度，可以六西格玛水平来度量。六西格玛水平是综合了标准差与公差限的计算值，公式为 $Z=(USL-LSL)/2\sigma$，即顾客要求的公差限除以两倍标准差，其反映了工序能力满足顾客要求的程度。

精益质量管理以作业工序的质量改善和效率改善为基础，在实现此方面改善后，精益质量管理重心可转向针对作业系统的精益管理改善阶段。其应用工具包括价值流分析、生产布局优化、自动化、看板、拉体系、一个流等，这些工具实施效果的标准是实现 JIT 的程度。JIT 的实现以质量为基础，并且要以不降低质量为标准。

通过作业工序切入，推行标准化管理，并对工序纳入度量和评价，实现工序环节质量和效率的改善，实现成本的改善。进而转入为作业系统的管理

改善，从系统整体高度促进效率的改善和成本的改善。精益质量管理方法能平滑实现作业系统质量、效率和成本的综合改善，避免原有生产项目与质量项目相互孤立以及项目切换困难的弊端，能为企业带来实实在在的收益。

二、京张高铁质量管理实践及措施

京张高铁按照由点到面的原则，逐步开展全面质量管理工作，通过系统化的推进，收到了良好的效果。

（一）实施全面质量管理，推进质量管理机制建设

质量管理不仅是质量管理部门的责任，也是企业每一个部门的共同责任，从设计、物料、生产以至业务部门全体人员都要参与，只有在每一个环节上都对质量负责，才能真正做好质量管理工作。质量管理部门结合企业产品的特点及质量体系的导入，着手建立企业质量管理手册及质量管理体系的搭建，对质量管理要素及指标进行专业化分解，形成质量管理矩阵，明确管理要素及指标，按周期进行检查及评审。质量管理部门的主要工作是提供质量信息的服务，并负责推动及时把整个体系连贯起来。质量管理部门除了质量检验管理以外，主要是提供质量信息，督导及推动各有关部门工作达到质量要求。

同时，推广现代企业管理制度。广泛开展质量风险分析与控制、质量成本管理、质量管理体系升级等活动，提升质量在线监测、在线控制和产品全生命周期质量追溯能力，推行精益生产、智能生产、生态生产。发挥质量标杆企业示范引领作用。加强全员、全方位、全过程质量管理，提质增效。鼓励参建单位整合生产组织全过程要素资源，纳入共同的质量管理、标准管理、供应链管理、合作研发管理，促进协同建造，整体提高质量水平。创新质量治理模式。健全社会监督机制，推进以法治为基础的社会多元治理，构建市场主体自治、行业自律、社会监督、政府监管的质量共治格局；强化质量社会监督和舆论监督，严厉打击偷工减料、以次充好、转包和违法分包、黑中介、虚假检测报告等行为。

（二）健全质量保证体系实施质量攻关工程

健全以目标体系为引领，责任体系、制度体系和方法体系为支持的工程质量管理体系，通过质量意识、质量行为和实体质量三者的相互作用最终实

现控制体系的高效运行。完善工程质量管理体系。建设单位要汲取先进经验，全面构建以建设、勘察设计、施工、监理、检测、咨询等责任主体单位为基本组织架构，建立各级、各方权责明确，横向到边、纵向到底的责任体系。健全规范制度。按管理制度标准化要求，严格落实总企业"三大标准"，建立完善统一、全覆盖、规范化的制度体系。科学运用方法。以合同为依据，充分运用行政、经济、市场和科技创新等手段，强化对参建单位的履约管理。加强质量信息回馈。质量管理最重要的是如何在各项作业过程中防止不良品的发生，为了确保质量，还需将检验作为辅助手段。检验之后如果发现质量有缺陷，需尽快将信息反馈给制造部门，以便研究分析出现缺陷的原因，设法加以改正，防止质量问题的发生。没有事前预防及缺陷改善，仅依赖检验绝对没有办法把质量管理工作做好。

坚持走"专家指导、专家治理、专家论证"之路。建设单位组织成立工程质量技术攻关领导小组，设立路基、桥涵、隧道、轨道、通信信号、电力牵引供电、客站等专业质量技术攻关组，采取现场讲课、专题研讨、联合攻关等方式，开展质量状况调查；组织质量比对和会商会诊，找准比较优势、专业通病和质量短板，加强可靠性设计、试验与验证技术开发应用，研究制订质量问题解决方案。建立科技创新平台，突出管理创新，突出技术创新。深入研究铁路建设项目质量管理中最重要、最基本特征，探索管理过程中新思路、新方法；组织质量提升关键技术攻关，积极应用新技术、新工艺、新材料，坚持总结成果与推广应用并重，开发与引进消化并举；推广采用先进成型方法和加工方法、在线检测控制装置、智能化生产和物流系统及检测设备。

（三）强化源头管理重视过程控制

质量成本是为了管理及改进质量所发生的成本，包括预估成本、评价成本、内部不良品成本及外部失效成本。质量预估成本包括整体质量计划、可靠度计划、质量管理活动、设备工具及质量管理教育等。对质量预估成本多作探究，最后才能降低整体质量成本。

强化源头管理，提升原材料质量供给。把好设计源头关，确保材料选用与工程建设匹配；把好采购源头关，依法合规，阳光操作，落实影响铁路安全性和质量耐久性的材料准入认证制度；把好生产供应源头关，对重要产品

及构配件实施驻厂监造。重视过程控制。提前谋划供应计划，减少杜绝临时计划。严格进场验收管理，落实验收责任；强化原材料取样检测管理，适时选择第三方检测单位验证检查。严格质量追溯追责。落实管理行为追溯追责，逆向查找质量不合格产生的根源，落实供应商管理和信用评价机制；采用智能技术追溯供应商，实现技术保障铁路产品质量。

（四）建立现场工位质量达标评价体系

构建现场工位质量防控体系，明确了自评（工位自我评价）、复评（生产车间对工位评价）、监督（质量部门对工位评价）三级评价机制及工位日点检工作流程，对评价出的工位设置了A、B、C、D四个等级，对应优秀工位、达标工位、整改工位、不达标工位。质量管理部专门建立了《现场工位质量六要素评价办法》，规范评级流程。

建立并完善工位评价与绩效考核相挂钩机制，将工位评价结果与单位绩效等相挂钩，对于影响产品质量安全的关键问题，还将追究相关责任人、车间主管领导责任。一是对工位质量达标过程中发现的员工严重质量行为，记录到员工质量档案中。二是推进质量工资制度。建立产品质量等级评价制度，将员工制造产品实物质量与计件收入分配挂钩，对工位质量达标评价过程中发现的产品实物质量问题，进行A、B、C等级的评价，并将继续与员工当月工资进行挂钩。

为完善质量评价体系，积极引导、保护参建单位质量创新和质量提升的积极性。开展新产业、新动能标准领航工程，促进新旧动能转换。完善质量评价体系，推动质量评价由追求合格向追求精品跃升，鼓励参建单位开展质量提升小组活动，促进质量管理、质量技术、质量工作法创新，优化每一项方案，研究每一项新工法，改进每一项新工艺。鼓励优化功能设计、模块化设计，推行工厂化制造，装备化生产，提高耐久性、舒适性等质量特性，满足绿色环保、可持续发展等需求。

（五）组织质量专题培训加强质量人才培养

管理的要求明确，关键还要看理解和执行。为了将现场质量管控的要求让每一位操作者所熟知，企业在对工位达标评价办法标准进行优化的基础上，结合精益培训，组织对生产车间的质管员、工区长、工位长进行了系统培训，

着重对评价流程（车间及工位标准评分工位自评、车间复评、申报备案、车间过程评审、公司监督抽查、考评等）进行详细讲解。同时要求车间对办法、标准进行转训，确保每一位操作者熟知，提升质量管理的执行力。

着眼于能力建设和创新建设。努力打造高素质的建设团队、精品工匠。加强人才队伍的梯队建设，优先推进领军人才、专业技术人才发展，培养善于创新和勇于实践科学管理理念的领导人才，充分发挥高层次人才在铁路建设管理中的引领作用。坚持科学化、职业化、专业化定位。制定职业发展规划，树立终身学习理念，建立贯穿人才职业生涯的培训体系；突出管理能力培训，用先进的管理理论、管理文化和管理方法实现建设管理的可持续性；突出专业素质培训，紧跟科技前沿，不断提高专业技术人才知识水平；突出职业化培训，明确任职条件和素质标准，增强职业荣誉感和成就感。坚持全员、全面、全过程培训原则。立足施工准备、施工作业、竣工验收三个阶段，覆盖决策、管理、作业三个层次，落实技术标准、施工方案、施工组织、现场作业四个重点，健全培训体系。注重参建单位队伍素质整体提高，注重农民工学校创建，加强农民工技能培训；注重现场监理人员培训，提高监理人员监管能力；注重设计单位现场协调能力的提高，发挥

主动配合作用。

（六）开展标杆质量工位评比工作

开展"立标树型"活动，结合质量防控体系建设、精益示范线建设及风险管理的有关要求，从达标工位中评选出日常质量六要素管控较好，且管理基础、人员素质、质量业绩、创新改进等方面比较优秀，具有示范性作用的工位。同时，总结出了标杆工位的成功经验，通过召开现场经验介绍会，让选出的标杆介绍经验，并在全公司各个车间进行推广，营造出"人人学先进，争当典型"的浓厚氛围。

（七）强化工位监督评价后的统计分析

为了便于工位质量达标发现问题的改进，每月对工位质量监督评价过程中发现的问题进行统计，每季度下发统计分析报告，对影响质量的六个要素分别进行分析，查找现场问题发生的真正原因，对高频次问题、突出问题进行剖析，给生产车间进行提示，全面提高现场质量管控水平。

同时，建立工位质量诚信档案。每月对工位质量达标评价、运用反馈的质量信息、制造过程中发生的较重大返工和影响性能的问题、产品"交验、落成"质量零活指标超标等进行统计汇总，分解到责任工位，形成工位质量诚信档案，并作为监督评价时质量业绩打分的依据。

（八）工位制质量管理

对每一条生产线根据客户需求，建立生产节拍，对传统的班组作业管理模式进行了改革，设立生产的最小单元——工位，实行固定工位、固定人员、固定工作量内容、固定节拍。按"一个流"形成作业流水线。这种生产组织方式的调整无疑现给场质量管理和控制创造了更好的条件和基础，工位制质量管理模式的形成，可以更加严格细致地管控好工位作业内容及作业质量，提高工位质量管理水平，工位质量达标工作也是解决精益现场质量管理任务的"法宝"。

（九）制定工位质量评价标准

围绕质量体系、质量业绩、产品实物质量三个维度对工位的综合质量管理水平进行评价。在质量体系方面，重点从人、机、料、法、环、测六个方面，对现场工位提出了"质量六个达标"，即人员岗位技能达标、设备（工装）达标、

物料管理达标、作业指导书达标、工作环境达标、检验试验达标。在质量业绩方面，重点评价一段时间内工位所发生的质量问题、质量事故等。在产品实物质量方面，重点抽查该工位的关键产品实物是否满足要求，并将质量体系、质量业绩、产品实物质量三个维度的评价内容分解成条款，各条款设定 0 ～ 4 分，实行量化评价，同时将关键条款确定为 KO 项（即一票否决项），凡在现场出现 KO 项或评审不通过者，现场质量达标评价立即终止，工位坚决不予开工作业。

通过开展工位质量达标工作，质量风险管理的要求得到落实，工位保证能力也得到明显提升。

1. 工位质量达标评价体系基本形成

通过推进工位质量达标工作，目前现场工位质量评价流程、标准、考评、统计分析、建档等形成了一套较为系统的评价体系，现场质量管控手段得到了完善和强化。

2. 质量风险意识得到明显提升

通过推进工位质量达标工作，不仅使员工了解了本岗位本工位有哪些影响质量的关键因素，同时理解了质量只有通过事先预防才能得到有效控制。"厂内是质量问题、厂外是安全问题"的思想更加牢固；对安全风险项目、风险源控制的要求更加明确；对厂内外发生质量隐患问题的分析和纠正预防更加重视；安全风险管理、安防和"达标工位"建设已成为企业安全质量文化的重要组成部分，确保产品质量安全的要求深入人心。

3. 员工质量行为得到了进一步规范

通过质量达标评价工程的实施，目前现场员工基本实现了"六个掌握"，即掌握本岗位安全危险源，掌握本岗位关键工序的作业流程，掌握本岗位关键设备和关键部件、关键产品的工艺参数，掌握本岗位关键设备（工装）和计量检测器皿的操作使用方法，掌握对不合格产品进行标识、隔离、记录和汇报的要求，掌握对出现异常作业要报告的流程。

4. 现场技术管理基础得到了明显增强

通过工位质量达标评价工作的推进，进一步促进了各项技术标准、管理标准的细化量化，使得要求更加具体、更加明确，进一步夯实了技术质量管

理基础。

5. 现场作业环境得到很大改善

生产车间按照工位质量达标的要求，结合现场"6S"管理，加强文明化建设，规范区域标识，进行置场改造，满足温度、湿度、照度等生产工艺要求，产品实物质量也得到进一步提升。

6. 质量安全管控手段升级，保障项目有序推进

可控的生产安全保障、严格的工程质量控制，是施工生产产值投资任务全面完成、快速推进的保证。协调好进度、安全、质量三者间的关系是管理的重点。在推进进度的同时，居安思危，时刻不忘施工安全质量，针对项目的安全质量高风险工点，严格执行分级管理制度，明确包保责任人，加强安措费的使用管理，加大现场安全防护措施的投入，时刻遵循"安全第一、预防为主、综合治理"的方针，在对进度考核的同时加大安全质量考核力度。创新管理编制二维码质量追溯系统，利用二维码技术实现工序质量责任人员、原材料质量、过程控制等全过程质量追溯，全面提升管理及作业人员质量责任意识，探索高速铁路全生命周期管理；编制铁路工程安全质量管理手册；细化安全质量标准化达标升级考评，突出关键，风险动态管控；编制应用质量安全风险公示图，对工序质量安全风险进行识别评估、分析原因制定应对措施；推行工程项目安全质量隐患排查系统，动态管理，有效管控；强化落实质量安全红线管理要求，消除质量隐患，杜绝质量事故发生。

在路基、桥梁、轨道等主体工程大规模施工的阶段，强化树立安全质量管理权威，执行安全质量一票否决制，制定了专检考核等制度，对过程中发现的问题，及时纠偏，做到无任何安全质量事故发生，施工生产安全质量有序可控，项目生产平稳推进。例如，针对怀来地区大风干旱高寒特殊气候环境影响，无砟道床施工中初凝裂纹问题，邀请组织专家现场诊断，组织技术、试验、物资、现场施工人员专题会反复研讨，管理人员 24 小时现场盯控，从原材、砼和易性、振捣抹面工艺、养护等多方面制定了一系列行之有效的控制措施，从而消除了质量隐患，达到了预期效果。

强化管控，确保现场安全质量的具体举措如下：

一是完善制度，健全体系。项目各级分别建立安全质量管理组织机构，

配备专兼职管理人员，完善管理制度，逐级签订安全生产责任书，推行班组长责任制，确保安全质量管理体系有效运行。

班组长责任制是项目安全质量管理的重要抓手。建立班组长管理档案，实行实名制动态管理，签订安全质量责任书，实行专项考核，实现作业班组责任追溯。将技术、安全、质量、作业标准真正落实到施工现场一线，使现场作业管控规范，保证工程安全质量。

二是多样培训，注重实效。在原来传统培训基础上，持续改进，注重实效。路基试验段施工过程中采用工序沙盘交底，通俗易懂，直观明了。梁场设置"安全体验馆"进行仿真体验和警示教育。桥梁下部结构施工过程中对泥浆池标准设置、盘扣承插式脚手架搭设、实验墩台等工序以实物实景、实训实作的方式现场教学，全面提升作业人员安全质量意识和作业行为标准。

三是风险评估，隐患排查。结合项目特点，对营业线施工、深基坑开挖、桥梁架设等高风险作业进行专家评审、风险评估，确定管控清单，实行分级管理。推行安全质量隐患排查治理系统，通过全员参与、信息化管理的方式，做到现场安全质量隐患排查全覆盖。

四是突出重点，做好冬期施工。结合地域大风、干燥、严寒特点，邀请业内专家进行专项培训，有针对性地科学编制冬期施工方案，严格履行报验审批程序。组织开展专项检查，落实各项冬期施工措施，加强各工点、各施工环节的现场管控，严防季节性安全质量事故发生，确保了冬期施工质量安全有序可控。

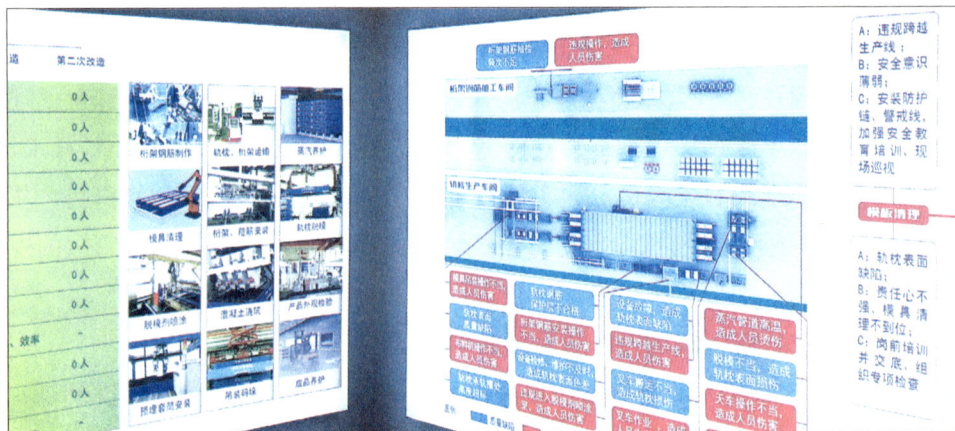

第三节 安全环境精益管理建设及实践

安全是人类生存和发展的前提，没有了安全一切都是空谈。对于基建项目来说，在实施过程中充满着风险，于是确保项目安全实施就显得尤为重要，如今已成为各级管理部门重点关注的重要问题。

一、实施精益安全的目的

—— 建立工位安全管理持续改进机制；

—— 建立工位安全事故的有效预防机制；

—— 实现精益安全工位管理制度化，制度标准化，标准表单化，表单信息化；

—— 实现基础安全管理常态化；

—— 实现零违章、零隐患、零事故。

二、精益安全工位的建设步骤

实施精益安全工位建设是以危险源管控为核心，应用精益理念和工具，

优化工艺布局，通过危险源识别控制措施制定、安全培训教育、作业行为控制、安全点检、目视化表单、异常情况处置及信息统计分析等措施、手段，将基层安全管理各项要求落实到每个工位，构建精益安全工位管理模式。

精益安全工位建设的实施分为以下几个步骤：成立推进组织，编制推进计划；优化工艺布局，提高本质安全度；优化人员配置，规范员工作业行为；合理划分工位，细化管理单元；识别工位危险源，制定有效的管控措施；编制工位安全管理表单，实现动态管理，选择试点推进，逐步推广；完善安全异常处置流程，建立防止再发机制；组织开展验收评价，建立评价改善机制。

（一）组织、计划

1. 成立组织

结合本单位实际情况，建立以工艺、精益、安全、设备等部门共同参与的推进组织。有企业分管生产、安全、精益的领导担任组长，工艺部门、设备部门、安全管理部门、生产管理部门、精益推进部门等部门的一把手担任领导小组组员。

2. 明确职责

（1）领导小组职责：负责工艺流程优化、精益安全工位推进、精益安全管理，提升整体方案的策划水平，并组织实施；负责相关资源配置及重大事项的决策等。

（2）实施小组职责：根据决策方案，负责制订生产线的具体工作计划，落实相关工作要求，积极沟通和协调解决推进进程中的各项事项，确保取得成效。

（3）各部门的职责如下

工艺部门：负责工艺的划分和各工位之间的工艺优化，负责编制各类工艺文件。

人力资源部门：负责配置工位生产人员和制订培训计划，并根据培训计划组织实施。

设备管理部门：负责对设备进行安全性分析与优化，将安全技术、管理要求落实到设备设施技术条件制定招标、安装、验收全过程；制定常态化的管理机制和评价标准，负责日常运行的检查督促。

安全环境管理部门：负责组织对工序危险源进行辨识、分析，组织编制安全手册，制定相关制度流程；负责对日常运行的检查督促。

精益推进部门：负费目视化管理板的总体设计，精益工具的导入，并对工艺划分工艺优化，各类表单、流程的合理性进行统筹把关。

3. 制订计划

职责明确后，根据职责分工，编制推进计划，明确工作内容、也及输出结果。

（二）工艺流程优化、本质安全度

精益安全管理是建立在精益生产平台基础上的安全管理模式，不是简单地对原有现场的一种表单化、可视化管理，而是按照工位制节拍化生产的方式，在对原有工艺流程梳理、分析的基础上，对工艺过程进行改造，对工艺布局工艺流程优化，提高生产过程的本质安全度。

1. 工艺流程优化

（1）优化试点生产线，实现节拍化生产，工艺技术部门进行生产线优化，合理调整工艺布局，优化工艺流程，形成节拍化生产流水线。

（2）优化物流配送方案，实施物料配送制。物流配送部门编制物流配送方案，推动配送模块化，实现定时定点、定容定量的配送制，以降低中间在制量为目标，减少现场物料的储备和积压，保持现场物流畅通，提高物料周转率，改善安全生产环境。

2. 提高本质安全度

在工艺设计、工艺流程优化精益生产线和物流配送线建设的同时，提高设备的危险设施的本质安全水平，可以从以下几个方面入手。

（1）过程控制：推进信息化建设，建立有计划的维护保养和预防性维修制度，通过利用先进的传感器技术，实现系统状态监控与分析、故障诊断与预测以及状态评估与决策支持，获取装备运行状态信息，设备设施计划性维护保养、状态点巡、技术状态鉴定等，及时发现并解决设备设施异常问题，保证设备设施始终处于可靠状态和安全装置的完好性，实现设备设施的本质安全。从传统的维护策略到预测性维护策略的转变，是实现制造业跨越、可持续发展的重中之重。

（2）管理措施：指导设备的安全使用，向用户及操作人员提供有关设备危险性的资料、安全操作规程、维修安全手册等技术文件；加强对操作人员的教育和培训，提升工人发现危险和处理紧急情况的能力。

实现本质安全化的基本途径有：从根本上消除发生事故的条件，降低固有危险源，设备能自动防止操作失误和设备故障，即避免因人操作失误或设备自身故障所引起的事故；通过时空措施防止物不安全状态和人不安全行为引起的交叉，如密闭法、隔离法、避让法等，通过人—机—环境系统的优化配置，使系统处于最安全状态。

（三）工位、单元

合理地划分工位对精益安全工位的推进非常重要，直接关系到推进工作的可行性和效果。从安全管理角度出发，工位的切分要符合以下几个条件。

（1）定作业区域：工位作业区域固定，有明确的区域界线，有固定的设备设施。

（2）定作业内容：根据工艺划分，区域内的员工作业内容基本固定，员工接触的危险源基本固定。

（3）定作业人员：区域内作业人员基本固定，并形成有效的组织。

作业人员在固定的区域内，进行固定的作业，其所接触的危险源基本固定，有利于员工熟悉和掌握，在发生变化时，能及时、有效地反馈、处置；同时，有利于形成有效的组织监控，提高异常（隐患）处置速度，使各级组织掌握安全动态，实现常态化管理。

（四）"6S"危险源

1. 开展"6S"活动

6S 是对生产现场人员、机器、材料、方法等生产要素进行有效管理的一种方式，即整理（SEIRI）、整顿（SEITON）、清扫（SEISO）、清洁（SEIKETSU）、素养（SHITSUKE）、安全（SAFETY）六个单词，因其日语的罗马拼音均以 S 开头，因此简称为"6S"。

整理：区分要与不要的东西，现场除了要用的东西以外，不放置其他任

何东西，要与不要的标准是，"现使用价值"而不是"原购买价值"。整理的目的是将空间腾出来，提高生产效率。

整顿：要的东西依规定定位、定量摆放整齐，分门别类定点定位，明确标识。

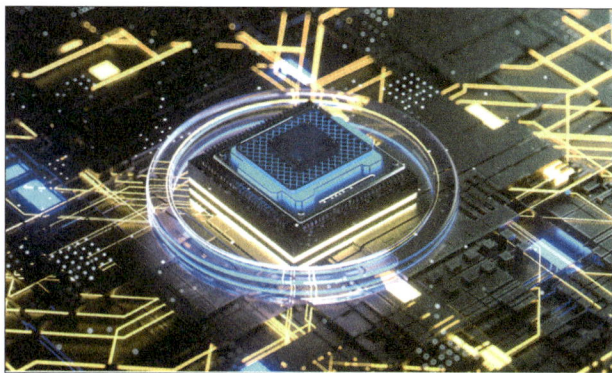

清扫：清除工作现场内的脏污，彻底清除污染的发生源。通过消除脏污，保持现场干干净净、明明亮亮。

清洁：将上面6S实施的做法制度化、规范化、习惯化，维持其成果，通过制度化来维持成果，并显现"异常"之所在。

素养：人人依规定行事，从心态上养成良好的习惯，提升"人的品质"，成为任何工作都讲究认真的人。

安全：重视成员安全教育，每时每刻都有安全第一观念，防范于未然，建立及维护安全生产的环境，所有的工作应建立在安全的前提下。

2. "6S" 推行要领及实施方法

（1）推行要领：

①整理的推行要领：工作场所（范围）全面检查,包括看到的和看不到的,制定"要"与"不要"的判定标准。对不要的物品进行清除，对要的物品调查使用频率，决定日常用量；每日自我检查。

整理阶段应重点关注并消除以下现场浪费：空间的浪费、使用棚架或柜子的浪费、零件或产品变旧而不能使用的浪费、放置处变得窄小、库存管理或盘点所花费时间的浪费等。

②整顿的推行要领：前一步骤整理的工作要落实，需要的物品明确放置场所，摆放整齐，有条不紊，划线定位，对相关场所和物品进行标识；制定废弃物处理办法。

通过整顿，使任何人都能立即取出所需要的东西，同时确保物品使用后

能够很容易恢复到原位，且没有恢复或误放置能马上知道。

③清扫的推行要领：建立清扫责任区（室内、室外），开始全企业的大清扫，将每个地方都清洗净，调查污染源，对污染源予以杜绝或隔离，建立清扫基准，作为规范进行点验，清扫最关键的工作是点验，通过清扫基准的制定，明确责任分解，落实点验工作，确保整顿效果。

④清洁的推行要领：落实前 3S 的工作，制定日视管理及看板管理的基准，制定 6S 实施办法，制定稽核奖惩制度，加强执行，领导带头，带动全员重视参与 6S 活动。

清洁是一个将前 3 个 S 不断标准化的过程，通过各种制度和办法的制定，将前面 3 个 S 的工作不断推进，为形成全员素养打好基础。

⑤素养的推行要领：制定服装、臂章、工作帽等识别标准，制定礼仪守则。教育培训，推动各种激励活动。

素养不是一朝一夕能形成的，它更多的是一种企业文化，需要在前面 4 个 S 的基础上不断推进完善，形成企业潜移默化的文化。

（2）实施方法：

①目视化：目视化是指用直观的方法揭示管理状况和作业方法，让全体员工一目了然、一看就明白的一种管理方式。员工可以很容易就看出工作的进展状况是否正常，并且做出相应的判断和决策。

为了更好地了解当前的状态，按照水平从低到高的层次，我们将目视化管理分为三个层次：

一是初级水平，物品摆放整齐，相关的标识信息还不准确；

二是中级水平，实施三定管理，物品的数量等标识明确；

三是高级水平，明确了物品数量、状态等信息，同时对异常的处置提出了相应的指示。

②定置管理：定置管理是通过研究分析人、物、场所等的状况以及它们之间的关系，从而推行整理整顿，使每一项物品都必须放置在一个特定的、正确的地方，即在需要的时候随时取用，任何物品的缺失、增加或其他异常能直接地察觉到。

一般需要定置管理的有工厂的各个区域、设备设施、工装夹具、工量器具、

人员的定点作业、文件资料的定置等，定置是实现高效作业的基础。

③形迹管理：形迹管理是物品摆放的一种方法，就是把物品的投影形状在放置它的板、墙上，用笔画出来，或用刀刻出来，然后把物品放在上面。好处是，任何人都能一目了然地知道，什么物品应该放在什么地方、怎么放，什么物品不见了。

④看板管理：看板管理是把管理的项点，通过各类管理看板显示出来，使管理状况众人皆知的管理方法。看板管理是一流现场管理的重要组成部分，是给客户信心及在企业内部营造竞争氛围，提高管理透明度的非常重要的手段。

"6S"管理是精益安全工位推行的重要基础之一，通过 6S 管理的推行，一是可以使现场所有物品达到有序、可控的状态，便于危险源的识别，同时也减少了因无序状态造成的危险；二是通过标准和规范的建立，使员工养成良好的作业习惯；三是为员工创造良好的作业环境。"6s"管理是精益管理的基础工具之一，是提升现场管理的基础，也是推行精益安全工位的基础。

2. 危险源辨识

充分辨识本工位生产系统中存在的危险源，明确管控对象，制定相应的管控措施。在此基础上，建立工位目视化管理板，编制工位安全管理表单。

危险源辨识是精益安全建设工作的关键，为了提高危险源辨识效果，危险源辨识工作应在企业安委会领导下进行，由安全管理部门牵头，工艺、装备、生产管理及作业人员等有关人员组成专业评估小组，评估人员应该经过专业培训，并与其能力相适应。

危险源辨识应从物的不安全状态、人的不安全行为、环境的不安全及管理缺陷等四个方面入手，按照工艺流程的各阶段、区域地理位置或部门、班组，按照设备、设施，按照作业任务相结合的方式，确定辨识范围和对象。将其划分为粗细适当的具体工序，针对工序人员的具体活动、设备设施、作业环境和能源资源的输入输出，分辨出设备设施的不安全状态、人的不安全行为、作业环境、突发事件等各种类型的危险源。辨识要充分考虑覆盖过去、现在和将来三种状态，机械能、化学能、电能、热能、放射能、生物能、人机工程（生

理、公理）七种类型，不仅要考虑本单位的人员、设施和活动，同时要多考虑相关方活动带来的危险源。

危险源辩识应当是动态更的。发生以下情况时，及时更新危险源：当法律、法规发生重大变更或修改时；发生重大生产安全事故后；新、扩、改项目或产品结构调整以及生产工艺、设备发生重大改变时；相关方对本公司产品、活动及服务中产生的危险源进行投诉时；发生其他需要进行危险源更新的变化时；工位人、机、法、环发生变化时。

3. 风险评价

危险源辩识完成以后，应当组织专家组对所有危险源进行风险评价，制定有效的管控措施，并根据评价结果，分级管理、挂牌管理。风险评价最常用的方法是是非判断法和作业条件风险性评价法（即 LEC 法）相结合的方法。

（1）是非判断法

通常来说，凡具备以下条件的均判定为重大风险：不符合相关法律、法规及其他要求的，或相关措施有助于提高员工安全意识的；潜在的或直接观察到可能导致重大人员伤害或财产损失事故危险的；曾发生过事故或未遂事故，且未采取有效防范措施的；有相关方抱怨或迫切要求的。

（2）作业条件风险评价法，即 LEC 法

指事故发生的可能性（L）、暴露于危险环境的频繁程度（E）、事故产生的后果（C）三个因素指标值之乘积（D=LEC）来评价系统人员危险源控制。

4. 危险源控制

危险源控制应通过技术措施（设计、建设、运行、维护、检查、检验等）组织措施（职责明确、防护器具配备、作业要求、应急保障等）和教育措施，对其进行严格控制和管理。按照消除、替代、工程控制措施、标志、警告和管理控制措施、个体防护装备的顺序降低风险。

（五）强化管控，实施动态管理

企业始终坚持安全第一、质量为本的方针，结合京张项目特点，严格落实安全质量卡控红线，确保生产安全质量有序可控。

1. 强力推行安全质量隐患排查系统

企业迅速组织培训并推广运行，培训人员覆盖车间及部门、各系统管理

人员，并正式上线运行安全质量隐患排查治理系统。通过对排查治理系统的应用，增加了安全质量隐患排查管控项目，做到现场安全质量隐患排查全覆盖。同时，对检查发现的问题进行了及时整改闭合，消除安全质量隐患。

2. 风险评估，分级管控

依据《重大风险项目分级控制管理办法》，对临近既有线施工、深基坑、高空作业、箱梁架设等高风险作业进行风险评估，明确风险等级，制定防范措施，确定风险管控清单，实行分级管控。

3. 落实班组长安全质量责任制

首先，成立班组长安全质量责任制工作领导小组，项目经理任组长全面组织和推进。其次，建立班组长管理档案，实行实名制动态管理，签订安全质量责任书；执行班组施工生产重大事项报告制度，班组长做好施工生产过程记录，真实反映过程及安全质量情况。再次，实行安全质量管理专项奖罚考核。同时，在施工区域设置班组长"一点三员"办公场所，加强现场管控；墩身施工、钢筋笼加工应用二维码技术，实现作业班组责任追溯；梁场采用形象漫画墙交底，通俗实用，将技术、安全、质量、作业标准真正落实到施工现场一线，使现场作业管控规范，保证工程安全质量。

4. 实物实景实训实作

持续改进，注重效果。针对路基实验段制作路基工序沙盘交底，桥梁施工前进行实验墩浇筑、泥浆池标准设置、盘扣承插式脚手架搭设、墩身钢筋卡具应用、钢筋笼套管环切技术应用等进行现场实物交底培训，梁场设置"安全体验馆"进行仿真体验、实物培训，注重警示教育和培训效果。

（六）规范作业行为，提高员工安全素养

据统计，事故80%以上是由人的不安全行为造成的。相对于"机"，人具有主观能动性，能够完成复杂的操作，但是也具有更大的不确定性。通过分析人的特性，要对人的作业行为进行有效管理，必须在做好合理配置的基础上，坚持"疏""堵"并举，建立起一套岗位作业标准化标准，可以从以下三个方面入手。

1. 规范作业动作标准

工艺技术部门在组织制定工位作业要领书或作业指导书时，要进行预先

危险源分析，识别作业安全风险，制定安全防范对策，规范作业动作。作业动作应包括主动作和辅助动作，主动作应明确怎样正确操作、操作的流程与要点，注意的事项与要求；辅助动作包括人员资质、操作技能、培训、点验、交接班、现场管理等要求。

2. 合理配置作业人员

在为工位配置人员时，要充分考虑员工生理、心理和操作人员技能等因素，把合适的人分配到合适的工位。例如，恐高的人不要安排到高处维修等岗位，尽量不要把有相应职业病危害的员工安排到有相应职业病危害的工位。

3. 提高员工安全素养

通过安全知识学习、培训、宣讲危险预知训练等安全方法和手段，提高员工掌握安全、知识技能的水平，提高员工的安全意识，培养员工良好的作业习惯，逐步提高员工的安全素养。

（七）完善流程

安全异常（隐患）处置流程，是指从工位发现问题，到反馈、分析，解决问题的流程。处置流程重点两个方面：一是处置要快，在工位反映出问题后，在最先出现后，能在第一时间内进行处置，消除隐患。二是职责要明确，就是说在问题出现后，能在第一时间找到解决人，谁判断、谁上报、谁制定措施、谁处置解决、谁验证，都要明确。

安全信息统计分析系统，是指对各类安全信息进行统计、分析，从整体上把握企业事故的分布情况，重大（点）安全隐患、事故等主要矛盾，有针对性地从人、物、环、管等方面制订整体改善计划，实现安全管理的提升。

三、精益安全的实施要点

（一）思想

精益安全工位是一种全新的、更为先进的管理模式，对安全管理提出了更高的要求，需要各级管理者高度重视，通过宣贯和实践，促进各级各类员工思想的转变，真正领会精益安全工位管理模式的理念，主动将精益安全工位理念融入本车间、本部门、本岗位工作中去。

（二）全员

1. 形成全员参与氛围

通过不断的培训和生产方式的持续推进，让更多的操作者、班组（工位）长、生产、管理人员理解和掌握精益安全工位管理方式，以危险源管控为核心，逐步在企业内部全面贯彻精益安全工位管理的理念，形成氛围，全员参与，改善提高。

2. 培育精益安全文化

实施全员改善活动，引导员工发现危险源并消除，通过不断的改善，实现本质安全度的提升，减少风险，提高安全标准化作业水平，从而形成全员参与，人人都是"安全员"，最终形成员工自我管理、自我提升的安全文化。

（三）危险源

1. 正确认识危险源

安全管理的核心是危险源。危险源存在于确定的系统中，不同的系统范围，危险源的区域也不同。因此，分析危险源应按系统的不同层次来进行。一般来说，危险源可能存在事故隐患，也可能不存在事故隐患，对于存在事故隐患的危险源，一定要及时加以整改，否则随时都可能导致事故。

2. 建立危险源的日常掌控机制

在充分辨识工位生产系统中危险源的基础上，制定有效的管控措施，并让员工熟悉自己工作范围内存在的危险源及其控制措施。相关人员按照《安全定管用及防范要点》和安全点检表，对相应工位危险源的状态进行点检，对一些作业过程中的动态危险源，加强过程管控，各级检查发现的异常情况要及时制定有效的整改预防措施，消除隐患，预防类似问题的重复发生。

为了保证危险源的管控效果，可以建立健全三级巡查机制，开展公司每月、部门每周、班组每班的三级巡查，下一级的巡查情况作为上一级的巡查内容，一级管一级，一级控一级。可以通过安全生产合理化建议提案等活动，发动全体员工，消除生产过程中的安全隐患。

另外，为了保证危险源辨识的充分性，实现危险源的动态管理，及时将各类安全检查、事故处理、生产过程中发现的危险源更新到点检表中。

（四）本质安全

只要隐患存在，事故就有可能发生，所以优化工艺布局，提高生产过程的本质安全度是精益安全管理与原有安全管理模式的根本区别，是企业预防事故的发生，提升管理水平的又一根本举措，有利于从根本上发现和消除安全隐患，预防事故发生。

第四节 绿色精益管理建设及实践

21世纪人类社会发展面临着环境恶化、资源枯竭和人口膨胀三大难题。其中环境问题尤为严重，它主要表现为资源枯竭、生态恶化和环境污染，严重阻碍了人类社会经济的持续性发展，并且直接威胁人类的生存。为促进人类社会与地球自然环境的永久协调与和谐共存，专家提出了"可持续发展"的战略思想。可持续发展模式是人类21世纪可望建立的最佳的发展模式。

人类在过去几十年的发展过程中，创造了空前丰富的物质，同时也造成了严重的环境问题。其中，制造业是创造人类财富的支柱产业，是人类社会物质文明和精神文明的基础。但是，另一方面，它也是生态环境日益恶化的重要因素之一。传统制造业在将制造资源转变为产品的制造过程和产品的使用与处理过程中，消耗了大量有限的资源并向环境排出了大量的废弃物，造成了严重的环境污染。

将可持续发展战略思想运用于制造业，就要求制造业由单纯面向利润和

成本的制造模式，转化为面向环境和资源的制造模式，在生产功能相同的产品的同时尽可能减少资源消耗，降低环境污染。目前，全球化的产业结构调整出现了一种资源优化利用与环境保护治理一体化的新型制造模式——绿色制造，其宗旨就是实现生态与经济的和谐，促进社会的可持续发展。此外，由于绿色贸易壁垒日趋严重，这促使我国企业不得不认真研究和大力推行绿色制造，以增强本国企业和产品的竞争力。特别是国际标准化组织提出了企业环境管理的 IS110400 系列标准后,绿色制造研究与认证得到了大力的发展，绿色制造正朝着标准化、政策化和法律化方向发展。

一、绿色制造

1. 绿色制造的理念

绿色制造 GM 又称环境意识制造、面向环境的制造等，是 1996 年由美国制造工程师学会提出的。SME 发表的绿色制造蓝皮书的定义是："绿色制造，又称清洁制造，其目标是使产品从设计、生产、运输到报废处理的全过程对环境的负面影响达到最小"，其内涵是产品生命周期的全过程均具有绿色性。

绿色制造是一种综合考虑环境影响和资源效率的先进的现代制造模式，是实施制造业污染源头控制的关键途径，是可持续发展理念在制造业的体现，是制造业的发展趋势，是适应 WTO 的利器，是现代企业的必由之路，它向人们展示了一个美好的发展前景。

2. 绿色制造的思想精髓

绿色制造涉及三部分问题：一是制造问题，包括产品生命周期全过程；二是环境保护问题；三是资源优化利用问题,是这三部分内容的交叉和集成。首先，绿色制造中的制造强调在产品的整个生命周期的每一个阶段并行、全面地考虑资源因素和环境因素，体现了现代制造科学的"大制造、大过程、学科交叉"的特点。绿色制造是"从摇篮到坟墓"的制造方式，倡导高效、清洁制造方法的开发及应用，达到绿色设计目标的要求。这些目标包括提高各种资源的转换效率、减少所产生的污染物类型及数量、材料的有效回收利用等。产品生产作为复杂的制造系统内物质转化的过程，输入的是资源和能源，输出的是产品和废弃物，而且产品在使用后最终也将变成废弃物弃于环境中，必须加以回收利用，否则必然给环境造成压力。

3. 绿色制造强调生产制造过程的"绿色性"

绿色制造对环保的要求程度是高于清洁生产的，它不仅仅要求对环境的负影响最小，而且要达到保护环境的目的。制造业在将资源转化为产品的制造和使用过程中，产生大量的废弃物，是制造业对环境污染的主要根源。

4. 绿色制造对输入制造系统的一切资源的利用达到最大化

我们知道，粗放式的能源消耗导致的资源枯竭是人类可持续发展面临的最大难题，如何有效地利用有限的资源获得最大的效益是人类生产活动亟待解决的重大问题。

二、精益生产方式和精益思想

1. 精益生产方式的内涵

精益生产通过系统结构、人员组织、运行方式和市场供求等方面的变革，使生产系统能适应用户需求而不断快速变化，并能使生产过程中一切无用、多余的东西被精简，最终达到包括市场供销在内的生产各方面的最好效果。

2. 精益思想的内容和做法

精益思想源于日本丰田汽车企业的精益生产方式，其核心是在客户价值的基础上，持续改善生产环节，杜绝一切可能的浪费。丰田企业总结生产现场的活动，认为浪费有以下七种：生产不均衡造成的过量生产、等候加工、搬运（工序设计和设备布置要合理）、动作（不创造价值）、库存加工本身（隐蔽性的）和不合格品（残次废品）。此外，不必要的员工调动及生产出不能满足用户要求的商品和服务也是浪费。任何浪费都会造成资源的无谓消耗，因此，丰田把"杜绝一切形式的浪费，彻底降低成本"作为基本原则和追求的目标，以此作为获得利润的源泉，同时也带来了资源利用率的提高。

3. 具体做法

在生产过程中，根据客户价值，尽可能地减少不创造价值的对于生产必需或不必需的活动（必要或不必要的浪费），对复杂的生产工艺层层分解，逐步剔除浪费，只留下真正创造价值的活动。精益改造是一个长期的、持续的过程，并不是简单的消除浪费，它的最终目标是使客户价值最大化。在确定客户价值的基础上，识别生产过程中的全部价值流，使保留下来创造价值的每个环节流动起来，用客户的需要来拉动价值流。

三、将精益思想融入绿色制造

结合精益生产方式的主要特征，我们可以发现其在理念上与绿色制造是一致的，可以相互融合。

精益生产以人为中心，把员工看作比设备更重要的制造资源。强调员工与企业利益的一致性，强调员工的终身雇佣和终身教育，以最大限度地发挥员工的个人能力和群体智慧。这与绿色制造的根本理念是一致的，完全可以被绿色制造吸收和采用。因为绿色制造面向环境，致力于促进环境和人的协调，显然也是以人为本的制造方式，其目的就是使生产、使用、回收处理产品以及接受最终报废产品的人在相应的产品生命周期各阶段环境中，受到产品带来的环境影响最小，从而使人的健康和安全得到保障。

精益生产以"精益"为手段，在产品设计、制造、销售等各个环节剔除一切多余和无用的东西，在生产过程中实行准时制和全面质量管理。绿色制造则要求在保证产品使用功能的基础上，在设计、生产、包装、销售、使用和回收全过程消除一切对环境产生负影响的因素，在必要的时候生产必要数量的必要产品。

精益生产以"顾客需求驱动"为产品开发原点，采用并行工程缩短产品开发时间，使企业能快速响应市场需求。绿色制造也以顾客需求为出发点，因为随着环保意识的增强，人们对绿色产品的需求不断增加，绿色消费成为世界消费的新潮流，绿色产品将主导世界市场。并且，绿色制造必须在产品设计阶段从产品生命周期的角度对产品结构、材料选择、产品环境性能和产品资源性等方面进行并行设计，使研发流程并行进行，才能体现绿色制造将现代设计方法与环境意识及可持续发展思想集成的特点。

精益生产以创造和谐的外部环境作为处理企业与顾客、企业与合作伙伴的关系准则。绿色制造同样强调同外部环境和用户的和谐。

精益生产方式的总体目标是要增加企业整体性利润额，从而在全企业范围内彻底地降低成本成为其最基本的目标。而绿色制造则是在"制造"过程的每个阶段，并行地考虑产品对人和环境的影响，其目标在于在效用最大化的基础上，使产品的环境负影响最小化。

精益生产以系统学的观点为指导，追求系统功能大于局部功能之和。绿色制造则强调，产品"从摇篮到坟墓"的整个生命周期内环境成本最低，这也是一种追求全局效益最高的系统思想。

四、京张高铁项目部精益绿色建造实践

随着我国社会经济的不断发展，高铁工程在功能性与实用性方面所面临的要求与挑战也随之逐渐增多，如何进行精益建造已经成为行业至关重要的问题之一。从理念上看，用精益绿色管理模式实现设计精益化、制造标准化、物流准时化、装配快速化、管理信息化、过程绿色化等全产业链的精益生产，并贯穿于精益建造的每一个环节中，对于推动我国高铁工业化发展、绿色发展具有重要的借鉴意义。在我国大力倡导节能减排的背景下，绿色建设理念逐渐在高铁工程中得到了较为广泛的应用。

目前，我国高铁工程在粗放型传统建设模式具有自身难以克服的不足，主要表现在：

1. 资源浪费严重，缺乏可持续性。研究表明，施工阶段能耗可以占到建筑物全生命周期内能耗的23%，在低能耗建筑中甚至高达40%；而整个建筑业物资消耗占全部物资消耗总量的15%，占全部能耗的30%，计算下来，施工阶段能耗占全部总能耗的近7%；建材生产、建筑活动造成的污染约占全部污染的34%。

2. 施工效率不高，工期长。多数工作主要由手工劳动完成，生产效率低下，加上现场露天作业受自然条件影响，易导致施工工期偏长。

3. 工程成本难以有效控制。由于传统施工体系的工序复杂，手工劳动多，受外界干扰大，许多成本因素难以控制。而且工期越长，影响成本的因素变化就越多，进一步加大了成本控制的难度。

4. 施工质量难以得到可靠保证。传统施工主要以现场手工操作为主，影响施工质量的不确定因素多，比如工人的责任心、技术水平、身心状况和外界环境等，造成施工质量不稳定。尽管科学技术不断发展，出现了更好的工具和技术，但是上述问题依然未得到很好的解决。

基于精益建设的绿色施工质量管理要求，加强对"人、材、机、法、环"影响质量因素的管理，从源头把控，逐步推进实施，确保实现绿色工程施工

质量管理目标。

（一）总体布局，优化方案，推进绿色精益工程的核心竞争力

企业推行绿色精益工程涉及管理、工程、环保等不同的领域，是将绿色精益施工模式和改进工具导入生产实践中的一项系统工程，对于施工企业及其绿色精益建设模式的可持续发展具有重要意义。企业总体布局，联合设计、施工、监理单位等单位根据实际情况不断优化设计方案，使施工方案与现场实际达到统一结合，并贯穿于立项审批、设计、采购、施工、验收、试运行等各个阶段的每一个环节中，责任明确，部署实施，利用绿色精益管理方法，改变以往的结果管控模式，转变为向源头、向过程要成效的管控方式，从源头上实施绿色精益工程。

与此同时，精益绿色工程质量价值流是从整个施工流程出发，考虑各参建主体对施工质量价值的影响，如对设计单位、材料供应商的精益质量管理，要求绿色设计和建材符合绿色质量水平和要求；对施工单位的精益质量管理，要求加强劳务分包企业和现场作业工人的质量价值管理；对监理单位和业主的精益质量管理，要求加强监督和投资的质量管理，保障绿色工程管理畅通运行。

（二）突出管理优势，推进精益绿色工程有序实施的执行力

通过分析精益建设绿色工程建设质量管理价值流，结合各参加方在建设质量管理中的行为及要求，给出绿色工程建设质量链精益管理、建设单位内部精益管理、建设现场精益管理三大施工质量管理策略，为精益建设绿色工程建设质量管理提供有力支撑。

1. 绿色工程建设质量链精益管理

通过对绿色工程建设质量价值流的分析，可以知道要从绿色工程设计方案开始到工程竣工交付后结束，全面覆盖了绿色建设工程的各方面内容。因此，在精益绿色工程建设质量管理中，以"动态联盟"方法，整合质量流各环节中的各参建方，形成设计单位、供应商、施工单位和监理单位协调管理的生态圈，加强质量流中各参建主体合作关系。弱化各参建方沟通合作的不确定性因素。在绿色工程作业流程管理中，引入精益管理思维，加强绿色工程方案设计和材料采购的精益管理，实现"绿色化"设计方案，"零缺陷"的绿色

建材，消除设计方案和材料采购两大环节的不利因素，同时节约了施工环节成本，提高了工程后期建设质量。

实施绿色精益工程，构建绿色精益"智慧圈"尤为重要。供应链管理是根据精益思想的流动原则，为每项的建设任务选择合适的供应商，并通过合同或协议对每个供应商进行必要的协调管理，从而使得建设活动中创造价值的施工任务能沿着价值流无间断地流动起来直至施工活动的全部价值得以实现。具体内容有：

（1）就供应商和分包商的选择问题，与建设企业和各设计单位进行积极沟通，根据企业的需求"拉动"价值。

（2）工业化的生产商、原材料供应商和其他配套设施供应商的选择与管理，管理原则是"适时适量"的供应，目的是减少库存和等待等造成的浪费。

（3）对各级建设分包商的选择与管理，管理原则是"适时适量"的施工，以使各建设任务顺利衔接从而减少等待造成的浪费。

2. 绿色工程建设企业内部精益管理

企业质量管理水平直接影响着绿色工程质量管理水平，需要加强企业内部精益管理力度。企业应加强建设现场作业的质量处理，结合绿色工程建设质量影响因素，寻找到在质量管理中存在的主要问题及矛盾点，搭建绿色工程各参建方信息共享平台，加强信息交流和反馈。更为重要的是，应用计划管理体系、拉动式作业、现场管理、看板施工、精益建设等方式，持续改进工程质量管理，激励全员参与质量管理，消除质量影响因素，接近绿色工程施工质量管理目标。

3. 绿色工程施工现场精益管理

通过对绿色工程质量管理价值流分析，可以发现建设质量问题出现节点可以是设计、采购、施工作业等，也可以是建设现场管理节点。建设现场管理不善，现场作业人员缺乏绿色建设和精益管理理念，作业人员技术水平不高，作业人员不爱惜作业工具，材料堆放杂乱无章，导致建设现场价值浪费，影响建设现场作业质量。因此，加强绿色工程现场精益管理，改善施工现场作业环境，实施现场精益管理、6S管理，规避影响建设现场作业质量，高效实施现场质量生产活动。

现场管理是以精益思想的尽善尽美原则为指导，对现场正在进行的所有施工活动和现场环境及安全等进行管理与控制，发现问题并将相关情况反馈给工段长、车间主任及其相关部门，以便各管理团队及时做出改进，从而持续地减少施工过程中的浪费，增加建设活动的价值。其具体内容有：

（1）对各项施工任务的质量、进度、费用等情况进行监督管理，确保施工的质量、工期和经济效益；

（2）对现场各建设活动的绿色施工和安全施工情况进行监督管理，确保施工的社会和环境效益；

（3）进行精益思想和绿色理念宣传，构建绿色精益的企业文化；

（4）向其他管理团队反馈现场情况，以便做出及时改进，促进建设活动的持续改进。

（三）凸显技术优势，为精益绿色建设工程提供强力支撑

技术是绿色精益管理的关键。要实现精益管理就必须对现场建设任务进行持续的思考和改进。要求产品设计者、企业决策者、环境分析专家等组成团队进行产品研发。因为绿色设计需要考虑从原材料、半成品及供应商的选择到产品制造、装配、运输、销售、使用维护、拆卸回收、焚烧掩埋等生命周期各个阶段的环境友好性，这必然涉及企业及其上下游供应链的多个部门。

精益生产技术是利用识别价值流等精益原则对现场作业部分的施工任务进行分析并经优化、精简、集成后总结出的现场施工技术，代表了施工技术的发展趋势，正是符合绿色精益建设模式需要的施工方式，进一步提高现场生产效率，杜绝浪费、返工行为，缩短工期，节约成本，有利于在绿色工程源头把控好质量标准。以设计环节为例，设计管理是设计团队根据绿色精益环境的需求，确定施工生产活动的价值，识别其价值流，对施工活动流程进行彻底地优化改造，并为改造后的各项施工活动设计合理高效的实施方案。具体内容包括：主要施工项目的进度设计；综合施工方案设计，包括工业化的建设方案及绿色实施方案；精益施工技术方案设计；四节一环保技术。四节一环保技术是施工过程中的节材、节水、节能、节地与施工用地保护和环境保护等措施及技术要点。

（四）智能制造，推动精益绿色建设工程跨越发展

以人工智能、互联网＋为代表的新技术蓬勃发展，在轨道交通行业深入渗透，深度融合发展成为新常态。特别是随着工业4.0时代的到来，信息技术对现代工厂的支撑作用愈加凸显。依托智能建造在规划设计阶段的决策辅助作用、智能建造在项目实施阶段的技术支撑作用、智能建造在项目全生命周期管理的运维保障作用，实现项目全过程精益绿色管理，为项目全过程中的决策提供科学依据，为产业链贯通提供技术保障，为精益绿色建设工程的建造提供坚实的科技支撑，实现创新人才培养以及管理方法的整体突破，推进精益绿色建设工程的智慧、高效、绿色、协同发展。

京张高铁坚持高标准起步，高质量推进，高水平管理，在建设数字化、智能化、精益化工程上取得了新突破，为精益绿色建设工程提供了强力支撑。通过对双块式轨枕厂的信息化、智能化的工序升级改造，打造智能铺轨基地，利用物联网、大数据、机器人等智能建造手段，推广应用无砟轨道施工信息化系统，提升智能建造能力；在专业工程领域引入路基连续压实、水沟滑模等工艺工装，配置先进轨排框架、铺轨机等装备，全面提升精品工程质量，推动京张高铁建造水平再上新台阶。

（五）实施绿色精益管理产生的效益

绿色精益建设模式是可持续发展战略的需要，是一项系统工程，涉及管理、工程、环保等不同的理论和实际领域。以精益思想为理论基础并结合环保等绿色理念进行施工模式的应用研究，对于绿色精益建设及类似建设模式的发展和建设企业的可持续发展具有重要意义。通过实施绿色精益施工模式，可以带来以下几方面的效益：

一是凸显环境效益，具体表现在以下几个方面：

1. 节能——工业化构建集中生产减少了现场加工生产和原材料运输等所需的能耗，集成装配式施工系统提高了安装效率，节约了能源。

2. 节材——工业化构建集中减少了主要材料消耗，现场集成优化等技术减少了材料的浪费。

3. 节水——工业化施工减少了现场作业和混凝土养护等工程用水。

4. 节地 —— 通过精益管理和工业化实施减少了原材料的储存用地及现场加工用地。

5. 环保 —— 工业化实施减少现场作业和优化施工工序，降低了垃圾、粉尘和噪音等的产生，减少了对环境的污染。

二是彰显社会效益。为国内其他企业提供了很好的社会示范效应，为企业赢得了良好的社会声誉，提高了核心竞争力。

三是经济效益明显好转。工业化施工提高了生产效率和工程质量，并通过节约材料、能源等，实现了成本的有效控制，收到了良好的经济效益。

（六）坚持绿色开放环保理念，构建生态和谐京张

环境保护、水土保持是国家确立的基本国策，也是工程同步施工的重点内容。自 2017 年后，国家对环水保管理的政策要求进行了调整，重心下移，明确了施工责任主体，对施工中各项环水保措施的要求和规定标准高、落实检察勤。针对这一特点，项目部结合国家最新管理要求，提升管理标准，修订编制了环水保施工方案、施工组织设计，重点针对弃土场挡护、复垦整治，审批手续完备，依法用地，指定专人严格按照相关要求进行措施落实，施工噪音治理、环境污染监测措施完善，坚持"三同时"的环保施工要求，对施工便道、取弃土场、河道污染、扬尘、噪音等及时进行治理，严格规范各类施工行为，路地共建，杜绝因环水保事件的发生而造成的不良社会影响事件发生，在历次各级环水保检查过程中各项工作均持续领先。

京张高铁自进场以来即深刻认识绿色京张内涵，2016 年度开始路基综合段绿化试验段施工，与设计配合，试验种植景观树种、苗木，选择成活率高、适宜当地气候特点的植物进行试种；2017 年 5 月路基综合段首件评估中，路基绿化已初见成效，得到铁路总公司领导一致好评，为绿色施工方案设计优化变更提供了依据和参考。针对当地大风干旱气候特点，进行工装工艺创新应用，研制绿化固定式、移动式喷灌系统、智能化喷灌系统等用于绿化喷灌养护，提高了工效、节省了人工成本、提升了苗木成活率，纳入奥运图案元素，提升景观效果。按照铁路总公司"精品工程、智能京张"创建全线绿色景观标志性工程（实现绿色长廊）的要求，针对路基、桥梁、一站一景设计重点

区段重点打造，按照优化后绿化方案，针对不同段落分别种植沙地柏、卫矛、小叶黄杨、金叶女贞等植物，提升绿化景观效果，坚持绿化工程与路基、桥梁主体工程同步施工理念，加快施工进度，快速形成绿化效果，确保早日实现绿色长廊。

第五节 资产管理建设及实践

一、资产管理平台的概念及目的

（一）资产管理平台的概念

资产管理平台是以标准工位为载体，为项目执行提供设备、厂房动能管线等方面的支撑，由事后管理向自主保全、全面预防管理转变，通过整合、优化现有资源，打通资产管理的关键流程，从而实现资产利益的增长。

（二）资产管理平台的目的

作为制造型企业，标准工位是精益管理实施的核心。通过强化工作机制，改善基础管理活动，消除资产管理活动中的各种浪费，建立适应企业自身发展的标准化的资产管理模式，并通过全员参与的形式保持设备与工艺装备的最佳状态，达到零故障、零不良、零灾害、零浪费的目标。

二、资产管理平台的建设与应用

（一）组织建设和理念导入

在项目管理中，组织决定了管理的资源、目标和责任，而建立资产管理

体系尤为重要，明确各级管理体系及成员的职能、权限，可分为决策层、指导层、实施层三个层面。

1. 决策层

由公司领导及专业管理部门组成，公司的设备管理委员会主要负责目标设定资源调配、重要管理活动决策等工作。

2. 指导层

由资产的归口管理部门和设备员担当，公司的资产管理部门和车间的设备员，主要负责方案策划、标准制定、培训指导、检查监督及项目评估验收的组织等工作。

3. 实施层

由各生产车间的专项推进小组组成，主要成员为操作者、工位长、工区长等主要负责计划方案、集训计划的实施以及基础数据统计、问题反馈和自主改善等工作。

推进资产管理体系，是全员参与的管理活动，上至公司领导，下至一线操作者，通过各级组织的划分和责任的确立，以目标为导向建立责任机制，提高效率，降低成本，高效高质地响应现场需求。另外，资产管理体系推进是一项系统的工程，不仅需要全员责任、意识、能力的提升，更需要理念的灌输和引导。尤其是在初期的推进过程中，要运用培训、宣传、讲座、参观、会议和成果展现等方式进行推进工作的理念导入，让全员逐步认识资产管理推进工作的意义和作用，激发全员参与的意识和热情。理念的导入应加强以下三个方面：

（1）领导层的理念导入。领导层一方面指的是公司级领导，另一方面指的是实施和管理资产管理体系的部门、车间等中层领导。观念转变是推进工作的关键，而各级领导掌握着大量资源，领导层对推进工作的支持程度和推进力度对整个系统工作起着决定性作用。

（2）指导层的理念导入。指导层指的是体系推进工作的核心成员，资产管理部门内部的推进小组成员，承担着推进工作的策划组织、流程设计、检查考核及改善等核心管理工作，他们是整个体系推进工作的核心力量，需要加强理念、工作、方法等导入，也需要加强资源的支持。

（3）实施层的理念导入。实施层指的是操作者和基层管理者，设备操作人员、工位长、工区长等，体系推进工作要通过实施层落实在现场工位，并以现场工位为载体输出推进成果。实施层不仅人数众多，在学历和接受新管理理念上存在较大差距，所以他们的意识转变对工作的开展尤为重要。

（二）制度建立和流程梳理

推进工作不仅需要理念的导入，也需要制度的保障和流程的支撑。推进工作的出发点和落脚点是满足现场工位的需求，通过降低设备故障率而提高生产效率，这就需要企业根据自身的管理现状和资源，进行资产管理相关的制度和流程的梳理和优化，通过制度明确各层级的责任和义务，通过流程明确管理动作流程的输入、输出和接口，使得推进工作分工明确，职责、流程清晰。在这个过程中，不是单纯的新增或删减制度、流程，而是根据管理需求，梳理制度和流程要简单可行，即可行性要高，推进管理体系工作有条不紊。

制度和流程梳理围绕现场需求和新增的管理动作，重点放在如何保证现

场表单执行到位，即保证确定的人员在确定的时间按照标准做恰当的记录等工作。从深层意义上讲，就是从操作者到管理部门各层级人员，并以现场问题为切入点，包含问题的诊断、对策、验证、评价和归档等步骤，通过现场支撑的管理流程角度将关键步骤进行梳理。

制度和流程是根据生产现场的需求面梳理完善的，在推进过程中不是一成不变的，而是根据实际资源和需求的变化进行调整，以适应整个精益系统的要求。

（三）点检与实施

资产管理体系的构建从传统的维修模式向预防式保全模式转变，是将管理起点前移。培训是导入 TPM 理念、工具、方法的重要途径，当制度、流程确定后，需要做多类型、多层次的培训保障，推进 TPM 工作能顺利实施。从培训类型上，可分为理论培训和技能培训。理论培训主要包含 TPM 理念制度流程讲解、工具方法论等；技能培训主要包含点检技能培训，如起重器清扫润滑点检、电焊机清扫润滑点检等专项培训以及点检检查培训、统计分析培训等。从培训层次上，可分为操作者、工位长、工区长、设备员、车间领导及管理部门等多层次培训对象的培训，对于操作者主要培训点检标准制定、清扫润滑点检能力；对于车间管理者主要培训清扫润滑点检标准制作、督察点检方法及统计方法培训；对于管理部门即指导层主要进行全面的 TPM 策划、分解、实施、检查及改善等培训。为了增强培训效果，培训通过讲座 PPT、操作现场进行，全方位、多角度地对各层级员工进行理论培训和模拟培训，起到了良好的效果。

1. 作业人员的点检

通过对作业人员进行系统性理论和实践操作的培训，主要是设备清扫润滑点检方法的培训和故障报修流程及报修表单填写等培训，并经过考核认证，使操作人员熟悉整台设备所有点检项点及细则，并在实际点检工作中按照既定的《设备清扫、润滑、点检标准》的要求，在工作前、工作中、工作后对设备进行点检并正确填写《设备点检卡》。对于点检中发现的故障，操作者要按照报修流程进行报修，在点检过程中，要重点关注润滑点检项点、限位安

全项点、报警警示项点等，保障设备安全可靠运行。

2. 车间点检督察

作业人自主点检实施后，生产车间设备员、工位长、工区长及车间领导按照有关办法及流程，定期对操作者点检实施情况进行复验，主要检查操作者是否定期点验，是否错检漏检、润滑是否到位、表单是否规范、清扫是否到位等事项，通过抽查现场设备并对该设备进行点检，检查后在《设备点检卡》上签署意见和签名，以此来督查自主保全情况，及时发现问题，并进行现场整改。

3. 公司级的点检督导

企业管理部门依据相关措施和制度，成立点检专项检查组定期对各车间生产设备、节能情况进行公司级检查督导，检查主要内容为操作者自主点检的执行情况以及车间管理人员对点检工作的督察情况，同时检查在《设备故障复修/维修记录单》《设备故障对应流程及修复确认单》（以下简称维修表单）填写情况，即检查故障报修与设备清扫、润滑点检的一致性。同时，专项检查组把检查结果以图片化的通报形式在全公司分发简报，通报中不仅详细记录检查的设备状态、设备点检情况、表单记录情况等，对于不符合标准的点检项点，还要在通报中进行披露、评价，同时要求责任单位在限定时间内进行整改，整改后将资料反馈给专项检查组，以备下次检查。简报是资产管理体系推进工作的核心资料，是 TPM 理念推广、自主保全检查问题统计、先进标杆评比、考核表彰的主要载体和管理工具。

4. 维修作业点检

当在自主保全点检中发现设备故障，责任人要按照既定流程进行故障申报、审核并正确填写故障报修表单，在故障修理完成后，经责任人确认并填写确认单。设备维修表单相当于设备的病历卡，为开展设备故障统计工作提供数据基础，也为后期开展深层次的数据分析和高频次分析等改善研究工作提供实际依据。维修作业点检的检查要点为故障报修及修复确认流程的记录、审核、确认及数据整理的完整性或准确性，同时要检查故障发生时间与设备清扫润滑点检记录的关联性，即把设备清扫、润滑点检工作与故障维修工作结合起来点检与管理。

5. 自主点检改善

经过系统培训和实践，操作者、车间管理人员已对设备性能状况、TPM推进工作流程有了深层次的理解，具有自主发现问题、自主解决问题的能力，更使得安全工作成为一种习惯。一方面车间人员不再一味地应付专项工作组的公司级检查，他们自主地开展定期或不定期的自主点检，及时发现问题、提出对策、现场整改，有经验的操作者或设备员还可对设备进行小的加装改造。另一方面，他们从操作角度重新审视原有清扫、润滑点检标准和相关制度流程，提出合理化建议，并在实际操作中加以修正。这些改善提高逐步让员工理解"产品品质是由正常的设备生产出来的"，明白设备与品质的关系，同时形成自己的设备自己维护的观念，使操作者从保全工作的执行者成为积极参与者，有的甚至成为设备维护专家，他们的经验可以在公司内部分享学习，他们的方法可以在同类设备中快速复制，同时启发其他员工进行自主保全及改善提升。

6. 对标准工位的支撑

现场设备异常的迅速处理和解决是资产平台对生产工位的有力支撑。一方面在组织和制度上规定了特定的异常处置人员（即资产平台支撑人员），做到车间、工位、设备与资产部门支撑人员的一对一对应，在异常发生时能第一时间获得资产部门的支撑和资源。另一方面，资产管理部门从横向和纵向两个维度对部室管理人员进行划分，使得他们在日常管理工作中按照既定的维度进行区域化和专业化的支撑管理工作。例如，有的管理者负责某个车间，这就是横向的管理维度；有的管理者负责电焊机，这就是纵向的管理维度。负责不同维度的人员结合 TPM 推进工作要求和现场工位的支撑需求，开展培训、点检、督察指导和改善提高等活动，推动保全工作有效开展。

三、改善与推广

（一）数据统计分析与应用

设备故障数据统计分析，是从传统保全模式向预防性保全模式转变的重要分析工具。保全工作虽然可以极大地降低故障率，但是不能完全消除故障的发生，那么我们就有必要摸清设备故障规律，在故障发生前及时地进行预防性修理，不仅可以保障生产，还可以合理控制备品备件库存，降低维护成

本。设备故障统计分析就是这个突破口，保全工作中的维修表单提供了故障发生时间、故障修复时间和故障类型等信息的输出，这就是为什么一再强调维修表单有效记录的重要性。最常用的统计方法是故障分类统计法，按照经验把故障分为 5 类：A 类——自然磨损；B 类——操作、保养不当造成的磨损；C 类——设计问题；D 类——零件、部件质量问题；E 类——其他原因，可以用此方法根据车间范围、设备类型、时间范围及故障类型等维度分类统计故障时间，另外不同企业可根据自身经验和特点重新进行故障分类。

设备故障高频次分析是在设备故障统计分析基础上的应用，作为基础数据的设备故障统计数据，设备管理人员可以通过数据比对和标准参照等方式，选取特定的对象进行高频次故障分析，研究课题的选择可以根据时间、空间、范围的不同而选取不同对象进行分析，最重要的是做好故障原因分析、改善措施的实施和完成情况记录。每一个高频次分析对策相当于一个故障改善研究课题，好的对策方案可在公司内部交流推广。

预防性维修的关键是提前预测，这就要求我们摸清设备故障命脉并掌握故障发生规律，设备故障统计分析基础工作已为发现冰山下深层故障规律提供了依据，资产管理推进工作就是把设备故障及隐患提前暴露和消除，逐步向预防性保全模式转变。然而通过持之以恒的保全工作，设备故障率及维修费用已达到一个瓶颈，为了进一步降低设备故障和备件库存，提高计划维修的效率和效益，可以通过设备故障数据深层分析的方式，摸索大量数据中潜在的可充分利用的规律。设备完好率、设备可动率、设备故障时间统计等都是已普遍应用的数据统计分析的方式。改善是无止境的，管理推进工作也需引进新的分析工具，企业应用 MTBF（平均故障间隔时间）和 MTTR（平均故障修复时间）的分析工具，来分析关键、瓶颈设备的故障类型和规律，并可通过数据分析、比对，可以合理地推测易损件消耗规律，从而控制备品备件的的种类和库存，利用故障规律也可以有效地安排计划修理时间和项点，即在故障将要发生前或是在零件达到极限前及时地进行维护和保养。

（二）TPM 推进改善体系的建立

TPM 推进工作过程就是设备管理向预防性管理转变的改善过程，然而大家经常被一个问题困扰，那就是 TPM 推进的改善成果很难维持和巩固，若是

缺少公司级检查的监督和考核，总是会有"回潮"现象发生。精益管理是一个不断改善的过程，资产管理平台自然也不例外，我们试图建立一个标准化的日常改装维持系统，包括维持系统和改善系统。一方面通过建立标准化的点检表单制度流程，把 TPM 推进的关键管理动作固化；另一方面通过激励、考核巩固推进成果，同时开展多层次的全员改善项目，不断检查、修正标准并优化提升，使管理水平明显提升，逐步形成标准化的、可复制的 TPM 推进改善体系。

（三）设备状态智能管理

工业 4.0 提出基于信息物理技术的解决方案，这就对设备设施的可靠性提出了更高要求，TPM 推进工作的开展已将复杂的设备管理动作简单化，通过实践和流程优化，已将简单化的管理动作流程化，现在已具备了明确的输入输出和标准的数据接口，那么就具备了把相关工作转变为信息化的条件。设备状态智能管理是集合设备台账管理、设备即时状态监测、设备故障申报统计、分析等功能的信息化管理工具，服务于高铁装备领域的试验分析、运营管理、维修保障等全寿命过程，推动设备状态智能管理便捷、规范、准确、高效。

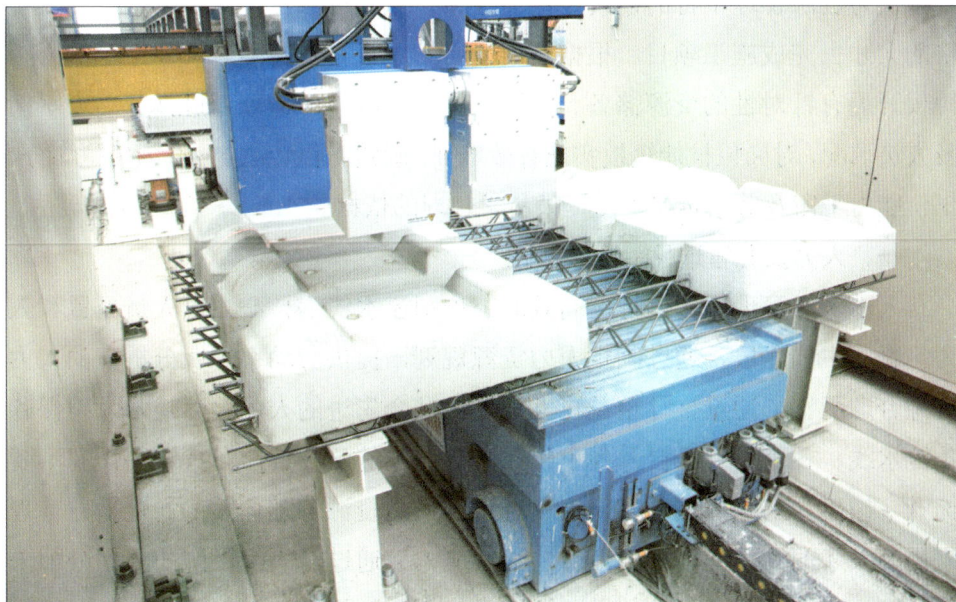

第六节 人力资源精益管理建设及实践

人力资源管理平台的建设是保证各项管理工位和生产工位有适量的、合格的人才去完成施工项目。根据企业战略发展规划，对各条管理平台的人力短板开展有针对性的资源储备、培训，结合年度生产计划，进行劳动力平衡及人员调配，对岗位技能短板实施有效培训，确定工位劳动定额，为工位切分、工位能力平衡及劳动负荷平衡提供科学合理的依据。

一、人力资源管理平台建设实践

人力资源管理平台以打造高效的工位制流水线为核心，以人员配置和人力培育为主要手段，通过制定人力资源规划，提供劳动率平衡分析下的人力资源合理配置；通过推行精益育人理念，融合先进的人才培养技术，确保各条流水线、各个管理平台、各个部门所有人员的配置、能力持续保证和不断提升，构建与京张高铁项目部高速统一的人力资源管理体系；通过精益管理来提高人才的利用率，杜绝浪费，降低成本；通过对人力资源的合理分配来

达到最优管理提高效率的目的。

运用精益管理最大的好处在于可以将企业单位资源浪费降低为最小化，特别是在人力资源的浪费。任何一家企业最害怕的就是人才的流失和浪费。若一个人才在企业中找不到适合的岗位，没有良好的发展空间，那么他将无法发挥最好的实力、展现最佳的能力，如此必定是企业的损失。在企业中所谓的人力资源管理就是要将合适的人才使用于最合适的岗位上，可通过精益管理将他的能力最大化地发挥，来极致高效地帮助他最佳地完成工作。

二、人员配置形式

在人力资源管理的工作中，一定要坚持"以人为本"的科学发展理念。只有坚持以人为本，方可最大限度地让员工激发主人翁意识；只有倾听员工的呼声，方能了解员工，真正地解决员工所想所急，从根本上解决问题，让员工的积极性得到充分的发挥。在管理制度的制定上，要根据实际对不同情况进行分析，制定最适宜的制度才可将管理工作达到最佳状态，方可使其员工积极性完全调动起来。一是人岗匹配。人才发展周期与相应的取位层级相匹配，即发展越成熟的员工越接近战略贡献度高的核心职位。二是与发展通道匹配。人才发展周期与相应的职业发展通道能力等级相匹配，即发展越成熟的员工越接近职业发展通道的顶层。

人员配置是从组织的战略和人力资源规划出发，对人员进行安排的一系列活动。人员配置既包含通过招聘、甄选程序选择候选人、考察候选人并最终做出录用决策的活动，也包含为了解决组织内部适岗率低的核心矛盾，通过职位调整手段对组织内部人力资本储备和存量进行动态调节的行为。通常人员配置的形式包括招聘、轮岗、留任、晋升、退出、继任计划等。

对于技管人员管理线，管理平台的人员配置，由所在单位提出岗位人员配置意见，人力资源根据人力资源年度计划实施人员的招聘、轮岗、留任、晋升、退出等措施，一方面形成基本的人力资源储备，另一方面基于试岗度形成人力资源储备和存量的动态调节机制。

对于生产线人员配置，为了进一步加强劳动定额管理工作，努力推进劳动定额标准化管理，建立了基于产品平台的生产流水线标准定制定员管理模式。在此基础上，运用工位制节拍化劳动定额，建立基于产品平台的生产流

水线标准人员配置。

随着精益生产方式的深入推进，生产流水线的生产工序和劳动方式相对固定，因此单纯依靠缩短劳动时间来提高生产效率，能够提升的空间非常有限。因此，在总产量不变的前提下，有效提高生产效率的方法之一就是改善人力资源配置。《工位制流水线标准定员配置》主要是在全面理顺工位制节拍化劳动定额的基础上，坚持以产定员的原则，根据企业年度生产任务特点，对生产工艺、设备、工种岗位设置、劳动定额定员设置和完成情况以及岗位基本情况进行全面调查，利用工序推移图和山积图进行有效作业时间确定，消除瓶颈工序；根据劳动宽放时间及定额计算公式，计算出每个工位工序理论定员数量值，对计算得出的生产流水线位定员数据与各生产单位进行讨论评审，并进行必要的调整，确定出各工位合理的劳动定员标准；通过编制《工位制流水线标准定员配置》，对生产线上的人力资源进行合理配置与调整，不仅可以做到劳动定额编制合理、节约用工成本、提高生产线效率，还可以减少员工对单一工序的倦怠感，充分发挥员工的个人价值。

与此同时，推行标准工位人员动态管理。基于产品平台的生产流水线标准，人员配置打破传统班组定员制度，推行工位定员制度，建立人力资源部—车间—工区—工位四级人员动态管理模式，制定了《标准工位人员动态管理规定》，对各生产单位工区内人员工位调整、跨工区人员工位调整、组织架构调整后人员工位调整以及工作岗位调整人员工位调整等做出了具体报备审批流程规定，明确员工调动需符合的条件，并在工位看板上设置《工位人员标准配置表与工位人员动态管理图》《工位人员异动情况记录表》，通过以上3张表单实现工位作业人员的出勤情况和流动状态进行目视化管理的要求，以达到实时掌握工位员工动态的目的。同时，建立了生产线人员异动点检机制，定期对各单位人员异动情况进行点检，点检结果与车间领导职能人员绩效挂钩。

通过推行标准工位人员动态管理，各条生产流水线人员调整严格履行岗位调整流程，在项目转换时进行适时适度的人员调整，做到人员的流动合理有序可控。

三、构建以精益管理为载体的育人体系

人是企业最重要的资源，只有人的不断成长才能做到企业真正进步。企业经营的不是产品而是人，在制造产品的同时制造人才是精益推行的核心思想，精益持续推进的背后必然有套完善的育人系统做支撑，"尊重人性，以人为本"的人才自成体系在京张高铁精益之路上发挥着巨大的作用，并形成下列特点：

1. 高度重视人才的培育工作，在企业内建立起逐级育人原则。企业各部门、车间正职的培训由企业组织，将培养下属作为管理者的责任，副职由系统和正职负责培训，主管负责下属培养各个职能部室、本系统内的培训。

2. 科学的培养理念，采用阶段性的培养计划帮助员工不断提升能力水平，完成个人能力发展路径。人才育成的重要思路是使人拥有无限潜能，人不逼急了，智慧就出不来（每一个员工都有无限潜能），人不亲身体验就学不到。教别人的时候，对自己也是一种学习；给他空间和任务，他才能成长。

3. 培训模式创新。运用精益理念，建立一种与企业战略与精益推进密切联系的高效培训模式，开展精益培训建设，助推企业精益变革。一是坚持全员、全面、全过程培训。邀请业内专家，开展精益化管理、路基、连续梁和转体桥施工等方面的教学培训，实现"干什么，学什么，缺什么，补什么"订单式培养、定向式培训。二是创新培训模式，丰富培训内容。以路基工序沙盘、桥梁工序实物实景实训实作、二维码技术交底、"安全培训工具箱"、VR安全体验等教学载体，对管理层和作业层进行全方位培训。开工累计完成培训4200人/次，全面提升了参建管理及作业人员安全质量意识和操作技能。

一是通过培训传递精益推进思想、理念和工具，使全员统一形成共识，为全员参与的精益变革奠定基础；二是精益培训对现场制造的精益推进与改善起引领作用，使员工各工位的管理走向标准化、规范化、同步化；三是培训的主要功能是育人，提升工段长、工区长和基层管理者的能力和素质，为员工的职业生涯发展奠定基础。培训特色体现在以下几个方面：

1. 氛围特色

引入传统文化的精华来营造氛围，使之与企业文化精益文化在此高度融合，用文化助推精益走向深入。

2. 管理特色

管理与其他培训的区别可用"理念、规则、标准"六个字来概括。在培训过程中让学员通过体验规则、共识规则，养成遵守规则、按标准做事的理念和习惯，传递一种以过程为导向的思维方式和管理方法，养成关注细节、遵守规则、执行标准的良好行为。

3. 教学特色

精益培训是一种体验感悟式培训，注重"学、做、悟"，它融合了情景模式、角色演练、案例研讨、感悟分享等多种培训教学法，学员通过在培训活动中的参与，来获得个人的体验，并通过团队成员的共同交流分享，从而提升认识的一种培训方式。

总之，精益培训是在系统梳理管理内容、管理标准和管理工具的方法基础上，形成培训内容、设置培训案例和现场作业的环境，通过环境文化的感染、规范细节的训练、讲师的传授和学员动手操作与角色演练，体悟文化之道、管理之道、践行之道。

精益是现代企业的灵魂，培训为企业精益管理提供强有力支撑，在企业持续、快速、健康的发展环境中发挥不可替代的作用。

1. 员工"学精益，讲精益，用精益"的氛围日渐形成

培训学习，全员完成了精益思想的导入，认识到精益是企业获得竞争力的法宝，形成全员参与精益管理的良好氛围，为企业精益生产提供了有力的支撑，开工累计完成培训4200人／次，全面提升了参建管理及作业人员安全质量意识和操作技能。参训人员包括中层领导、中层助理、后备、工区（位）长、大学生工区长助理、精益专职、新入职大学生等。

2. 有效提高生产现场的管理水平

借助精益的理念和工具，企业的管理不断得到改善，生产流程更顺畅了，现场变得更整洁了，员工的士气提高了。员工感叹道："如果没有精益理念，没有精益生产体系的指引，要高质量、快速度完成这么大批量的任务，在过去根本是不可想象的。"

3. 培训机制完全建立，加快企业人才培育

精益培训推进精益管理、研发、工艺等方面的课程体系，精益培训逐步成为企业切磋精益管理的重要手段，学习和实践紧密相结合，学员带着问题学习，在培训中拓展提升，使培训架设企业管理与生产现场桥梁的功能得到较好的体现，一批又一批的学员在这里结业，逐步成为提升企业管理水平的"黄埔军校"。

4. 培养了企业宝贵的师资力量

精益培训师是精益理念的传播者，参加培训的人员回单位后又进行转训，成长为内训师，强有力地推进了企业管理提升，为全员培训奠定了基础。

第七节　财务精益管理平台建设及实践

精益财务管理或称精益化财务管理，是以"精益管理"的思想为出发点，在企业的筹资、投资、营运资金、成本管理等过程中，把精益管理思想与企业财务管理思想相结合，设计的一套现代化的财务管理模式。作为一种新型的财务管理方法，精益财务管理用较少的投入获取较大的经济收益，以实现企业财富最大化，进一步优化公司财务管理流程，降低管理成本，从而提升企业财务管理质量。

一、精益财务管理的概念及重要性分析

（一）精益财务管理的概念

精益财务管理是指对企业财务的精益化管理，从精益管理角度分析企业的发展趋势，并将精益管理融入到企业发展的各个阶段的财务管理中，实现企业精益管理与财务管理相结合，成为一套符合企业发展现状、与时代发展特色相融合、卓有成效的财务管理新模式。财务精益管理并不是一个复杂的

概念，其本质是一种习惯行为，重点强调精益求精的精神，在财务管理的过程中以积极的态度细中求精。精益财务管理能够平衡收益和成本、投入和产出之间的关系，进而实现企业经济效益最大化的目的。

（二）精益财务管理的重要性

精益财务管理在企业管理的使用中，其重要性大致表现在以下几个方面：

提高企业成本控制力度，实现精益化成本管理。精益财务管理是以创造最大化价值为目标的管理活动，创新财务管理机制，采用多种财务控制手段，对企业财务管理存在的问题进行处理，有效规避财务管理的随意性和主观性，防止造成成本的浪费，强化精益化管理，能够实现企业低成本、规范化、集约化运行。

推行全面预算，实现企业安全、生产、销售以及经营效益的最大化，全面预算是企业财务管理的重要工具、方法以及手段，通过全面预算能够对企业的整体资源进行科学管理和最优良的配置，以此实现企业价值的最大化。从某种意义上来说，预算管理水平能够直接反应企业财务管理水平，精益财务管理能够实现全面预算，由此可见其重要性。

二、精益财务管理的内容

精益财务管理的基本目标是，在进行财务管理活动中，充分挖掘和利用企业现有的可利用资源，排除一切不能创造价值的作业和行动，有效地组织和配置资源，以求成本的不断降低和利润的不断提高，最终达到提高企业价值的目的。

（一）精益筹资管理

精益筹资管理是指企业根据自身资金的需求量，通过适当的途径，在适当的风险条件下，以恰当的资本结构和最低的成本筹集企业经营发展所需的资金。

采用不同的筹资渠道与方式筹集资金的成本是不相同的，企业面对多种筹资渠道和方式筹集资金时，需要综合权衡各种筹资渠道与方式的利弊。如果筹集渠道与方式选择不当，可能出现筹资成本高、筹资风险大、失去对企业的控制权等后果。因此，筹资渠道与方式选择是否得当，对于企业筹资活动非常重要。

精益筹资管理的方法具体包括：正确预测企业资金需求量、选择恰当的筹资渠道与方式、对筹资风险进行恰当的衡量和控制、选择合理的筹资结构。

（二）精益投资管理

精益投资管理就是运用精益思想把企业的资金投放到收益高、回收快、风险小的投资活动中去，以获取最大限度的利润，提升企业的价值。精益投资管理就是要将企业的投资目标和企业价值最大化这一根本目标结合起来，选择合适的投资方式和渠道投资适当的项目；根据精益管理的思想重新设计评价投资方案的指标体系、评价标准和计算方法，从更多的方面和更细的层次分析投资项目的可行性。其实质就是保证投资最小，资金增值效率更高，资金利用最充分，投资者获得的回报最大，企业价值提升最快。

精益投资管理的方法具体包括明确企业的目标和财务目标、选择合适的投资方式和投资渠道、选择适当的投资项目、选择合理的投资规模、运用合理的投资评价指标体系和评价方法。

（三）精益流动资产管理

精益流动资产管理是指企业根据自身生产经营活动的需要，适当持有合理的现金额度，运用适当的理财方法控制和管理应收账款，保持适当的存货规模和数量。精益流动资产管理是运用精益思想，在流动资产管理活动中消除和减少无价值的活动的具体体现。

通过加强现金的精益管理、应收账款的精益控制管理及存货的精益管理实现流动资产的精益管理。就是合理确定现金的持有额度，保证现金收支平衡，强化现金日常控制；控制应收账款的规模，加强应收账款的回收管理；以需求拉动、及时采购等精益方法管理存货的质量和数量。通过精益流动资产管理，旨在使流动资产在不断的流动过程中，使企业实现价值的补偿和增值。

精益流动资产管理的方法具体包括对风险和收益进行适当的权衡、合理确定流动资产的规模和数量、合理配置流动资产、动态管理流动资产。

（四）精益成本管理

精益成本管理是指企业通过以整个产品供应链为对象，通过精益采购、精益设计、精益生产、精益物流、精益服务等精益措施使整个供应链成本最小化，为客户创造价值。

精益成本管理思想的精髓就在于追求最小供应链成本。在供应链的各个环节中不断地消除不为客户增值的作业，杜绝浪费，从而达到降低供应链成本，提高供应链效率的目的，最大限度地满足客户特殊化多样化的需求，使企业的竞争力不断增强。

精益成本管理以客户价值增值为导向，融合精益采购、精益设计、精益生产、精益物流和精益服务技术，把精益管理思想与成本管理思想相结合，形成了全新的成本管理理念——精益成本管理。它从采购、设计、生产和服务上全方位地控制企业供应链成本，以达到企业供应链成本最优，从而使企业获得较强的竞争优势。

精益成本管理的内容具体包括精益采购成本管理、精益设计成本管理、精益生产成本管理、精益物流成本管理、精益服务成本管理。

三、京张高铁财务精益管理思路及实践

（一）建立完整的精益财务管理系统

精益财务管理体系是将资金管理作为线索，以全面预算为重点的管理系统。精益财务管理系统的建立包括以下几点内容：

1. 创建全面预算管理系统

全面预算管理系统是集预算、控制、分析、核算为一体的全方位、多功能经营管理信息平台，全面预算管理流程根据企业的特点，创建全面预算编制和评价模型，规范、统一预算报表格式，实现对预算编制的自动化、规范化以及科学化管理。由于企业预算管理需要处理的信息量巨大，应该充分利

用信息化手段编制预算，包括年度预算、季度预算、月度预算等，实现预算由传统局部预算、固定预算向全方面预算、滚动预算方向转变。由于全面预算管理的重点是企业所有业务、生产成本费用的预算，对财务管理人员素质水平的要求相对较高，因此应加强财务管理人员的培训和教育，形成购销全面预算体系；同时，还应加强预算执行过程控制，创建科学的动态监控和调整机制，实现对预算执行过程的有效控制。

2. 建立资金集中调节管理制度

资金是企业安全、有序运行的重要保证，资金管理是企业精益财务管理的重点，资金集中调度管理制度应采用定额考核与预算管理，严格审批程序和资金使用，实现对资金的实时、动态监控和统一管理。此外，通过减少长期挂账现象、彻底清除往来款历史遗留问题、加强往来款结算管理、尽快处置报废与闲置资产、加强出租资产管理等，盘活各种占用资金，能够有效地提高资金利用率和保值增值率，对于货币资金管理具有至关重要的作用。

3. 创建健全的考评体系

传统的以总量来考核企业绩效的财务管理方式已经过时，通过创建以企业价值为中心的考评体系，能够实现对企业财务的精益化、现代化管理。按照业务性质的不同，将人员分为高级管理人员、一般管理人员、研发人员、生产人员以及业务人员等，针对不同的人员采用不同的考核指标，并制定相应的奖励机制，这样能够有效地调动所有人员的积极性和主动性，实现企业财务考核的科学化、制度化和规范化发展。

（二）创建更加优良、和谐的财务管理团队

企业精益财务管理的达成，需要财务管理人员的管理，财务管理人员的素质水平，直接影响精益财务管理的施行效果。因此，企业应创建优良、和谐的财务管理团队。企业财务部门应该倡导创建"求真求实、团结和谐、高效廉洁、追求卓越"的财务管理文化，鼓励所有的财务管理人员用心、用智慧、用情做好自己的本职工作，以此凝聚人心、力量以及智慧共同做好财务管理工作。同时，还应该加强财务管理人员的培训和再教育，财务管理人员也应该加强自我学习，积极主动地参加各种财务类培训教育，不断地完善自身的知识体系和完善自我。此外，企业还应当做好财务管理人才储备和知识贮备

工作,积极开展"金点子"活动,广泛征集财务管理人员的合理化意见和建议,不断的提高财务管理水平和效率。

（三）精益化财务流程

财务流程的执行能力直接影响企业财务管理的运行水平,但是传统财务流程以"财务会计功能"为核心,不能够满足现代企业财务管理的要求,企业逐渐开始运用精益化理念进行财务流程管理,具体表现在以下两个方面:一方面,精益化财务流程再造原则,主要包括以人为本原则,强调团队合作精神的重要性,充分激发和调动所有财务管理人员的主观能动性,发挥财务管理团队所有人员的作用,提高财务管理效率。顾客至上原则,重视客户价值增值,精益化流程再造的过程中,将客户价值作为重点,根据客户需求,为其提供针对性、经济的产品或者服务。另一方面,精益化流程再造目标,创建专业化、规范化的财务管理团队,充分开发、利用人力资源,对财务流程进行再造,创建完善的投资决策系统,保证投资决策的准确性和科学性,以此提高投资效率。同时,加强风险控制,对国外市场环境和国内市场环境进行分析,制定完善的内部控制制度,保证企业资金能够安全、高效地运转,提升企业抵抗风险的能力。

总而言之,在资本市场与市场竞争的双重压力下,企业要在激烈的市场竞争中站稳脚步,就必须加强财务管理,将精益财务管理作为一种有效的财务管理模式,在企业财务管理的使用中,在"精"字上下功夫,在"益"字上动脑筋,控制成本费用支出,狠抓预算管理,强化队伍建设,开展降本增效,

进一步提高企业财务管理的水平和效能,提高企业的经济效益和综合市场竞争力,实现企业精益化、规范化管理,确保财务精益管理的有效开展及运行的良好,争取为企业带来更多的经济效益与社会效益。

第八节 采购物流管理建设

一、物流管理概述

（一）什么是采购物流管理

物流管理自 20 世纪 20 年代产生于美国，其对国民经济的作用已被各国所认可。精益物流是起源于日本丰田汽车公司的一种物流管理思想，其核心是追求消灭包括库存在内的一切浪费，并围绕此目标发展的一系列具体方法。它是从精益生产的理念中发展而来的，是精益思想在物流管理中的应用。

物流作为生产的重要支撑对生产效率和效益起到至关重要的作用。精益物流要求从供应商物料接收、包装存储、内部加工搬运直到成品运输的全流程应用。应用精益理念来消除浪费，从而改善物流运作中的安全、品质、交货期和成本。精益物流的实质是 JTT 既不早，也不晚，恰好及时地完成供——产——销的物流过程，特别是其中的物流与供应链管理的目标。

（二）采购物流管理的特点

1. 以客户需求为中心

在物流管理理念中，顾客需求是物流管理的原动力，是价值流的出发点，当客户没有发出需求指令时，上游的任何部分不提供服务；当客户需求指令发出后，则快速提供服务。简而言之，即根据需求提供精益物流服务，而不是根据物流服务的程度来调整需求。这里的顾客需求有两方面，一是生产车间的生产重求；二是产品的交付需求。

2. 准时

大多数企业对于物流准时化的概念停留在物流送料的准时，而忽视整个体系的准时化，反而会导致不准时，问题大量出现或者为了准时增加了过多的物流人员。物料在流通过程中能够顺畅有节奏地流动是物流管理的目标之一，而保证物料的顺畅流动最关键的是准时。物流管理线的准时化包含以下两方面内容：

（1）准时化本身必须是既不能早也不能晚，只保证不晚往往会导致大量物料提前送达而导致生产现场物料的堆积；不能早的时间需要提前综合考虑运输距离、生产节拍长短等因素。

（2）准时化是整个物流管理体系的准时，即物料在物流各个环节按计划按时整合完成，包括来料、运输、收货、入库检、入库、分拣、配送、回收等各个环节。例如，配送计划的制订直接满足生产准时化的需求，在配送计划的基础上，向前拉动形成各个环节的节点计划，通过各个环节工作节点的准时兑现来满足配送计划的需求，从而将整个物流管理体系一致性地对应生产准时化需求。准时化是保证物料在流动中的各个环节以最低成本完成的必要条件，也是保证物流系统整体优化方案能得以实现的必要条件。

3. 准确

准确包括准确的信息传递，准确的库存，准确的客户需求预测，准确的送货数量等，准确是保证物流精益化的重要条件之一。

4. 快速

精益物流系统的快速包括两方面含义，第一是物流系统对需求变化的反应速度；第二是物资在流通过程中的流转速度。

物流系统对需求变化的反应速度取决于系统的功能和流程。物资在物流链中的快速性包括停留的节点最少，流通所经路径最短，仓储时间最合理，并达到整体物流的快速。速度体现在产品和服务上，是影响成本和价值的重要因素，特别是市场竞争日趋激烈的今天，速度也是竞争的强有力手段。快速的物流系统就是实现货品和流通中增加价值的重要保证。

5. 降低成本，提高效率

精益物流系统通过合理配置基本资源，以需定产，充分合理地运用优势和实力，通过电子化的信息流，进行快速反应、准时化生产，从而消除诸如设施设备空耗、人员冗余、操作延迟和资源浪费等，保证其物流服务的低成本。

6. 系统集成

物流作为连接生产制造与职能管理的中间环节，起到承上启下的重要作用。要实现精益物流系统，企业既要组织好内部相关职能，包括生产计划管理、工艺管理、质量管理、采购管理等，又要协调好所有供应链成员。精益物流首先将企业内部各职能整合成一个统一的价值链，再逐步把企业上下游供应链成员的价值整合为一个端到端一体化运作的增值链。

7. 信息化

高质量的物流服务有赖于信息的电子化。使信息流动迅速准确无误，物流服务是一个复杂的系统项目，涉及大量繁杂的信息，电子化的信息便于传递。这使物流服务的准时和高效，电子化信息便于存储和统计，可以减少信息冗余传递，减少作业环节，降低人力浪费。此外，传统的物流运作方式已不适应全球化、知识化的物流业市场竞争，必须实现信息的电子化，不断改进传统业务项目，寻找到传统的物流产业与新经济的结合点，提供增值物流服务。因此，必须实现物流管理和现代信息技术的有效融合。

二、采购物流管理的框架

精益物流是一个复杂庞大的系统工程，其框架包括供应链物流、生产物流、销售物流、回收物流。

供应链物流是指企业上游所有供应商，为了满足企业生产交付需求而进行的物资供应的全部活动。

生产物流是指企业在生产工艺中的物流活动。生产物流是企业物流的关

键环节，从物流的范围分析，企业生产系统中物流的边界起于原材料、外购件的投入，止于成品仓库。它贯穿生产全过程，横跨整个企业（车间、工位），其流经的范围是全厂性的、全过程的。

销售物流是指企业在销售过程中，将产品的所有权转给用户的物流活动，是产品从生产地到用户的时间和空间的转移，是以实现企业销售利润为目的的，是包装、运输和储存等环节的统一。

回收物流指不合格物品的返修退货以及周转使用的包装容器从需方返回到供方所形成的物品实体流动，即企业在生产供应、销售的活动中总会产生各种边角余料和废料，这些东西的回收需要伴随着物流活动。如果回收物品处理不当，往会影响整个生产环境，甚至影响产品的质量，占用很大空间，造成浪费。

三、采购物流管理的构建和实施

随着外部市场需求不断变化，随着企业生产标准化、自动化以至智能化水平的不断提开，物流管理对企业生存和发展起到越来越重要的作用，突出的表现在影响生产 80% 的问题是物料不齐全和物料质量问题，但企业想要解决物流问题时发现千头万绪难以着手，其问题可以简要总结为计划松、制造匆、物流疯、批量送、灵活用、缺料重、收尾痛、存量胀。

生产组织好比人的身体，是由各个部门、各个工位、各个工序、各个人员以及相关资源紧密街接而成的，一个产品从原材料投入生产到成品产出，需要经过成百上千个步骤按标准顺序完成，某一个环节衔接不当就会导致生产停用，这就需要用精确的计划控制所有环节。很多企业生产计划管理较粗，往往只有主生产计划下发给车间去组织生产，车间根据实际情况安排各个单元的作业计划，甚至各个单元自行安排，由此造成作业计划不统一、调整变化频繁并且事后才知晓，生产计划不能做到"指到哪打哪"，而是"干到哪算哪"。由于生产计划精确性不够，造成生产车间时时刻刻处于不可预知的变化状态，生产制造经常处于冲刺和停滞的不断消耗中，无法做到均衡生产，经常处于忙忙碌碌但不出活的状态，各个部门陷入救火突击的泥潭中无法自拔。企业在未解决计划精确性和制造均衡性问题的情况下，为了缓解由于计划随

时变更造成的救火式配送，物流部门只能将物料大批量配送至生产车间，通过建立车间大规模的二级库存来缓解计划随时变更对物流造成的冲击，甚至直接采取车间领料制。由于大量的物料存放在生产现场，造成生产作业员工使用物料的随意性增加，突出的表现是项目和项目之间物料混用，项目内各批次各列物料的混用，由此造成缺料情况更加普遍，并且由于大量库存掩盖了过程中的物料问题，大量的物料问题只能在项目收尾阶段大面积暴露，使项目收尾困难。最后出现场堆满物料，仓库堆调物料但到处都在缺料的尴尬局面。

综上所述不难看出，精益物流不仅仅是单一的物流活动而已，而是一种全新的生产组织方式，通过物流管理线建一个标准化、精细化、稳定化的生产管理体系、拉动企业各项管理水平的提升。

（一）采购物流管理线的基础

物流管理是按照规定的时间，把规定的物料，以规定的方式配送到规定的地点。因此，要实现物流管理线，就必须在时间、地点、内容方式等维度对企业基础管理进行提升，具体包括以下方面：

1. 建立标准化的生产方式

作坊式生产和工业化生产最大的区别在于生产方式的不同，人类社会工业化生产最大的成果是通过标准化生产极大地提升了生产效率和效益。标准化的生产方式包括标准作业时间、标准作业地点、标准作业顺序、标准作业数量、标准作业人员等，工位制节拍化生产方式是其中的一种表现形式。企业可以根据自身产品和工艺特点去建立标准化生产方式，即使路径和方式各有不同，但目标只有一个，即让标准的人按照标准的时间在标准的地点完成标准的工作内容。

物流管理的输入条件就是时间、地点、内容和方式，要实现精益物流就必须以标准化生产作业为前提。换而言之，没有标准化的生产方式就很难做到精益化的物流管理。标准化的生产方式对整个企业转型升级更为重要，因为只有标准化才能信息化，只有信息化才能数据化，只有数据化才能智能化。

2. 严谨的生产计划管理

建立多级生产计划管理。企业生产计划管理最少需要具备三级管理，一

是面向市场需求和客户需求的年度交付计划；二是面向采购和生产组织的月度生产计划；三是面向生产控制的多日作业计划（根据产品交付周期、生产提前期、物流提前期等实际情况不同，可以为3~7日）三级计划要形成层级分解互相关联，月度生产计划在保证稳定性的前提下，调整后需更新发布。作业计划要根据日作业兑现情况每日滚动发布。

树立计划为纲的理念。生产计划好比军队的作战指令，有战斗力的军队一定是严格执行指令，哪怕指令不是百分百完美。企业要规范生产计划的严肃，一旦生产计划正式下发，各个部门和车间要严格按照生产计划执行，要树立"计划越不执行越不准，计划越执行越难""怀疑计划问题调整后再执行"的观念。

保证计划制订的唯一性。要保证生产计划的严肃性，就必需保证计划制订须由一个部门统一制订下发，切勿出现生产部编制月度计划，车间自行安排作业计划的情况，造成计划与计划之间的不一致情况。

提高计划的稳定性。标准化的生产方式能带来生产计划稳定性的提高，营销计划的稳定性对生产计划的影响也至关重要。营销部门希望能随时满足客户的需求和变化，而生产部门则希望变化较少。因此，企业建立产销计划定期协调会议机制很重要，通过产销协调共识保证计划在一段时间之内的稳定性。

保障作业计划可执行性。作业计划直接面向生产现场各个车间、工位和员工，作业计划的可执行性非常重要，作业计划的制订部门需要充分考虑交付、人员、设备、物料、作业瓶预等各方面因素。作业计划制订时，物流部门根据计划提前滚动模拟缺料情况，采购部门回复缺料的供应时间，相关信息反馈至生产计划编制部门，以提高计划编制的准确性。

生产计划编制部门要跟踪每日兑现情况，根据当天兑现情况及时调整向后的作业计划。因此，作业计划需要制订、分析、跟踪、追赶和调整。

3. 供应商准时供货

基于订单式生产的企业，要实现标准化的生产方式和物流管理，物料从源头供应环节就需要保证齐套性和物料的质量。

精益物流是客户拉动的物流系统，其与企业的精益化生产紧密结合。精

益化生产意味着小批量，其优势在于减少在制品库存，降低原材料库存，易于管理。小批量生产的切换速度快，因而要求供应商能小批量、频繁及时供货。制造企业作为精益生产的实施者和精益物流的最直接需求者，其供货政策是否合理在很大程度上影响并制约着整个精益物流系统的运作效果。

4. ERP 与精益物流的融合

在实践中，一些企业片面强调 ERP 的作用，忽视了物流管理的作用，未将物流管理的理念与 ERP 进行有效融合。

通过 ERP 规范物流管理职能及业务流程。ERP 要求生产制造所需的物料由物料管理部门进行统一管理，即该部门负责供应商交货的接收，物料交货计划的 ERP 系统输入，将合格物料的保管与配送安排到指定的作业位置，这样有助于企业对物料管理的责任划分，有助于采购部门从实体物流中分离出来，也有助于生产部门专心从事生产活动。

通过 ERP 规范供货模式。传统供应商习惯于按制造商的月计划进行大批量交货，不考虑企业的场地限制和保管费用。这样不利于企业提高物料置场的利用率和控制物流成本。通过 ERP 需要，要求供应商按照 ERP 下达的订单进行交货。订单上明确规定了交货的时间、数量，通过接收人员及时输入供应商的实际交货时间、数量，管理人员就可以知道供应商对交货计划的遵守情况，这样有助于规范管理供应商。

加强数据输入的准确性和及时性。俗话说"病从口入"，错误的数据输入到 ERP，ERP 只会产生错误的结果，要让 ERP 发挥作用，必须对输入 ERP 的数据进行严格的管理，首先应提高接收人员输入数据的准确性；其次是提高接收人员输入数据的及时性。这两点不能得到有效保证都会造成 ERP 产生负库存成虚假库存。因此，只有加强对输入数据的准确性和及时性的管理，是保证 ERP 的正常运转的充要条件。

导入物流 MES 系统对 ERP 的不足进行改善。对已经实施了 ERP 的企业，为了应对当前 ERP 下物流的不足，可以导入 WMS 系统或者物流 MES 系统，并且与 ERP 进行融合，结合流程改造原理对物流系统进行优化。

5. 高质量服务生产现场的理念

传统制造企业在物流管理环节重仓储轻配送，物流的主要职能偏重于物资的存储和保管，而忽视了对生产制造的服务，导致车间领料制、大批量配送制、无缺件预警、配送容路简陋、信息化程度低、补料流程烦琐等诸多问题，物流管理要求企业物流对生产观场进行高质量的服务，以满足和服务生产现场的需求，支撑生产现场高效率运作的理念，对物流各环节进行优化完善。

6. 重视物流人才培养

传统企业往往重生产轻物流，企业物流部门往往"老弱病残"居多，物流管理仅限于保管和发料，导致企业在实施物流管理时，缺乏专业的物流管理人才进行支撑。企业实施物流管理需要利用人力资源管理和知识管理理念，对企业员工进行物流知识培训，或利用优化的薪资待遇招聘物流管理人才。

（二）精益物流装卸搬运管理

装卸搬运要消耗劳动，包括活劳动和物化劳动。这种劳动消耗量要以价值形态追加到装卸搬运的价值中去从而增加产品和物流成本。因此，应科学、合理地组织装卸搬运过程，尽量减少用于装卸搬运的劳动消耗。

1. 防止无效装卸

无效装卸就是用于货物必要装卸劳动之外的多余装卸劳动。防止无效装卸可以从以下几个方面入手。

（1）减少装卸次数，影响装卸次数的因素主要有两个：物流设施和设备装卸作业组织调度工作。

（2）减少多余包装。

（3）去除无效物质。

2. 充分利用重力，减少作业消耗

在装卸时考虑重力因素，可以利用货物本身的重量，将重力转变为促使物料移动的动力。例如，重力式货架的每个层板均有一定的倾斜度，通常货架表面均处理得十分光滑或者在货架层上装有辊子，也有在承重物资的货箱或托盘下装有滚轮，这样将滑动摩擦变为滚动摩擦，物料移动时所受阻力减小。

3. 缩短搬运距离

从合力搬运的角度出发，搬运距离越短越好，相应需要考虑主要因素有

工厂、物流仓库的平面布局对搬运距离的影响，生产车间工艺布局对搬运距离的影响，物流路线规划对搬运距离的影响。

4. 提高装卸搬运活性

为了对活性有所区别并能有计划地提出活性要求，使每步装卸搬运都能按一定活性要求进行操作，对不同放置状态的物料做出不同的活性规定，这就是"活性指数"，分为0—4共五个等级，等级越高装卸搬运水平和效率越高。

5. 推行组合化的装卸搬运

物料的组合包装，将物料以托盘物料箱、包装袋等形式进行组合包装后进行装卸，实现单元化装卸搬运。

按投料点进行组合，为了减少物料在生产现场使用过程中的二次分拣、装卸和搬运，物料在出库前按照生产工位、班组甚至员工进行组合。

物料容器的组合化搬运，设计连挂式或者可堆垛式的物料配送容器，一次搬运多个容器，减少运输频次，降低运输成本。

（三）精益物流库存控制

库存控制要求控制合理的库存水平，在保证企业生产、经营需求的前提下，使库存量经常保持在合理的水平上，掌握库存量动态，适时、适量提出订货，避免超储或缺货，减少库存空间占用，降低库存总费用，控制库存资金古用，加速资金周转。

很多企业不重视库存控制，特别是那些效益比较好的企业，只要有钱赚，就很少有人去考虑库存周转的问题。库存控制被简单地理解为仓储管理，除非到了没钱花的时候，才可能有人去看库存问题，而看的结果也往往是很简单，采购买多了，或者是仓储部门的工作没有做好。其次是ERP的误导，一些简单的进销存软件被夸大为ERP，把简单的仓储管理功能定义为"库存控制"。

库存控制仅仅靠所谓的实物库存控制是远远不够的，它应该是整个需求与供应链管理这个大流程的输出，而这个大流程除了包括仓储管理这个环节之外，更重要的部分还包括预测与订单处理，生产计划与控制，物料计划与采购控制，库存计划与预测本身，以及成品原材料的配送与发货的策略，甚至包括海关管理流程。伴随着需求与供应链管理流程的整个过程，则是信息流与资金流的管理。也就是说，库存本身就贯穿于整个需求与供应管理流程

的各个环节,要想达到库存控制的根本目的,就必须控制好各个环节上的库存,而不是仅仅管理好已经到手的实物库存。

为了分析物料库存加强物料库存数量的控制,可以通过现有库存量、最大库存量、安全库存量、物料平均日耗量和库存金额等属性实现这些管理目标。如果物料的现有库存量属性低于安全库存量属性,则表示该物料库存缺乏,如果物料的现有库存量属性高于最大库存量属性,则表示该物料积压现象严重。物料平均日耗量属性用于描述物料的消耗速度,可以用来确定物料的订货点数量。库存金额属性可以用于物料的成本核算。

（四）精益物流仓储管理

1. 先进先出管理

先进先出批次管理也是生产管理的一种重要手段。当某个物料有存储有效期限制时,或需要对该物料的每一批物料进行跟踪控制时,可以采用批次管理。对于某一个物料编码来说,一旦需要对这个物料的每一批都进行跟踪和控制,为该物料的这一批次增加批次号,则这一批次物料的所有活动都与该批次号相关。实现物料的先进先出是管理物料最基本的原则之一,为了实现该目标,不同的企业采用不同的方法,可以从以下几个方面进行操作。

先入库存放的物料,配发物料时优先出库,减少仓储物料质量风险,提高物料使用价值。

明确物料批次管理的定义,是以月为批次管理还是以日为批次管理,并明确批次管理的编号规则。

根据储存场所,制定存放区域和货位,悬挂批次标示牌,或粘贴不同颜色贴;或者在ERP系统中启用批次管理,系统根据订单的出库顺序,物料批量的大小合理安排存储货位及出库管理。

有效管控入库和出库环节。入库时按照采购订单或生产订单的批次接收货物,原则上不接收不符合批次的物料;出库时按照生产订单进行拣配物料,不能按照批次出库生产的订单进行及时反馈。

（2）规范入库管理

入库管理作为仓储收料入库的源头,其规范程度会影响整个物流的作业效率和流转速度,规范入库管理要从以下几个方面着手。

一是建立入库管理制度，规范采购、质量和物流等部门的入库管理流程。

二是入库管理应该遵循 6 个原则，有送货单而没有实物的不能办入库手续；有实物而没有送货单或发票原件的不能办入库手续；来料与送货单数量规格、型号不同的不能办入库手续；原则上先检验再入库，入库质量检验不通过的，且没有领导签字同意使用的，不能办入库手续；没办入库而先领用的，不能办入库手续；送货单或发票不是原件的不能办入库手续。

三是建立明确的入库期限，并且通过目视化或者信息化掌握各笔到货的入库停滞时间动态，超过期限未办理入库的物料要及时拉动异常并快速处理。

3. 物料分类管理

合理的物料分类管理，对于仓储作业效率的提升至关重要，物料分类管理应该结合企业实际情况，从大类开始逐步细化进行分类。

4. 货位管理

货位管理主要是一种思想，不少管理者因企业库存不大，硬件设施不全等原因，没有推行货位管理。其实货位管理是一种运作思想，以物流中心自有的定义标准，统一不同货品的属性，方便基层人员的具体操作，以此提高物流中心工作效率。货位划分清晰、标识统一、标识卡填写规范、货位与标识规范，即便仓管人员从来没有见过某个货品，他只要知道存放该货品的货位，

能够认清标识，就可以准确、快速地找到相应的货品。结合仓库管理软件系统，快速准确的定位和跟踪货在仓库中的存储过程，只要我们实现了货位与标识规范化管理，并与仓库管理软件系统融合，产品的入库、配货、整理、盘点、追踪也将变得简单易行，再通过加强仓库现场管理堆放的标准化，仓储管理中的物流与信息流统一的实现就不再困难。

5. 库存盘点

库存盘点是对每一种库存物料进行清点数量、检查质量和登记盘点表，且对盘盈盘亏数量进行物料账面调整，达到物料账物相符目标的管理过程。常见的盘点方式包括随机盘点、定期盘点、周期盘点、循环盘点和冻结盘点等。

随机盘点是根据生产和管理需要随时进行盘点，适用于重要的、变动比较频繁的物料。定期盘点按照指定的日期进行盘点，适用于那些不太重要的、数量变化不大的物料，由盘点日期属性指定盘点的操作日期。

一般的物料可以采用周期盘点方式，盘点周期可以是日、周、旬、月和季等。如果企业的物料很多则可以采用循环盘点的方式。假设某个公司有10000种物料，要分布于每周六进行盘点，那么可针对这些物料进行循环盘点编码的规划。

（五）精益物流配送管理

物流配送是指在经济合理区域范围内，根据客户需求，对物料进行拣选、加工、包装、分制、组配等作业，并按时送达指定地点的物流活动。配送是物流中一种特殊、综合的活动形式，是商流和物流紧密结合，包含了商流活动和物流活动，也包含了物流中若干功能要素的一种形式。根据企业实际情况不同可以分为，多种配送方式，例如按照物料种类与数量划分为多品种、少批量配送；少品种、大批量配送；成套配送。按照配送时间及数量划分为定时配送、定量配送、定时定量配送、定时定量定点配送、即时配送。

制造型企业多以仓库配送为主，是以仓库为物流节点组织的配送，它既可以将仓库完全作为配送中心，也可以在保持仓库仓储功能的基础上再增加一部分配送职能。对于制造型企业面言，要实现精益物流配送管理，需要做好以下几方面工作。

物流配送绝不是简单的送货活动，配送提供的是物流服务，要做到精益

物流配送，首先要树立以服务生产制造为前提的配送理念。

精益物流配送的核心是 JIT 配送，实现从仓储到生产现场点到点的准时、准确定量和套餐式配送，杜绝大批量配送或者多级转库配送。例如，流水线生产方式下按工位按节拍配送，非流水线生产按天配送或者订单不跨天的情况下按订单配送，目标是做到物料在生产现场的日清日结。

精益物流配送的实现前提是明确的时间、内容、地点和标准的配送路线、配送方式等。因此，精益物流配送的实现需要对生产方式、生产布局、生产计划、工艺 BOM、配送计划、物料容器等进行系统的改善，尤其是对于完全领料制或者领料配送制的企业，以上基础管理工作是决定精益物流配送能否成功实施的关键。例如，部分企业由于工艺布局受限采用人动车不动的班组作业方式，要实现精益物流配送，生产计划对各个班组的准确化、精细化动态控制就非常重要。

配送环节容易产生大量的物料交接清点工作，这部分工作不创造任何价值，纯属浪费。精益物流配送需要通过系统的管理改善，辅以信息化手段，消除过程交接清单的浪费。

精益物流配送在物料配送容器和工装的设计上，不仅仅只考虑物料能否盛放，还要方便存取、方便运输、方便调整以及目视化、行迹管理等防措机制。

四、智能物流

智能物流就是利用条形码射频识别技术传感器、全球定位系统等先进的物联网技术，通过信息处理和网络通信技术平台，以及通过软件集成自动立体库、机器人、自动输送线、AGV 等硬件，并且将其广泛应用于物流业运输、仓储配送包装、装卸等基本活动环节，实现物流过程的自动化运作和高效率优化管理，提高物流行业的服务水平，降低成本，减少自然资源和社会资源消耗。物联网为物流业将传统物流技术与智能化系统运作管理相结合提供了一个很好的平台，进而能够更好更快地实现智能物流的信息化、智能化、自动化、透明化、系统化的运作模式。智能物流在实施的过程中强调的是物流过程数据智慧化、网络化、协同化和决策智慧化。智能物流在功能上要实现六个"正确"，即正确的货物、正确的数量、正确的地点、正确的质量、正确的时间、正确的价格。

第八章

精益研发：向智能化、数字化建设延伸

第一节 何谓精益研发

生产是一种重复、有顺序的活动，其结果是实物产品。对于重复性的过程，任何浪费的消除，都将产生显著的效益。任何小风险的存在，都可能产生巨大的损失。因此，生产过程总是要求按照一定的程序进行限定性的工作，拒绝风险，拒绝变化，不鼓励创新。研发生产恰好相反，其最终产生的是由信息和知识构成的虚拟产品，不重复，也不遵循一定顺序。研发过程拒绝重复，因为重复不会带来价值。研发鼓励变化，通过仔细甄别每一个"变异"，来寻找价值提升的突破点。

随着工业时代竞争的加剧、需求的升级和技术的进步，工业产品越来越大型化和复杂化，为了应对这些挑战，企业采用了使用先进研发工具，精细管理研发数据，积累和重用研发知识等方法。尽管采用了多种研发手段与技术，但是缺乏系统化，盲人摸象式的建设，只会让研发体系变得更加错综复杂。精益研发的提出，就是要把研发中的各种手段与要素管理和驱动起来，持续

保证研发的高附加值。

精益研发将知识、工具和质量方法与研发流程深度融合，达到研发价值和产品品质双重提升的目的。企业通过精益研发体系建设，逐步基于系统工程的建立正向设计体系，实现真正的研发创新。研发是使信息和知识增值的过程，而信息和知识可以重复的进行利用。在研发过程中无须遵循传统的顺序，鼓励并行和协同，不仅加快了进度，更重要的是，研发过程中的反馈信息和知识对其他过程有巨大价值，产生新的创意，及时停止在错误方向上的投入。在这过程中，精益研发平台作为体系开展的核心，是一切的信息载体，是研发体系良好运行的保障，同时保证过程数据的完备、协同、共享和可追溯。这种优势是遵循顺序的生产过程所不具备的。

研发过程的终点是柔性的，通常需要确定何时才是某项研发任务的完成时刻。对技术所能带来的经济利益的评估可能会促使研发立刻完成，放弃原定目标，也可能促使因意外收获而追加计划。因此，在研发过程中，需要不断地进行变化与创新。

精益研发既是一种模式，又是一个体系，也是一个平台。作为模式，基于精益研发模型，以流程化、正向化、仿真化、知识化、质量化为核心对企业进行革新，不仅可提升研发业务的成熟度，还能不断提高研发水平和产品技术含量，促进核心竞争力的有效形成和全面提升。作为体系，企业可设计研发体系的战略和使命、技术和方法、标准和规范、人才和组织及信息化支撑平台，形成一个完整的有机体系。作为平台，基于开放、柔性的 SOA 框架，集成历史、当期、未来的信息系统，形成精益研发模式和体系的支撑平台，并承载企业信息化长期建设和未来发展。

第二节 把握精益研发的原则

许多世界知名公司都建立了有效的、面向市场和制造的研发体系，强调制造是创新的实现场所，研发只有通过设计和制造才能发挥作用。作为其中的杰出代表，丰田公司通过向福特、通用学习，向质量大师学习，也向美国、日本和欧洲的工业工程师学习，将所学的知识融入自己的体系中去。利用这些学到的知识，丰田开发了新的方法，对精益研发提出了著名的丰田十三原则。

精益研发的原则可以用三个子系统来描述：(1) 流程；(2) 高技能员工；(3) 工具和技术。这三个子系统相互关联，相互依赖。

一、流程

大部分的公司都有书面化的产品开发流程，形成了一种固化的工作模式。精益产品开发体系对书面化的流程不感兴趣，其重视的是实际的流程，即如何能够促使信息传递更加通畅，如何有效改进设计方案、完成测试、制造原型样件及交付最终完成品等活动。

原则1：客户价值导向。

在精益体系中,客户是一切事情的起点和价值的中心。在产品开发体系中,首先确定客户对价值的定义,将增值活动与浪费区分开来。任何产品和服务的设计首要考虑的应该是消费者,而非技术本身。消费的目的是希望从中得到价值的享受,因此作为首要选择被确立起来。企业研发管理整个组织与流程再造的过程需要提高顾客的满意度进行,而进行精益研发实施的初衷也是为了能给客户更优质、更安全、更绿色的产品。

原则2：可行性的研讨和选择。

客户的价值需求可以通过不同的设计方案满足,如何通过跨部门的合作来寻求最合理的方案是防范后期问题的有力方法。在这个阶段所花费的成本也是最低的,但是对产品的成功上市有重大的影响。

原则3：均衡的设计流程。

将产品设计看成是一个知识生产的车间,研发过程采用的任何方法都可以看成工具,在精益生产中用来消除制造中的浪费、协调跨部门的那些工具改良后,就可用到设计流程中,进行持续改善。

原则4：设计标准化。

精益产品开发体系中有三大类的标准化：

设计标准化：主要是通过结构设计、模块化和共享零件来实现。

流程标准化：基于标准制造流程稳步建立生产设施。

工程技能标准化：通过技能的标准化,能够更灵活地安排人员、更灵活的制定项目计划。

二、高技能员工

该子系统包括人员的招聘、工程师的培养、领导方式、组织结构及学习模式。这都涉及企业文化的建设,是十分重要却又难以把握的一个方面。

原则5：项目总工程师负责制。

大部分的公司都有多个负责产品开发中不同模块的小组,但是没有一个部门或人能告知产品开发的进展精确状况。而精益研发要求总工程师就是这样一个人,他能告诉你项目的精确状态。他是一位领导者和也是技术集成者,对产品项目有关的重大问题有最终决策权,既能够代表客户的心声,也对产

品的成败负最终责任。

原则 6：建立组织结构，平衡功能部门内的技术专长与跨部门的整合。

精益研发从根本上来说是以功能来组织运作的，也强调各部门的专业技能，并以此为基础进行等级划分，但它将传统的部门间的"壁垒"通过总工程师、模块开发以及"作战室研讨"等方式来加以打破，并能以此将目光聚焦于产品开发项目。

原则 7："知识体系"结构。

精益研发采取严格的标准招聘人员，然后为其设计一条职业发展道路，专注于某个领域而获得极高的技术水平，专注于学习关键技能以支持技术卓越。专注于培养自己的技术明星，而不是 MBA 一样知识面广但深度不足的人才。

原则 8：将供应商整合到产品开发体系中。

供应商在制造业中的地位十分重要，比如汽车厂商的零件有超过 50% 是供应商提供的。因此，如何管理、支持内部的产品制造工程，就应该以同样的方法管理、支持供应商。除了评估供应商的零件供应能力外，还要评估其技术能力。在产品的前期，采购就会让供应商参与进来，共同解决在开发中遇到的问题。

原则 9：内部的学习和改进。

学习和持续改进是精益产品开发体系中最强大的工具，也是精益研发日常管理中的基础工作。

原则 10：追求卓越的企业文化。

企业文化是员工的工作方式，以及员工对工作和产品的看法。精益产品开发体系的核心是"现场现物"、多方案的思考方式、反思以及从客户的角度来决定价值。这些文化基因是推动精益产品开发体系的基础，当然也是挑战所在。

三、工具和技术

工具和技术的涵义十分宽广，不仅包括 CAD、机械技术、数字化技术等，还包括在项目开发中的"软工具"，如解决问题的工具、沟通的工具，而后者往往是企业建设中容易忽略的方面。

原则 11：技术服务于人。

很多公司希望借用技术的杀手锏来提升产品开发的效能，而忽略了技术可能给人员或流程的影响。精益研发认为技术很容易被人复制，而应该让技术去适合已经优化的流程，以及具有高超技能的人员。

原则 12：目视化的沟通。

很多问题之所以没有被解决，是因为我们根本就不知道它的存在。通过利用"方针管理"来设定工作的目标，将公司的策略目标层层展开，跟进落实。这种方法同样也用在产品开发上面，这种目标导向的设计管理，容易让设计团队看到问题。在此过程中，可以用一种简单的目视化工具来进行沟通，即产品开发中的问题报告限制在一张 A3 纸以内。

原则 13：善用工具进行标准化和学习。

标准化是一切改善的基本，设计也不例外。学习是一个项目接一个项目进行的，通过强大的工具来支持学习过程的标准化，比如设计审查检查表就是一个这样的工具，要求每个工程师必须就自己的工作准备详细的设计审查检查表，并不断的更新，就其中的问题展开研讨，因此设计的经验和技术能代代传承下去。

一个不容忽视的重要问题是，执行一把手工程，是精益研发成功实施的关键。企业组织与流程再造过程对于企业来说是持之以恒的过程，企业最高领导支持是企业流程再造成败的关键，领导者需要有坚定的信念，时时传递流程再造给企业带来的飞跃信息。领导者需要信任和激励下属，特别是再造过程中遇到困难的时候，给予他们信心；领导者还要清晰地认识客观现实，包括机会和约束条件，反复沟通，达成一致，在面对冲突和危机时，领导者要勇于承担责任。

此外，重视流程的规范化与清晰化。研发流程阶段化划分是精益研发管理体系的核心。体系关键技术就是将研发流程阶段化。精益研发管理体系的根本设想就是以首尾相接的完整过程取代以往的各部门分割、难以管理的过程。在不同的阶段过程中，设计、工艺、采购及质量要做到各自传递信息的及时和准确。因此，企业精益研发管理体系构建过程，尤其应该重视流程的规范化与清晰化。

第三节　透视精益研发方法学

精益研发不存在一个普适性的方法论，从世界产品设计与制造的发展来看，比较著名的设计理论至少有四个：苏联的创新设计理论、美国的公理设计理论、欧洲的普适设计理论和日本的三次设计理论。这些方法学各有千秋，优劣互补。没有一种设计理论普遍适用于所有的企业，所以成功的企业往往在组合使用多种方法学。这一点在波音、NASA、通用、三星等世界优秀企业的研发流程和著名项目时得到了验证。

同样，精益研发方法学无法定位成一项新的设计方法学门类，而是通过对企业每日研发活动进行总结、归纳、整理，形成一套系统化的方法，将先进设计方法学与产品研发流程紧密结合。所以，精益研发方法学是一门实践性学科。

精益研发方法学之所以强调设计方法学与产品研发流程的结合，是因为在企业中常常发现一个现象：设计人员并不是没有经历过设计方法学的系统

学习和应用培训，但在产品设计中总是感觉学的与做的是两张皮，因此，方法学与企业研发流程结合永远是一项挑战。

任何一个设计理论都承认产品设计活动应该分为四个域：客户域、功能域、物理域和工艺域。在各方法学中还建议了在各个域中应该采用的设计工具，譬如创新、仿真、优化和质量设计等，不过不同的方法学强调的重点不同。普遍来讲，企业产品研发流程可以分为四个阶段：概念设计、方案设计、详细设计和设计定型。

在很多企业中，人们总是认为设计方法学和企业的研发流程是相互贴合甚至是等同的。其实，设计方法学和企业研发流程是两个维度的事情。通常人们习惯于进行单一维度思考。一个简单的事实是，将不在同一维度的两件事情结合起来的唯一方法就是进行二维思考。

精益研发之所以是企业实施差异化战略的一种有效途径，是因为它具有推动产品不断升级的使命，使产品实现高性能、高品质和高利润。为达此目标，有五项技术很重要：一是工程仿真，通过定量分析手段，可以评估产品性能；二是设计优化，通过综合评估手段，可以改善产品性能；三是创新设计，通过定性分析手段，突破研发瓶颈；四是质量设计，通过统计分析技术，改善产品质量基因；五是知识管理，通过知识工程的方法，积累和重用研发知识，这是企业持续提升研发能力的重要保证。

这五项技术可以称为精益研发的"引擎技术"。为了与企业研发流程的高效协同，精益研发技术体系中还包含一些"协同技术"，譬如 CAX 集成、数据管理、流程管理等。

精益研发方法学并不是设计方法学的新门类。每个企业的研发部门每天都在或多或少地使用着精益研发方法学中的某个理念、流程、方法和技术。它实际上是系统归纳和提炼了现代企业产品研发过程的各个要素，形成了一套企业可以遵从的研发流程和法则，并指出流程各环节应该采纳的研发工具，以及全流程中应该积累的智力资产。精益研发平台则为企业研发提供了一个规范企业研发流程的标准化平台。

第四节　精益研发现在进行时及瓶颈分析

目前大部分公司的研发管理与国内外一些先进的公司相比，还存在一定的差距，具体的问题主要体现在以下四个方面。

一、串联式流程

采用串行运营模式：市场→设计→工艺→试制→批量生产，上一个阶段完成后，才能进入下一个阶段。这种模式周期长，并且未能在各阶段开展有效的模拟验证，导致问题不能提前暴露，一直堆积，越积越多，一旦进入试制阶段，可能出现大量的问题，将严重影响项目进度。

二、职能导向

研发流程管理主要是职能导向型管理，即部门级流程管理。每个部门都建立自己的流程制度，没有统一的、结构化的、集成化的可视化的综合流程管理体系，每个部门只了解自己的任务和目标，以自己部门为圆心，而不关注其他部门的进展情况，是围绕职能走流程，而不是围绕流程讲职能，协同

价值创造能力低，易混乱、不精益。这种模式只讲究结果，不讲究路径、节拍和路标，导致不同的团队走不同的路径，得到不同的结果。具体体现在以下三个方面。

（1）没有统一的路径：同一个目标，每次行走不同的路线，标准不规范，过程不可控；不同的新产品有不同路径，整体把控能力差；（2）节拍不一致：路径标准不一致，无法找到管理节拍；（3）没有有效的路标：标识不明了，结果差距大，犹如在大海里游泳或在丛林中穿行，纵横交错却没有向导与路标，难以驾控全局。

三、并行作业

每个人负责的项目都是从头干到项目结束，整个研发设计过程不是分层设计，缺乏产品平台的支持。一个设计师负责从项目开始到项目结束整个专业的研发工作，这样存在的最大后果就是：（1）项目周期太长，出现设计师忙闲不均，严重影响设计资源的充分利用；（2）不同项目的同一个系统由不同的设计师设计会出现迥异的风格，缺乏继承性；（3）项目设计的优劣主要与参与项目人员的个人能力有关，导致设计水平参差不齐，往往导致一个人的水平代表了整个项目团队的水平。

四、研发质量控制缺失

合理或工艺参数的设计先天不足的问题。应该让每个设计师明白，质量是设计出来的。生产是按照设计图纸和工艺要求来实现产品，生产过程解决不了图纸设计不合理或工艺参数的设计先天不足的问题，而质量检验是在生产完成后进行的符合性验证，属于事后检验，它只是一个把关，而不能提高产品质量。设计过程制定了质量标准，决定了产品的固有质量。产品一经研发，产品的基因也就确定，因此，产品是设计出来的，提高产品质量，应该从源头入手。也就确定，因此，产品是设计出来的，提高产品质量，应该从源头入手。

第五节 京张高铁信息化建设及研发特征

在京张高铁的建设中，响应习近平总书记关于"绿色、共享、开放、廉洁"办冬奥会的指示，落实十九大提出的"中华民族伟大复兴"的战略，筑造中国梦。中铁三局紧紧围绕中国铁路总公司"强基达标、提质增效"的工作主题，秉承"知行合一，永争第一"的企业信念，积极践行精益管理，以科技引领智能建造，用创新驱动协调发展，不断提升项目施工和管理水平，全力实现京张高铁"精品工程、智能京张"的建设目标。

深化落实中国铁路总公司确定的京张高铁建设总体要求，认真策划，全面部署，把工作思路与管理行动统一到"精品工程、智能京张"的建设目标上来，全力以赴打造精品工程。

深刻领会"精品工程、智能京张"的政治意义及深远影响，以目标为指引，以问题为导向，扎实做好各项工作，从制定目标、具体策划、实施方案、检查验收等各方面贯彻创新思路，细化到每个步骤、每个细节，把"打造世界高铁建设的典范，建设优质、创新、生态、人文和廉洁工程"这一京张高

铁建设总目标作为指导一切工作的总思想。

京张高铁认真贯彻落实铁路总公司将梁枕场建设成华北区域最大的梁枕生产工厂，将京张高铁打造成国家高铁智能建造博物馆的重要指示，全面部署智能工厂的计划，力争在怀来梁枕场双块式轨枕生产车间实现自动化生产线，全面实现智能工厂的终极目标，打造国内最先进的轨枕智能制造标杆示范企业。以下将以京张高铁在实践精益研发过程中研制的双块式轨枕裂纹检测与识别系统，来阐述精益研发的实践效果。

视觉检测系统是顺利完成轨枕质量检测的有效举措，能够确保轨枕质量是否完好的最后一步，也是最重要的一步。主要包括电气控制箱、视觉检测系统监视器、操作辅助设备、右侧横移模组、左侧横移伺服模组、相机连接架、透明防尘罩、防尘室铝型材架构、双相机及上下移动及摇摆装置等。

视觉检测系统设备健康管理流程主要包括以下几个步骤：

1. 了解视觉检测系统设备维修管理现状

该步骤的目的是为了发现视觉检测系统设备维修管理中存在的问题，因为设备的复杂性，问题的原因是多样性的。有可能来自系统内部，如既定目标和现实情况可能存在的差距，系统结构和运行中存在着弊端；除了内部系统外，外部环境的变化及设备的运行、使用情况，发现问题是视觉检测系统实施健康管理的起点。

2. 视觉检测系统设备健康管理分析

这个步骤的目的是为了明确轨枕视觉检测系统设备维修管理中存在的问题。健康管理分析技术通过对系统设备的组成、原理、故障现象、故障模式以及影响等进行具体的分析，确定健康管理的基本活动和维修策略，特别强调在关键设备中实施基于状态的维修。

3. 视觉检测系统设备健康信息感知

这个步骤的目的主要是为了对视觉检测系统的关键设备的状态监测信息进行搜集与处理。在确定可以直接比对健康状态的参数指标，或者可以间接推理判断系统健康状态所需要的参数信息之后，通过传感器的正确选择与安装来采集这些数据，利用数据传输技术将状态信息传输到数据处理中心，进行属于预处理与特征提取。这一步骤是至关重要的。

4. 视觉检测系统设备故障预测与斩断、健康状态评估、剩余寿命预测与状态维修决策

这个步骤是视觉检测系统设备健康管理的关键环节，整体包括确定目标、确定指标、系统综合、系统分析、最优化和制定决策等诸多逻辑程序。这个环节的设置是否科学合理，直接关系到视觉检测的最终效果。

5. 轨枕裂纹视觉检测系统设备健康管理组织与实施

这个步骤是在上述四个步骤的基础上在轨枕裂纹检测中组织与实施设备健康管理，主要包括制订与实施设备健康管理方案、实现与应用健康管理系统和组织与开展全员全程健康管理的内容。

第六节 精益研发实践及其探索

研发是按照客户需求的产品图纸、标准、信息等文件的开发过程，精益研发就是以工位工序为基础的开发过程，其核心就是产品结构树的建立，而生产制造现场是按照其输出的结果，完成从原材料到实物产品交付的制造过程，精益研发所输出的所有内容都在生产制造现场得以实施。因此，精益研发实施的前提是基于精益化的生产制造现场，即流水线工位制节拍化生产，具体的应用研究分为以下步骤：统一语言、设计研发流程、流水作业、形成精益研发管理模式。

一、统一语言

流水线工位制节拍化生产最大的特点是按工位组织作业、单件高效流动、问题快速暴露，一个工位就是一个最小的管理单元，一道工序就是最小的管理细胞。设计图纸、工艺文件、质量检验、物料采购配套、人力资源等管理都必须统一语言，即按照工位、工序进行切分，也就是产品功能结构树管理

的输出最终都切分到每一个工序上，因此工位制节拍化生产制造现场必须固化稳定，其中最为重要的是工位数量、工位作业内容、工位作业人员的固化稳定，如果生产现场工位不稳定，经常发生变化，那么以工位制为基础的产品功能结构树就很难形成规范化和标准化的体系。

二、设计研发流程

流程管理是一种以规范化的构造端到端的卓越业务流程为中心，以持续提高组织业务绩效为目的的系统化方法。

流程管理是企业从粗放型管理过渡到规范化管理直至精细化管理的重要手段，利用流程化管理可大幅缩短流程周期和降低成本，并可改善工作质量和固化企业流程，实现流程自动化、促进团队合作以及优化企业流程，最终实现职能的统一和集中、职能的合并、职能的转换，让企业负责人不用担心有令不行、执行不力，让中层管理人员不用事事请示、相互推诿，让所有的员工懂得企业的所有事务工作分别由谁做、怎么做以及如何做好的标准，清楚明了，一目了然，使企业管理标准化和程序化，形成固定的管理流程。

在流程管理中，项目执行过程有两大阶段，即信息处理阶段和实物生产阶段。在信息处理阶段，设计、工艺、质量、采购等职能部门根据合同信息，开展相应工作，将合同需求转化为设计图纸、工艺要求、工位作业指导书等；在实物生产阶段，以制造车间作业指导书为标准，根据生产管理部门编制生产与物料控制计划，组织生产、人力、采购、安全等部门提供资源支持，质量部门对过程进行检验验证。

三、流水作业

围绕着现场的工位，设计、工艺采购物流和质量的产品功能结构树通过"切""削""琢""磨"，以"专业技术工位化管理"为目标，以研发的四个阶段，即设计策划、初步设计、技术设计和工作图设计为坐标，通过模块化、规范化、数字化、标准化的"四化"设计技术，将设计作业切分为前端、中端、末端三类管理用工位，并按照设计人员的能力、知识配备到相应的工位上去。

前端工位在设计策划和初步设计阶段开展工作，设计策划阶段是制定设计策划书，初步设计是设计和开发过程中重要的阶段。设计策划和初步设计

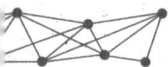

两个阶段把握设计方向，确保设计质量，并达到充分提高人才利用率的效果。

中端工位在技术设计阶段开展工作，技术设计是初步设计的拓展和深入，起到承上启下的作用，能迅速理解上道工序传递的信息，能向下道工序输出关键点，确保项目快速开展。

末端工位在工作图阶段开展工作，工作图设计是完成产品生产制造所需要的全部设计文件，能够不局限于专业限制，在得到前一阶段的设计信息后，即可开展图纸的绘制工作，进而解决项目高峰期人员紧缺问题，达到人尽其才、才尽其用的效果。

不同层级的人员在不同的设计阶段按相应的管理工位开展设计工作，达到专人专事的目的，这样各类设计人员就可以更深入地研究本工位的工作，缩短人才培养周期。同时，按照管理流切分管理工位后，还能使不同层级人员之间传递信息时接口更加清晰、信息流更加通畅，保证其信息的准确性、唯一性和便利性。

其中"切、削、琢、磨"具体的含义如下。

"切"：切分工位 —— 以现场工位为基础，通过倒推的方式进行设计的工位切分，形成设计的四大阶段，实现安装图纸与现场工序一一对应。

"削"：细化内容 —— 以内容专业化为基础，通过流程建立和工位工作量化，重点工位，将"模块化、规范化、数字化、标准化"四化设计技术融入具体工作。

"琢"：规范模板 —— 根据最终工位工序建立工序图纸安装包模板和表单，固化内外部接口，打造标准的接口平台建设。

"磨"：实践改善 —— 开展"计划—执行—检查—改善（PDCA）"循环改善，验证工位工作内容和标准模板，通过信息化建设，固化流水作业内容。

"四化"设计技术是产品功能结构树打造的必备技术支持，下面将重点介绍"四化"设计技术。

1. 模块化设计技术

模块化设计就是将产品的某些要素组合在一起，构成一个具有特定功能的子系统，将这个子系统作为通用性的模块与其他产品要素进行多种组合，

产生多种不同功能或相同功能、不同性能的系列产品。它是通过对产品各系统的分析和研究，把其中具备相同或相近的功能单元用标准化的原理进行统一、整合、简化，以通用单元形式展现的一种方法。

产品模块化通常分为产品部件模块化、产品系列模块化、产品系统模块化三个阶段，终极目标是根据用户的要求，对既有的模块进行选择和组合，就可以构成不同功能或功能相同但性能不同、规格不同的产品。

模块化设计的五大原则：

(1) 接口标准。模块化设计产品，其连接接口形式 —— 一定要统一标准，不能随意进行更改，不能与其他部件的多接口连接，防止接错的可能。

(2) 预组装程度高。进行产品设计时，要尽可能地把同一功能的零部件进行预组装设计。在总装生产线以外的地方把零部件进行预组装，然后将预组装的部件安装到车上预留的接口。简化总装生产线工序，提高产品质量。

(3) 连接宽松。模块化设计产品，要将多个零部件通过地面预组装方式组成一个大部件，体积相对比较大，为了能够快速地、保质保量地组装到车上的接口，其接口一定要采用宽松的连接方式，留有足够的调节余量。

(4) 相对独立性。模块化设计产品，应具有相对独立性的特点，模块除留有标准接口外，内部功能部件一定要解除与其他部件的联系，既可以方便组装，又可以对模块单独进行并行设计制造、调试、修改和存储。

（5）互换性强。模块化设计产品，应满足相同功能、不同产品的模块可以互换，即通用性要求。所以模块化设计时，模块接口部位的结构、尺寸和参数应标准化、通用化，容易实现模块间的互换，从而使模块满足更多产品的需要。

模块化设计是一项系统工程，面对的是一类产品或者是产品的整个系统。因而设计时，要结合五大原则，系统考虑产品种类和将来的扩展功能。

2. 规范化设计技术

规范化设计就是通过系统思考，建立一套以人为本、上下认同及行之有效的设计管理体系。它是贯穿于整个设计开发过程的一个完整体系，主要包括有设计流程规范化、输入输出规范化、管理接口规范化、技术接口规范化、设计验证规范化、设计评审规范化、设计变更规范化以及设计异常管理规范化等，各过程相互融合。

3. 数字化设计技术

数字化就是将许多复杂多变的信息转变为可以度量的数字、数据，再以这些数字、数据建立适当的数字化模型，进行统一处理，成为人类最容易学习、接受、掌握的知识，这就是数字化的基本过程。

数字化设计技术：用数字化定量表述、处理、控制和存储来表述产品信息，以数字化建模仿真与优化为特征，实现对产品设计和功能的仿真以及原型制造，从而达到快速设计和生产的目的。

数字化设计技术最能客观、公正地反映出事物的本质和规律，能消除语言障碍，它是国际化的语言。

数字化设计的终极目标：支持产品全生命周期和企业的全局优化运营，以制造过程的知识融合为基础，在虚拟现实、计算机网络、快速原型数据库等技术支持下，根据用户的需求，对产品信息、工艺信息和资源信息进行分析、规划和重组，进而快速生产出达到用户所要求性能产品的整个制造过程。

4. 标准化设计技术

标准化设计技术：在一定时期内，面向通用产品，采用共性条件，制定统一的标准和模式，开展适用范围比较广泛的设计，适用于技术上成熟、经济上合理、市场容量充裕的产品设计。

在产品设计过程中，通过广泛应用标准件、通用件、系列件，遵循统一以及系统原理进行接口的标准设计，称为标准化设计。标准化设计是提高产品的标准化率的重要措施。采用标准化设计的优点如下：

（1）设计质量有保证，有利于提高工程质量。

（2）可以减少重复劳动，加快设计速度。

（3）有利于采用和推广新技术。

（4）便于实行构配件生产工厂化，装配化和施工机械化，提高劳动生产率，加快建设速度。

（5）有利于节约建设材料，降低设计成本，提高经济效益。

总之，模块化、规范化、数字化、标准化是流水作业的基础，整个流水作业就是要实现分层作业，充分使用"四化"设计技术，前端人才在前端工作，通过找平台、寻路径，进行模块切分，实现模块化作业，识别"三新"点：中端人才在中间进行接口作业规范化，边界条件数字化，实现标准化设计；末端人才在末端按照工位需求设计模块，学会搭积木。

四、形成精益研发管理模式

在流水线工位制节拍化生产方式上，进一步固定和稳定制造现场，并以现场工位制节拍化生产为中心，倒推工艺和采购物流的工位制管理，构建工艺功能结构树、采购物流功能结构树和质量功能结构树，以工艺和采购物流的工位为中心，倒推设计管理工位化，构建设计功能结构树。同时将可靠性、可用性、可维护性和安全性质量管控与三种功能结构树进行有效融合，以研

（1）设计质量有保证，有利于提高工程质量。

（2）可以减少重复劳动，加快设计速度。

（3）有利于采用和推广新技术。

（4）便于实行构配件生产工厂化，装配化和施工机械化，提高劳动生产率，加快建设速度。

（5）有利于节约建设材料，降低设计成本，提高经济效益。

总之，模块化、规范化、数字化、标准化是流水作业的基础，整个流水作业就是要实现分层作业，充分使用"四化"设计技术，前端人才在前端工

作，通过找平台、寻路径，进行模块切分，实现模块化作业，识别"三新"点：中端人才在中间进行接口作业规范化，边界条件数字化，实现标准化设计；末端人才在末端按照工位需求设计模块，学会搭积木。

四、形成精益研发管理模式

在流水线工位制节拍化生产方式上，进一步固定和稳定制造现场，并以现场工位制节拍化生产为中心，倒推工艺和采购物流的工位制管理，构建工艺功能结构树、采购物流功能结构树和质量功能结构树，以工艺和采购物流的工位为中心，倒推设计管理工位化，构建设计功能结构树。同时将可靠性、可用性、可维护性和安全性质量管控与三种功能结构树进行有效融合，以研发流程为纵向轴构建出精益研发管理模式。

在研发设计过程中实现精益研发同步启动、系统输出体系，让设计、工艺、采购物流和设计质量人员协同作战，充分运用产品功能结构进行横向联动、缩短研发周期、提高研发输出质量，为后续的项目执行提供有力支撑。

第九章

打造精益管理文化

精益文化的产生，并非无迹可寻，它与时代发展密切相关。从全球的经济危机中世界著名企业及人物的探索与求新，到第二次世界大战的日本丰田公司提出的"精益"概念，创造了前所未有的全球精益生产方式，到美国作家詹姆斯、英国作家丹尼尔造访全球若干著名企业后撰写的《精益思想》，从实践和理论的高度提出了精益思想，思想从属于文化，精益文化由此而来。

如果说文化是人类创造的、表达人们思想认识内容的文字、数字、符号的总称，那么精益文化就是企业家创造的、表达精益管理、改善企业生产的文字、数字、符号的总称。精益文化的性质是具有影响性、本质性、决定性的，是企业在企业发展过程中所有的精益管理和理念财富的总和，也是某一特定的区域内员工在精益管理中培育形成的有统一性的思想、价值观念、基本信念、行为规范等精神财富的总和。如同中国传统文化，一旦形成，将会根深蒂固地扎根在中华民族的心中，引起强烈的共鸣。

第一节　思精益之道，强管理之基

精益管理（Lean）是源于日本丰田汽车公司所创造的丰田生产方式（Toyota Production System），20世纪90年代初由美国麻省理工学院数位国际汽车计划组织的专家总结提出。它的基本理念即以价值为出发点，通过在流程设计上的取舍，避免一切不必要的浪费，并进行持续的改进，最终实现管理效率的提升。

精益管理源于企业管理，它不仅提供了一种管理方式，更是一种价值观、一种文化。企业开展精益管理，不能将它仅仅视作一项活动，它应该是根植于企业文化的管理方式。企业实施精益管理，就需要形成精益管理的文化，为企业可持续发展提供原动力，使精益文化真正内化于心，固化于制，成为内强素质、外树形象、增强核心竞争力的强大动力。大多数企业精益转型的结果并不令人满意，长期的精益管理实践表明，局部的改进是容易的，但那样的改进只能制造出几颗珍珠。当我们准备从局部走向整体，希望在整个价值流上进行改造，也就是想将企业内散落的精益珍珠串成精益的珍珠项链时，

我们不可避免地遇到瓶颈，也就是缺少那颗将珍珠串起来的链条。其主要原因是人们忽视了至关重要的因素——企业文化，它使得精益由企业表面的管理活动逐渐变成习惯，融入企业的血液，注入企业的骨髓，从而形成精益DNA。唯此，精益种子才能在企业土壤中生根发芽，最终成为枝叶茂盛的大树。

任何一种文化都要根植于适应它的土壤里才具有生命力，否则它仅仅是一个标签或是一种幌子。如果把精益文化比作一粒种子，那么企业文化就是它生根发芽以及茁壮生长的土壤。因为，企业文化是提升企业管理水平的必由之路，也是精益实施成败的关键因素。企业在实践精益管理的进程中必须把培养良好的精益文化作为终极目标，而要实现这一目标，就要在已有的企业文化中注入精益思想，丰富企业文化内涵，形成新的文化传导。这样，就可以充分发挥企业文化所具有的导向作用、约束作用、凝聚作用、激励作用，提升精益管理的执行力。

精益文化具有相对稳定性，是本质性、内涵性的概念，一旦形成，影响深远。其实质是引起员工共鸣，促进和规范员工行为，提高效率和效益，用有限的资源创造最大价值，根本目标是转变管理理念，创新管理方式，推进管理上水平。精益文化反映的是危机意识、问题意识、人本意识。时刻具有危机意识是企业长久发展的基础，生于忧患、死于安乐在企业中同样适用，危机意识是催人奋进的力量，能产生向上的动力；发现问题，才能在解决问题的过程中不断改进、革新；精益改善的源泉力量来自员工的自觉性，只有充分依靠和发挥员工的积极性和创造性，才能将精益文化落实到实处。如何将精益文化在企业尤其是基层生根发芽，将精益管理上升成为一种文化，一种让员工感同身受、自觉遵守并践行的文化，是当前迫切需要解决的问题。精益化是个系统的过程，也是一个企业实现蜕变的艰苦的过程。鉴于目前中国经济持续高速发展的市场状况，中国企业正面临各种经营挑战，并且自身也已经具备从粗放型管理向精细化管理的条件，从导入层面来看，精益生产作为被很多企业实践过的成熟技术，市场上也具备完备的系统化的知识源及供借鉴的实践群体，企业要借助精益的力量，苦炼内功，增强竞争力，实现企业效益的大幅上升，持续稳定地发展。

一个社会的发展，需要传统文化的滋养；一个国家的发展，需要主流文

化的支撑；一个企业的发展，需要先进文化的引领。自进场以来，京张高铁高度重视"文化强企"战略，将其作为加强企业管理的基础工程、打造企业核心竞争力的系统工程、凝聚企业发展力量的核心工程，并把构建精益文化作为推动企业跨越发展的战略任务来推进与落实。多年的实践让我们深深体会到，精益管理是"道"，是市场经济环境下企业发展的正道；精益管理是"法"，是符合科学发展观的正确方法；精益管理是"梯"，是推动企业管理进步的阶梯；精益管理是"铭"，是现代高铁企业区别于其他工厂的标志。在推进"运营转型、精益管理"过程中，发挥企业文化引领作用，着力培育和建设精益文化，促进企业由粗放型、传统式的管理运营模式向科学化、标准化、精细化方向转型，提升了企业运营绩效和发展质量。精益管理文化是企业可持续发展强大精神力量。

先进的精益文化凝聚着员工精神，构建京张高铁创立品牌、克难制胜的软实力。在具有自身特色的精益管理模式上，京张高铁进行了一些积极的探索和实践，包括有：文化引领，让独树一帜的精益文化在干部职工中入脑入心，成为推动精益管理的强大动力；顶层设计，运用系统思维，全面谋划设计，确保精益管理从一开始就循着正确的方向前行，起到纲举目张、事半功倍的效果；全员发动，努力夯实精益管理的群众基础，充分调动广大干部职工的积极性、主动性、创造性，形成人人讲精益、事事求精益的蓬勃热潮；强化保障，推行精益管理尤其注重脚踏实地的工作态度，形成科学严密的保障措施。

精益文化建设不仅在于有时代特征，更在于要有企业自身的特色，才能形成强有力的文化力。京张高铁以"精益文化强企"战略引领着企业文化建设不断由自然形成向积极构建转变，由表层建设向内涵建设渗透，由形象建设向理念建设深化，已经从自然形成向积极构建转变的转型期、从注重表层建设向注重内涵建设转变的提升期、由装饰点缀向融入管理转变的突破期、由学习借鉴向自主创新转变的关键期、由制度管理向文化管理转变的攻坚期这一新的发展阶段，按照"上下同步、内外兼修、点面结合、统分有序"的思路，不断探索建立具有京张高铁特色的精益文化建设体系，促进企业管理水平和核心竞争力的不断提升。

　　精益文化是企业推进精益管理不断深入的关键，也是企业文化组成的关键部分，建设适合企业的精益文化才有广泛的基础，才能进一步提升管理水平，增强核心竞争力，创造出不俗的经营业绩。

　　一是思想引领，营造精益文化的大气候。思想松一尺，行动落千丈。我们坚持思想引领，将精益传统教育贯穿于职工成长的全过程。新职工一进京张高铁，宣传部门、工段人员都要给大家作关于中铁三局优良传统和集团公司企业文化的报告，在新职工的心中播下精益文化的种子，同时通过封闭式军训，锤炼过硬作风，养成纪律意识和规矩意识；分配到班组以后，我们给每位新职工都配好经验丰富、作风过硬的师傅，不仅手把手传技术，更在一言一行中潜移默化地将京张高铁的精益作风传承下去。我们还牢牢深挖精益文化内涵，借助展板、信息公开栏、精益微信群等思想宣传的主阵地，大力宣传"生产上精耕细作、经营上精打细算、管理上精雕细刻、技术上精益求精"的先进典型，发挥标杆的示范、引导、激励作用，进一步推动精益管理工作水平再上新台阶；开展精益知识学习心得共享活动，举办"班组长如何管现场"读书知识竞赛，促进员工深刻领会精益文化内涵。长期优良传统熏陶形成的精益劲和坚守"安全从心出发"的责任心在京张高铁薪火相传、生生不息。

　　二是行为引领，树立精益文化的风向标。说一千道一万，不如做给职工看。在京张高铁，精益管理已经从单纯的生产管理模式发展为着眼于全系统、全价值链的企业管理模式，它既是一种消除一切浪费、赢得企业长远发展的经营哲学与理念，又是一种全员参与、持续改善的企业文化。把精益管理的价值观真正变成全体员工的统一行动，坚持"每个人都是改进的源泉"的理念，下活"全员参与"这盘棋，注重激发每个"棋子"的活力，以精益管理文化引领各项工作上台阶。对干部的教育我们不仅注重提升其素质能力，更注重强化其精益理念，无论是"三会一课"、"干部马列班"，还是中心组学习、干部政治学习，精益文化等优良传统都是每一位领导干部一辈子的"必修课"。尽管内容不断调整、形式不断创新，但精益文化的培育一直在坚守中传承、在创新中彰显。在实践中，要求班子成员不仅要严守纪律讲规矩、精益精心敢担当，而且要在细微之处做表率，困难面前进一步，利益面前退一步。班

组的精益细胞正在发生"裂变"，不怕揭短、深挖根源、查找症结，一个个可圈可点的小改善、微创新项目应运而生，实现了"把问题当负担"到"以问题为导向"的转变，班组形成了"人人参与精益、事事都能改善"的识别浪费的氛围，开创全员、全方位、全业务的精益转型工作新局面。

三是价值引领，注入精益文化的推进剂。精益文化只有融入了价值导向才会历久弥新、经久不衰。我们不断完善经营管理、专业技术、技能操作"三支队伍"成长通道，细化建立了年轻干部常态化培养选拔、干部多渠道交流、履职能力历练、改进作风建设、职业生涯管理、人力资源规划、员工能进能出和全员培训等价值平台，开展思想引领进班组、规范管理进班组、技术分析进班组、技能学习进班组的竞赛活动和诚信经营、诚实做事、诚恳待人"三诚"教育，使企业涌现出了一大批立足岗位践行精益文化的典型。同时，通过企业领导的亲身示范、表彰奖励等，形成精益文化对企业员工的正面影响力，带动身边的员工主动学习精益文化，传播精益文化，践行精益文化，推动精益管理工作再上新台阶。

第二节 以党建为依托构建持续改进的精益文化

随着中国高铁"走出去"和"一带一路"倡议的推进，精益管理已经成为企业转型升级、提质增效的重要抓手。精益管理不仅是一门科学，更是一种文化，是企业在推进精益管理过程中，对工作中的先进经验不断总结、提炼、固化形成特有的精益文化内核，从而在工作中指导实践，推进企业不断高效运转。

京张高铁紧密围绕党建工作目标，将党建工作纳入企业管理体系，使精益党建和生产经营深度融合，管理机制运转更加完善高效，干部员工的主动性持续增强，企业关键绩效指标不断优化，推动党建工作水平的持续提高。

（一）实施精益党建机制，强化党建引领作用

顾名思义，精益党建是秉持"精益求精、持续改善、发挥作用、增强实效"的理念，建立完善党建工作精益化机制，提高党建科学化水平，推动企业科学发展。京张高铁建立"党委领导、部门联合、企业主责、社会参与"的工

作格局，成立集建设、设计、施工、监理等单位参加的联合党工委，发挥党组织的战斗堡垒和全体党员的模范作用，凝心聚力、合力攻坚。党委始终从战略上把关定向，在组织上保驾护航，做到"参与决策不错位、强化监督不缺位、协调管理不越位"，加强对精品工程的统筹规划和组织领导，确保党的路线、方针、政策在企业经营中贯彻落实。

同时，党建工作与生产经营工作有机融合，持续有效地推进精益文化建设。党委将党建工作纳入领导班子考核，把握一个"严"字，即坚持高标准、严要求、高质量的工作原则和工作态度，具体工作扎实到位，不流于形式、不走过场；突出一个"细"字，即将上级下达的党建工作要点和工作目标，逐项进行分解细化，责任到人，落实到位。同时从绩效评价方面落实"一岗双责"，力促党员干部承担起相应的职责任务，促进党建工作与生产经营工作的紧密融合。

对党建和党风廉政建设同步策划，积极贯彻"融入中心、进入管理、推动生产、展示作为"的项目党建工作要求，坚持"两个责任""一岗双责"落到实处，促进党建工作持续改善。启动了"国企党建引领项目"和"大干100天向党的十九大献礼"主题实践活动，掀起施工生产大干热潮，增强支部创新创效活力，激励党员发挥先锋带头作用，把党支部的战斗堡垒作用和党员的先锋模范作用细化、量化到项目管理中，努力创造活动品牌。

（二）抓好党员管理，扎实开展"两学一做"

开展"两学一做"主题教育活动，开展精品工程立功竞赛评比，比学赶帮超，利用电视台、报社、微信平台、宣传栏、知识竞赛等媒体宣传和打造精品工程。起草发出了给全体党员和员工的一封信，提出"两学一做争先锋，京张铁路立新功"的倡议，组织党员"重温入党誓词，推进两学一做"宣誓签字仪式并授旗；创建了项目党校、廉政讲堂和诚信敬业道德讲堂，在党员中开展"学与思每日充电一小时"学习活动。通过搭建交流平台，强化党员在精益管理过程中的交流与激励，激发党员的协作性、能动性和创造性。

十九大期间，组织党员观看了十九大开幕式。精心谋划，采用主题活动、集中宣贯、专题辅导等多种形式全面掀起学习宣贯十九大精神的热潮。通过培养、树立精益标杆，发挥标杆的示范、引导、激励作用，为精益管理储备

人才，打造精益团队，进一步推动精益管理工作水平整体提升。同时，"精益党建"活动紧密结合"班组质量月"等各项重点工作，鼓励优秀党员积极参加质量技能竞赛，做到亮身份、当先锋、见行动，为严保安全质量做出郑重承诺，为工艺人才培养发挥模范带头作用，形成全员创先争优浓厚氛围。

（三）创新管理制度，实行清单式管理

运用精益思维，坚持"制度＋科技＋阳光"，构建业务管理规范、责任清晰、办事过程公开的管理运行机制。在全标段制定并实施了党建工作清单式管理办法，创建了全面从严治党示范性工程实验室，从加强廉政建设，打造廉洁工程等八个方面创建"全面从严治党示范性工程"。坚持问题导向，将党建工作均按照目标、任务和责任清单进行部署、检查及奖罚。制定建立了一系列卡控预防制度，如"三重一大"、党政会签等制度。创建"四好班子""党员先锋工程""红旗项目部""星级项目部"办法，领导人员廉洁从业谈话、承诺、述职述廉制度、贯穿项目始终的反腐倡廉惩防体系制度，推进党建工作向纵深发展。

（四）持续创新改善，提高党建工作质量

运用精益管理"流动""拉动"理念，围绕党建工作目标和价值导向整合各种制度，促进工作集成。以整合资源的平台和持续流动的流程为支撑，把生产经营工作中的难点、重点以及员工关注的焦点，作为开展党建思想政治工作的切入点，注重把党建活动项目、工作任务与年度重点工作、企业文化等专项工作计划有机衔接，优化整合工作载体，统筹利用各方面的资源，最终形成合力。定期召开精益党建研讨会，各级党务人员、党员集思广益，创新党建工作思路、方法。坚持定期开展建设工程专项执法监察、项目审计活动，坚持开展典型案例、党纪条规等宣传教育，努力营造清正廉洁、规范有序的建设环境。强化党的思想建设、组织建设、作风建设、党风廉政建设和制度建设，"五位一体"全面着力，不断丰富精益党建工作范围、工作方式、检验机制、改善工具四大体系，提高党建科学化水平。

第三节　坚持精益文化引领，扎实推动企业提质增效

"苟日新，日日新，又日新"出自《礼记·大学》，其内涵是，如果能每天除旧更新，就要天天除旧更新，不间断地更新又更新。从事物发展的角度来说，破旧立新、推陈出新、革故鼎新、改革创新，才能保持生命力。

对京张高铁而言，"日新"就是持续改进，不断创新。在"日新"企业文化的引领下，京张高铁秉持消除浪费、持续改进的理念，培育精益文化，全面推行精益管理，推动企业实现价值创造最大化，注重目标导向，牢牢抓住"提质增效"这条管理主线，深耕精益"土壤"，统筹推进整体工作提升，以内涵式增长打造新的竞争优势，实现精益文化与企业发展的良性互动，促进企业提质增效升级。

一、创新组织建设确保持续推进

精益管理的推进离不开组织的保障，精益推进组织是实施精益管理的中坚力量。

理论是实践的先导，思想是行动的指南。为破解发展难题，增强发展动

力，厚植发展优势，京张高铁以建设"智能京张、绿色京张、精品京张"的战略目标为契机，致力于精益思想和安全生产、经营管理、专业技术等管理层的融合与发展。按照"干什么、学什么、缺什么、补什么"的学习培训原则，突出重点，聚焦问题，紧贴实际，分阶段、分层级组织精益管理培训，通过组织精益管理研究沙龙、专题讲座、外出考察学习、在线学习交流等形式，进一步丰富学习形式，不断强化学习效果，要求中坚力量带着信念学、带着使命学、带着问题学，真正做到学而信、学而用、学而行。中层管理人员、广大党员积极发挥"传输纽带"和模范带头作用，做好精益知识转训，培养部门员工精益思维和精益意识，带头应用精益管理方法和工具，将精益思想融入生产经营管理的具体工作当中，有力地推动精益管理顺利实施；技术骨干团队积极坚持精益思想先学一步、学深一点，精益实践先行一步、率先垂范，主动将精益思想融入工作中，事事按精益理念及要求进行工作部署，为精益管理在京张高铁系统深入推进、实现全员参与迈出坚实的一步。

坚持问题导向，从查找问题、分析问题、解决问题各环节入手，推进精益组织建设。京张高铁总结与梳理在生产经营管理等方面的问题和弱项，选择重点工作、不足、瓶颈问题进行立项，成立攻关组，进行逐个突破。各车间、工段结合实际构建自上而下引领员工积极参与精益、自下而上驱动问题快速解决的精益组织，初步形成了包括职能、部门、精益专题、改善团队和专家团队等层面的组织体系，以精益项目为抓手，以关键绩效指标为手段，推进精益改善，保证项目良性循环推进，极大激发了各车间、工段精益持续改进的内生动力。通过广泛开展技能开发活动（SDA）、小组改善活动（SGA）、持续改善活动（Kaizen）、可视化、6S 等精益管理方法和手段，让员工从认知认同到自觉践行，让这些管理理念逐渐从一个个陌生的名词转化为深入人心的日常行动。同时，加大对成果的推广应用力度，举办精益项目发布会、评比表彰优秀项目、组织专业人员现场交流和学习，使精益理念更加深入人心，让精益文化的"种子"落地生根，推动推进精益文化建设向纵深发展。

二、创新机制建设推动全员参与

机制建设是保障企业精益体系持续有效运转的关键环节。

进场以来，京张高铁以"以人为本、持续改善"为核心，以调动员工积极性、主动性、创造性为出发点和落脚点，持续加强精益机制建设，制定《改善活动管理办法》《重大风险项目分级控制管理办法》等相关制度，进一步丰富激励方式，强化内在激励，努力提高员工自我驱动力。同时，京张高铁建立了项目评审、激励机制、精益成果汇编分享机制、优秀项目成果固化推广机制、项目与绩效挂钩机制；在班组，建立问题池，对稍作改进就能完成的项目，成为班组的小精益项目组，对需要团队协作的项目，运用头脑风暴，组织攻关小组，形成班组集中攻克的课题，切实做到责任到位、措施到位、节点到位、目标到位。从查找问题、分析问题、解决问题各环节入手，充分发挥精益专题的引领作用，通过召开例会、滚动报告等方式，及时发现问题、解决问题、持续改善，激发全员参与改善活动的积极性、协作性和创造性。

结合实际情况，京张高铁开展"学、促、竞"等系列活动，利用可视化管理、员工培训教育、精益微信群等载体，引导广大员工摒弃惯性思维，树立精益理念；积极开展问题提报、知识竞赛、专题月等形式多样的活动，持续优化精益管理信息化平台，不断完善精益管理发现问题、解决问题和持续改善的流程；通过征集精益管理合理化建议、精益管理小故事，引导全员立足本职岗位，让精益思想入脑入心，不断营造人人参与、事事改善、全员践行、持续改进的精益氛围。

通过精益管理机制的持续完善，京张高铁员工的积极性、主动性和创造性不断增强，员工思想从"要我做"进一步向"我要做"转变，全员自主自发、立足岗位、参与改善的热情持续高涨。2017年，仅京张高铁员工就提出持续改善项目500余项，实施率100%。

三、创新日新文化推进精益管理保持鲜活力

精益文化是精益管理在企业扎根的关键所在。只有在全体员工心中植入精益基因，并使之转变为自觉行动，形成持续改善的内生动力，企业的精益管理才会有生命力。

精益管理的核心理念是排除浪费，持续改进。京张高铁总结提炼"每天进步1%"，形成了"坚守责任、精益求精、持续创新、追求卓越"为内涵的"日

新"企业文化。企业在任何情况下，总是有进一步改进的余地：成本、产品与服务质量，订单处理周期，库存水平，工作效率，业务流程，间接管理费用，会议效率……任何可以量化的绩效指标，都不可避免地存在"浪费"即非效率的问题，都可以作为改进的对象。这些问题存在于企业的各个部门、各个小组，各个流程、各个环节，只要找到一个，排除一个，长此以往，日积月累，就有可能给企业带来质的变化。这种持续的、不懈的追求，最终会改变企业上上下下每个部门、每个小组、每个员工的思维方式和行为方式，长而久之，就会在企业形成一种持续改进的文化。而这种文化，才是企业长久保持活力的核心竞争力所在，进一步推动管理机制运转更加完善高效，干部员工的主动性持续增强，企业关键绩效指标不断优化。

四、推行精益管理文化建设的成效

京张高铁全面实施精益管理，加强精益管理文化建设，推动了企业的发展和创新，推进精益管理工作再上新台阶。

一是领导班子执企治企能力有效提升。企业生存的根本在于创造价值，京张高铁以创造价值为使命，始终坚持传承"成本领先"战略，把握市场脉搏，与时俱进更新管理思想，创新管理理念、体制机制和工具手段。以战略眼光驾驭企业发展大局，培养并保持敏锐的市场嗅觉，开拓高铁行业市场，在变化中寻找、捕捉企业发展机遇。运用精益思维推进内部改革创新，深化精益挖潜、提质增效，以内涵式增长实现企业有质量、有品质、可持续发展。在竞争激烈的制造业市场中，准确把握不同时期文化创新与管理创新的切入点和着力点，以文化建设引领企业发展，打造竞争优势，使京张高铁保持持久的影响力、创新力和综合竞争力。

二是员工参与企业建设的主动性增强。精益管理文化建设，促进了员工工作理念的转变、思维方式的转变、行为方法的改善、工作标准的提高。"消除浪费，创造价值"成为职工个人的价值追求；"持续改善，精益求精"成为职工工作的理念；"不为困难找借口，只为成功想办法"成为职工恪守职责的信条；"危机潜伏在每一个角落，在你不经意时，它便发生"成为每位职工的座右铭。把创造价值作为责任担当，牢固树立消除浪费的成本意识、追求卓越的质量意识、创造效益的市场意识，立足岗位，创新创效。广大员工把个

人目标自觉融入企业整体目标，在工作实践中提升自我，创造价值。自觉以精益思维，优化工作方式方法，改善生产经营管理手段，提高工作质量和效率。从点滴做起，把别人不屑的"微利"看在眼里深入挖掘，把丁点的浪费当成"病灶"彻底根除，把价值创造发挥到极致，愿为"善小"，精益求精。

三是健全完善运转高效的管理机制。京张高铁坚持推动发展、文化先行，深化改革、体制先行，规范行为、制度先行，把靠制度管人、管事作为治企的保障。以精益管理理念为导向，建立了一套符合企业发展战略，植根京张高铁文化土壤，精细、简洁、规范、便于执行的标准体系和管理机制。小到工器具定置管理、劳保用品发放，大到机组环保改造、全员竞争上岗、绩效考核，做到凡事有章可循，凡事有据可查，凡事有人负责，凡事有人监督。各部门、班组、岗位职责清晰，协调运转畅通、高效。各项工作在制度框架下规范运行，降低了管理成本，提高了运行效率。

第四节　构建开拓创新、团结务实的文化氛围，营造企业精益风尚

企业管理的竞争本质上是深层次文化的较量，就是思想观念、思维方式和行为方式的较量。以精益思想为导向建构的企业文化，融入贯穿于企业生产经营的每一道工序和环节之中，并在已有企业文化的基础上注入与形成新的内涵与外延，日益彰显其所拥有的导向效应、激励效应、凝聚效应和约束效应，才能形成独具特色的价值观文化理念体系，为企业可持续发展创造新的动力与支持。

京张高铁本着以文化管理人、以文化教育人、以文化提升管理的理念，着力打造具有京张高铁特色的项目文化，建立起以"人"为中心的人本文化，以特色文化引领，提高项目管理水平，加快企业从粗放型、传统式的管理运营模式向标准化、精益化管理转变，从经验型管理向科学式管理转变，从外延式发展型向内涵式发展型转变，营造了开拓创新、严谨高效、团结协作、创优争先的文化氛围，进一步提升了企业转型升级的发展水平，向一流管理

水平迈进。

一、打造"本质安全"的安全文化，护航施工安全

京张高铁邻近营业线工点多、施工难度大，项目部以加强施工安全管理为核心，经常性开展安全培训教育及应急预案演练，全力打造"本质安全"的安全文化。坚持早点名、班前安全质量宣誓，营造出"人人讲安全、事事讲安全、时时讲安全"的良好氛围，在100公里多的施工管段内设置了各种安全警示牌500多块，施工现场还设立了"党员先锋岗、青年安全岗、群众安全监督岗、重大危险源展板"，关键岗位设置了安全操作规程和警示宣传，大型机械设备安装警示灯，大型机具安装霓虹灯，在怀来梁场、拌合站、营业线工点便道入口处等部位建立了值班室，安装了视频监控系统、LED 显示屏，对施工人员实行动态管理，每天及时更新调整危险源，设置灯箱警示标语、标牌，并配有应急救援物资、设备、医药箱等，为安全施工保驾护航。

同时，项目部及时与作业层签订的承包班组合同中明确划分在安全事故发生后作业层、项目各自应承担的责任，并制定《作业层安全质量管理办法》《作业层安全质量考核实施细则》，为配合作业班组管理还成立了安全管理委员会，确保了项目部开工以来实现安全生产零事故。

二、打造"敢于创新"的创新文化，提高管理水平

京张高铁重视创新文化的建设，着力打造"敢于创新"的科技创新文化。项目组领导率先垂范，身先士卒，带头创新技术、工法，用实际行动影响带动全体项目人员敢于创新、善于创新，京张高铁坚持高标准起步，高质量推进，高水平管理，在建设数字化、智能化、精益化工厂上取得了新突破。通过对双块式轨枕厂的信息化、智能化的工序升级改造，打造智能铺轨基地，利用物联网、大数据、机器人等智能建造手段，推广应用无砟轨道施工信息化系统，提升智能建造能力；在专业工程领域引入路基连续压实、水沟滑模等工艺工装，配置先进轨排框架、铺轨机等装备，全面提升精品工程质量，推动京张高铁建造水平再上新台阶，大大提高了施工效率，确保了工程安全质量，得到了中铁三局公司及地方政府的一致好评。

三、打造"勇于担当"的责任文化，提高团队执行力、战斗力

京张高铁从开工伊始，就循循善诱，谆谆教导，积极引导员工自觉践行

项目管理方针，着力打造"勇于担当"的责任文化，提高团队执行力、战斗力。项目部根据每位员工自身工作的特点，研究制定了项目员工岗位目标责任，使责任文化有效地融入全体员工的工作中去。大力践行中铁三局"知行合一、永争第一"的核心价值观，树立"勇于担当"的意识。紧密围绕集团公司《工程项目管理标准》和公司制度范本，结合项目工程实际情况，制定了针对性、操作性较强的拌合站、试验室、梁场等临建工程管理标准；编制《铁路工程安全质量管理手册》；细化安全质量标准化达标升级考评、隐蔽工程影像资料采集及留存等管理办法；建立质量巡检巡查制度，推进全员、全过程、全项目检查。开工建设以来，共制定完善100多项管理制度、20多项管理标准、80多项作业指导书。明确了所有相关人员的责任，并在现场施工过程中不断总结探索，广泛征求大家的意见和建议，使责任落实到每一个人的具体行动中。

四、打造"清正廉洁"的廉洁文化，营造风清气正的施工环境

为了确保工程优质、人员优秀和廉洁项目的创建，京张高铁以完善廉洁制度为支撑，健全组织保障机制，健全廉洁项目建设和监督考核机制体系，着力打造"清正廉洁"的廉洁文化，为工程项目优质、人员优秀廉洁提供组织保证。一是健全制度规范机制，加强对项目关键环节和重要岗位管理人员廉洁从业行为的管理与监督检查，坚持述职述廉、廉洁承诺、职工代表评议等制度；二是项目党风廉政建设领导小组全程参与物资设备采购、分项工程招标、协作队伍选用等过程监督；对不履行责任或履行责任不力造成不良后果的，追究相关责任。并在项目部设置了廉政举报箱、公布了举报电话，形成了"清正廉洁"的良好氛围。三是把廉洁从业要求融入协作队伍的日常管理，项目部与各部门负责人、各分部、协作队伍分别签订《施工廉政协议书》，公布廉洁从业要求和举报电话，发挥协作队伍参与民主管理和促进廉洁项目建设的积极作用。四是项目部严格按照中央八项规定《关于实行党风廉政建设责任制的规定》《国有企业领导人员廉洁从业若干规定》等规定，不定期对项目管理过程进行全方位自查自纠，进一步促进了用制度管权、用制度管人、用制度办事的良好氛围，奠定了项目廉洁文化建设的持续安全发展基础，初步构建了具有京张项目特色的廉洁文化体系，确保了项目部的稳健发展。

五、打造"精打细算"的成本文化，强化成本控制

京张高铁围绕降本增效，着力打造"精打细算"的成本文化，从文化入手，强化成本控制。项目部有意识地引导全员树立"人人关心成本，人人节约成本"的意识，倡导大家"节约成本从我做起"，从施工、管理等各方面精打细算。特别是推行精益管理以来，京张高铁把工程项目精益管理作为打造"精打细算"的成本文化的重要抓手，准确把握项目管控命脉，及时通过现场调研分析，制定了项目精益管理办法，从量、价、耗、效四个方面对项目成本进行了全方位的管控，使项目机械、材料设备管理走上严格控量、严格控价、严格控耗、严格控效的管理途径。除加强施工成本的控制外，还严格控制非生产性开支，严格制定了项目员工差旅、业务招待及办公生活用品的管理办法，从不起眼的小事情抓起，确保成本全面受控。

精益是一种态度，一种追求，更是一种责任，一种文化。干在实处永无止境，走在前列勇谋新篇。精益永远不过时，精益永远在路上。京张高铁在创建具有京张特色的精益文化指引下，秉持中铁三局"知行合一、永争一流"的企业精神，团结一致，奋勇向前，为京张铁路的建设再添光彩！

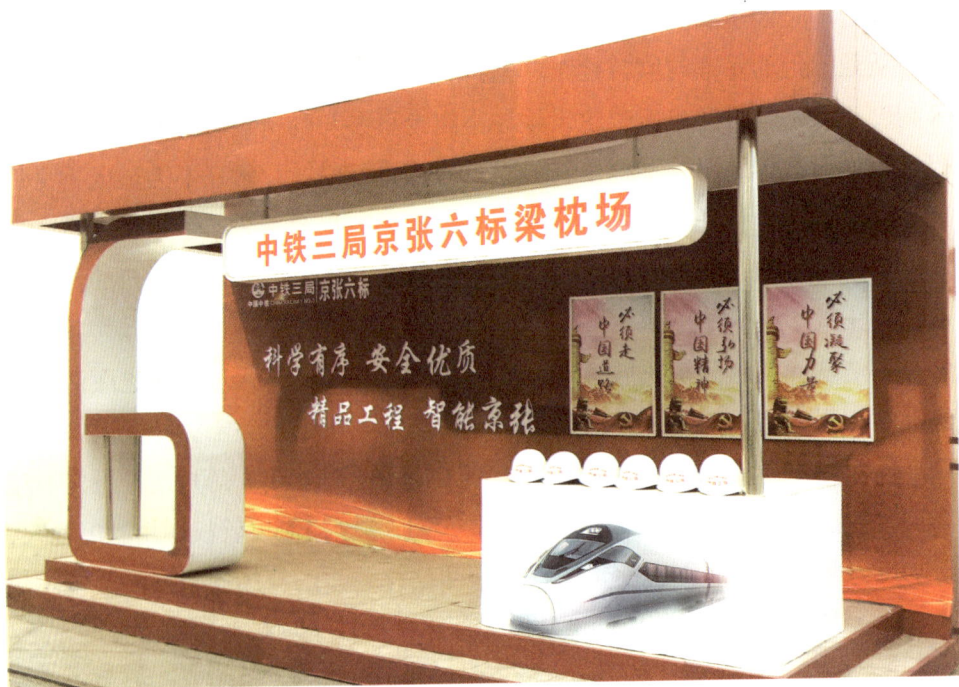

第十章
精益供应链：
走向一体共赢

第一节　精益供应链的内涵及模式

精益供应链，英文称为 Lean Supply Chains，它来源于精益管理，将从产品设计到顾客得到产品，整个过程所必需的步骤和合作伙伴整合起来，快速响应顾客多变的需求，其核心是减少、消除企业中的浪费，用尽可能少的资源最大程度地满足客户需求。精益供应链的出现，成为减少浪费、降低成本、缩短操作周期、提供强化的客户价值从而增强企业的竞争优势的一种有效的方法。

其内涵是：要求上下游供应商在整个产品供应的过程中，树立与浪费针锋相对的精益思想，找到最佳的方法来精确地定义价值；识别价值流并制定价值流图，让没有浪费环节的价值流真正流动起来。

精益供应链的模式，包括以下几个方面：

一、对整个供应链的可追溯性

工序中正在加工的每件产品都能与最终的客户订单联系起来，这是由于拉动式生产方式所决定的。这样能更好地提供客户服务，例如，某道工序由

于故障需要维修，就很容易知道将会影响那些客户订单，从而提前与客户沟通协商解决。这种生产过程的需求和供应的互相可见性在单个工厂内部是不难做到的，但在整个供应链环境中实现起来就需要更多的考虑。

要做到这一点，供应链中的每个参与者必须协同逐个地对最终客户订单进行计划并把自己的计划对整个供应链公开。现代电脑与通信技术为这种需求提供了可能：当接到客户订单后，用对该订单进行计划，上游供应商通过INTERNET获得该客户订单和APS计划结果，并通过运行自己的APS计划系统产生相应的计划。

二、快速反应能力

在单个工厂内部，客户订单和生产线的变化都是通过广告牌信号反映到上游工序的。上游工序只有等到广告牌信号到达时才知道下游的变化情况，也就是说，资讯流的到达和物流的产生是同时的。这种做法在单个工厂内部是可行的，并能很好地控制WIP。但是，在供应链环境中，这种做法将会造成计划延误。例如，客户订单发生变化时，这种变化逐级向上游反映，当反应到上游供应商时，已经造成了很多的时间浪费。所以，在供应链环境中，当客户订单和生产线的变化而造成计划的变更要在第一时间让供应链中的所有参与者知道,这样可以极大地提高供应链的反应能力。利用INTERNET技术，资讯流完全可以和物流分开，而进行独立的控制和处理，从而达到上述目的。

三、有限能力计划

精益生产的另一个特点是每道工序都严格按照其下游工序的能力需求产出，尽量避免造成生产线上的库存积压，这也是拉式生产的实质所在。要做到这一点，就要求供应链中的每个参与者都必须以有限能力执行计划，任何以无限能力为假设的计划系统，如MRP都是不合适的，它必然会造成整个供应链环节上的库存积压,增加供应链成本,反过来也降低了供应链的反应能力。

第二节 建设和推行精益供应链采购成本管理

一个企业所具有的优势或劣势的显著性最终取决于企业在多大程度上能够对相对成本降低和收入提高有所作为，低成本成为衡量企业是否具有竞争优势的两个重要标准之一。加强成本管理更有效地降低成本，在企业经营战略中已处于极其重要的核心地位，它从根本上决定着企业竞争力的强弱。现代经济的发展赋予了成本管理全新的含义，成本管理的目标不再由利润最大化这一短期性的直接动因决定，而是定位在更具广度和深度的战略层面上。从广度上看，已从企业内部的成本管理，发展到供应链成本管理；从深度上看，已从传统的成本管理，发展到精益成本管理。

精益成本管理思想的精髓就在于追求最小供应链成本。在供应链的各个环节中不断地消除不为客户增值的作业，杜绝浪费，从而达到降低供应链成本、提高供应链效率的目的，最大限度地满足客户特殊化多样化的需求，使企业

的竞争力不断增强。

精益成本管理是以客户价值增值为导向，融合精益采购成本、精益设计成本、精益生产成本、精益物流成本和精益服务成本，把精益管理思想与成本管理思想相结合，形成了全新的成本管理理念 —— 精益成本管理。它从采购、设计、生产和服务上全方位控制企业供应链成本，以达到企业供应链成本最优，从而使企业获得较强的竞争优势。

（一）精益采购成本管理

采购成本在企业供应链成本中占有很大的比重，降低采购成本，成为降低供应链成本的关键点之一。

精益采购成本管理正是以采购为切入点，通过规范企业的采购行动，实施科学决策和有效控制，以质量、价格、技术和服务为依据，在需要的时候、按需要的数量采购需要的物资，杜绝采购中的高价格和一切浪费。

精益采购成本管理依托于精益采购来实现，精益采购要求建立健全企业采购体系，使采购工作规范化、制度化，建立决策透明机制，实行必要的招标采购，使隐蔽的信息公开化，防止暗箱操作，在保证质量的前提下，使采购价格降到最低；以公正、公开的原则，来选择好供应商，采用定向采购的方式，即对每一种所需的物料，按质量、技术、服务和价格几方面的竞争能力，来选择供应商，并与之建立长期、互惠互利的战略伙伴关系，实现供应渠道的稳定和低成本；通过与供应商签订在需要的时候提供需要的数量、需要的品种的物料协议，实施适时采购，得到缩短提前期、减少物料库存。精益采购使采购的每一环节、每一过程的成本实现了精益化控制的目标，精益成本管理思想得到了充分体现。

（二）精益设计成本管理

精益成本管理的重点应放在产品开发阶段，并将其看成企业竞争成败的关键。在成本结构中，80% 的产品是在产品设计阶段形成的，因此，成本规划工作要贯穿产品开发的全过程。

新产品目标成本在产品设计任务书中，与主要性能指标、质量指标一样，对指导产品开发工作有刚性指令作用。当开发出来的新产品达不到目标成本又无法改进时，它就会像一把锁一样把开发出来的新产品锁住。因为它直接

关系到一个产品投入市场的命运。做好新产品目标成本控制工作，产品开发人员的业务素质至关重要。设计人员既要精通产品设计开发技术，又要掌握必要的成本业务知识；而成本控制人员应当是既懂技术经济分析，又懂产品设计制造的复合性人才。

（三）精益生产成本管理

生产成本改善是在生产制造领域进行的降低成本的活动，也是通过彻底排除生产制造过程的各种浪费达到降低成本的活动，精益生产成本的改善主要从生产过程中存在的时间浪费、加工浪费、动作浪费、搬运浪费、库存浪费、制造过多或过早浪费、等待浪费、管理浪费等八大方面，努力消除生产中的浪费，强化精简组织结构。

（四）精益物流成本管理

物流成本在企业供应链成本中占有较高的比重，主要包括运输成本、存货成本、仓储成本和管理费用等。在保证客户价值需求的情况下，追求物流成本最小，这是精益物流成本管理的根本目标。

精益物流成本管理可以通过精益物流来加以实现。精益物流要求以客户需求为中心，从客户的立场来确定什么创造价值，什么不创造价值；对供应链中的采购、产品设计、制造和分销等每一个环节进行分析，找出不能提供增值的浪费所在；根据不间断、不迂回、不倒流、不等待和不出废品的原则制订创造价值流的行动方案。及时创造仅由客户驱动的价值，一旦发现有造成浪费的环节就及时消除，努力追求完美。

精益物流成本管理融合在精益物流之中，实现了物流的准时、准确、快速、高效、低耗，同时达成了物流成本管理的精益化。

（五）精益服务成本管理

精益服务成本是指在满足客户一定价值需求情况下的最小服务成本。服务成本是企业的支出，旨在通过服务从而增加客户价值，在价格相同的情况下，吸引更多的客户。服务成本与消费者购买成正比，企业支出的服务成本越大，为客户提供的各种服务项目就越多，方便和满足客户程度就越大。为了增强竞争力，现代企业越来越重视对客户的服务，服务成本已成为企业供应链成本的重要组成部分。

精益成本管理是在对企业供应链成本分析的基础上，以客户价值增加为导向，实现整个供应链成本最小的成本管理新理念，它突破了传统的以利润为导向的成本管理模式，开创了崭新的思维空间。

第三节　基于大数据的供应商管理

大数据（bigdata）指无法在一定时间范围内用常规软件工具进行捕捉、管理和处理的数据集合，而大数据技术则是用新的处理模式对这些数据集合进行"加工处理"，使其成为具有更强的决策力、洞察发现力和流程优化能力的海量、高增长率和多样化的信息资产。

供应商管理指标体系包括七个方面：质量（Quality）、成本（Cost）、交货（Delivery）、服务（Service）、技术（Technology）、资产（Asset）、员工与流程（People and Process）。前三个指标各行各业通用，相对易于统计，属硬性指标，是供应商管理绩效的直接表现；后三个指标相对难于量化，是软性指标，却是保证前三个指标的根本。服务指标介于中间，是供应商增加价值的重要表现。前三个指标广为接受并应用；对其余指标的认识、理解则参差不齐，对其执行则能体现管理供应商的水平。

这几个要素包含了庞大的数据信息。公司使用的关键供应链网络正以前所未有的速度扩大和发展。同时，公司面临着巨大的压力来提高供应链效率、

降低成本并减轻涉及供应商遵守企业政策、行为准则、法规甚至当地法律的风险。

通过大数据技术，公司将考虑和管理供应商参与的各种活动，了解和评估供应链依赖关系，在更具协作性的环境中交换供应商信息，并根据结果数据或"供应商智慧"做出更明智的决定。

供应商质量管理的概念代表一家企业面临的日益加剧的挑战，尤其是那些应对全球成百上千供应商的企业。现在有许多不同的供应商质量控制框架和方法。实现有效的供应商质量控制需要重新审视涉及的人员、流程和技术。新的供应商质量管理全球标准是一种敏捷的、多方面的模型，由严格的流程、优化的关键资源、多功能工具和完整的股东可见性组成。

有几种方法可以帮助供应商质量管理解决企业和供应链内的上述挑战：

一、利用数据，整合信息

把供应商数据整合到供应商概要文件中，一般来说，这些综合数据包括：

1. 合规性：评定供应商基础设施的级别（如系统、流程、资源）。

2. 性能：监控准时交货、价格和质量等元素。

3. 危急程度：基于"他们产品的预期用途是什么？"这样的问题衡量供应商业绩对供应链的影响。这些因素在决定对每个供应商的关注程度和必须执行的标准方面具有重要的作用。

4. 外部因素：从行业的角度查看供应链以外发现一些场景，如资源短缺、地区性动荡甚至是犯罪活动的增加（如假冒或原料掺假）。

5. 挖掘和整合上述数据归入数据分析的大类下。公司将对有限的供应商资源进行优先排序和管理，因为他们可以充分利用数据分析。没有这些数据，公司将面临给业绩良好的供应商过度分配资源，而业绩不佳的供应商无法得到足够资源分配的风险。通过集成的供应商质量视图，公司有可能开发出"供应链智慧"。这些数据可以帮助公司识别供应基地内的差距和改进区域。

二、优化供应商质量基础设施

利用大数据去优化的供应商评估流程，这是由他们的数据分析驱动的，同时又为数据分析注入数据。处理制造环境同样的方式处理供应商评估，主要着眼于质量和改进，同时又考虑共享工具、资源和成果，避免对供应商审

核"加倍"。

供应商审核是许多事件的结果，涉及公司内部和外部的多个部门。审核准备涉及的步骤包括审核理由／优先级、供应商联络人、法律批准、供应商历史记录审查、审核人员协调和事先审核简报。在审核后，可能会立即采取行动（对于关键的发现）、准备报告、审查内容和管理纠正行动，直到结束为止。

通过执行该流程，企业可以找到方法优化审核步骤和角色（例如，重新分配审核人员以获得更多的增值活动而不是管理任务）。此外，供应商审核作为一种风险管理工具可以更有效（如基于欠佳的供应商审核结果定义更广泛的内部行动）。

三、扩大供应商评估

公司希望通过扩大审核的范围优化供应商审核投资。按照定义，质量审核将对供应商的标准进行评估。这些是必不可少的，在许多情况下是强制性的，如果处理得当是富有生产效率的。

为了与基于风险的方法保持一致，对于关键战略供应商通常保留更广泛的供应商评估。一般来说，不仅要评估供应商对公司的用途，还要评估改进和加强的伙伴关系。

四、管理纠正行动需求

就像供应商审核计划一样，供应商纠正行动需要详细的、管理良好的流程。这应该被视为供应商控制流程重要的"下半场"，上半场就是评估。

企业必须有一个完整的、理想的、高度自动化的流程用于纠正行动的管理，其中大部分应该发生在供应商层面。一个好的纠正行动管理流程将通过嵌入的角色、行动、截止日期和批准，模拟选择的纠正行动方法中概述的步骤。

良好的纠正行动管理超出了内部系统的边界。许多公司使用工具将他们的供应商纠正行动打包，帮助供应商成功完成纠正行动。该流程始于对什么是必需的解释，包括一些例子；后续则是预先确定、自动化、衡量，如果有必要，还有升级。

五、合作伙伴改进

要求供应商参加一个供应商评估计划，他们不应该感到吃惊。因为这是合作的基础，与商定的质量计划和预期的业绩水平一起都应该写进采购协议。

相互的质量承诺涉及到相关质量数据更大的交换。公司和供应商应该努力获取数据，并维护一个可以随时访问（或集成）的"权威的"存储库。

对于欢迎承担其资源的数据收集这一概念的供应商，他们将会发现这是一种双赢的情况。他们将取得改进并获得更多的业务，而他们的客户会获得更好的质量和整体质量成本的降低。

第四节　精益建造模式下的供应链的精细化管理

一、精益供应链的建设思路

供应链系统庞大且复杂，针对企业所处轨道交通行业的特殊性，根据精益供应链理论，企业供应链管理体系构建重点关注"物流、信息流、资金流"，运营模式采用端到端模式，建设过程贯穿设计、工艺、生产、采购、物流、成本等管理线，内容涉及流程优化及再造、管理内容规范及标准化、并行设计及系统推进等。通过对供应链的"交期管理、质量管理、物流管理、成本管理"四个方面的梳理与改善，使整个供应链（包括公司内部、供应商与公司之间及供应商内部）的"物流、信息流、安全流"能够快速准确地流转，建立准时化、信息化、集约化、流程化的精益供应链，形成"供应商精益制造＋供应商精益配送＋主机企业精益制造"整体供应链精益模式，从而达到提高公司供应链的运营效率，实现高效共赢的目的。

二、精益供应链的特征

精益供应链具有供应准时、品质精良、响应迅速、一体共赢的特征，具

备准时化、信息化、集约化、流程化的特点。

1. 准时化

精益制造的核心在于准时化和自动化。生产的准时化必须以产品交付的准时化为基础。精益供应链的首要特点为产品交付准时化。通过精益交付推移计划、模拟配送线建设供应商培育等方式，实现内部生产及供应商生产的准时化、保证信息传递的及时性，最终实现产品交付的准时化。

2. 信息化

应用信息技术实现企业内部供应链各环节的信息共享，实现主机企业与供应商的信息快速传递，是提高供应链工作效率的必然之路。企业通过供应商信息管理系统、供应商协作平台电子商务采购平台等实现了供应链体系的初步信息化管理。

3. 集约化

利用企业的品牌效应和大批量采购的优势，实施集中采购并不断扩大采购范围，以获得较低的采购价格，降低采购成本。积极开展部件供应商拓展和零部件选型，逐步扩大市场供应能力，通过招标和竞争性谈判采购，增强竞争，以期获得更优惠的价格和更优质的服务；同时规避供应链中断风险、推进产业化基地建设，在推进本地企业向主机企业周边覆盖的同时，引导和鼓励具备条件的外地企业在主机企业附近建立制造基地，实现供应和服务的快速响应。

4. 流转化

从专业管理、系统管理角度，运用过程管理、内部风险管理流程,建立并完善《供应方管理程序》《物流管理制度》《多余物料管理规定》等严格的管理程序，对供应链的各个环节进行具体分析，制定详细规定，通过将相应流程纳入信息系统电子化管理，同时保证了工作流程的规范、有序。

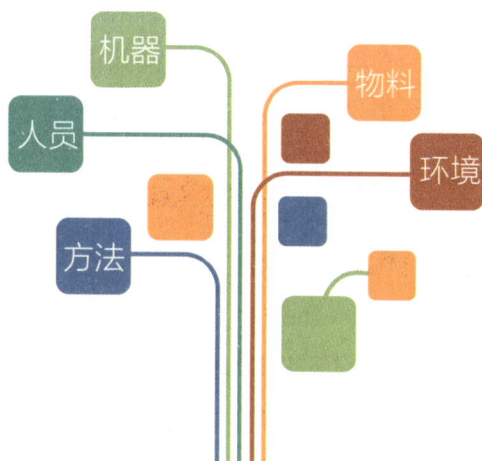

三、精益供应链建设的主要内容

以精益理念为指导，充分运用各种精益工具，提升与改善生产管理、质量管理、成本管理、物流管理、供方管理。重点是提升与改善外部供应链。

1、推行精益计划管理，保障生产供应

实施联动配套计划管理，推行准时化生产。建立一体联动计划，保证生产系统协调运转。建立生产顺序一体联动计划，统一指挥生产系统的协调运作、指导和拉动供应商生产及配选，有效地控制供应链上所有企业的制造节点按计划推进，保障整体供应链的同步化。通过一体联动计划，保证了信息及时、准确的传递，供应商的库存明显减少，且物料配选相对有序，减少了供应商库存资金占用，合理地控制运营成本，实现供需双方共赢的目的。

编制工位制生产推动计划指导生产，全面实施工位制节拍化拉动式生产，以生产推动计划为指导对内拉动上下工位开展准时化生产。

对外以需求控制配送、指导配件供应。采购部门根据生产推动计划，编制满足生产的节拍化物料需求计划并传递给供应商；供应商根据物料需求计划组织生产，保证配件供应，实现准时化配送。以物料需求拉动为前提，建立了物料异常联动机制、物料到货状态控制管理、物料配送周期管理、物料库存状态预警机制。全面实施物流管理标准，实现准时化配送，推动物流管理向精细化管理转变。

建立反馈机制，有效管控风险。采购部根据供应商对交付需求计划的反馈情况，分析存在风险，制定风险防范措施，编制采购平衡表向公司领导及各部门进行报告。对于预测到存在的进度风险的供应商，组织供应商领导进行进度交班，并同时派出采购主管、采购员等赴重点公司供应商实地督促、协调进度问题。

2、实施模拟配送线建设，实施全过程管理

重点对生产交付计划、安全库存、物流方式和周期管理等重要环节和节点进行规范化管理，组织实施模拟配送线建设，推进外部供应链的建设，从质量、周期上保证节拍化流水线的需求，满足市场发展需要。各项目按照实施办法使用模拟配送线进行点验，对企业内图纸、技术条件、物料计划的下发节点及时督促完成；对供应链的采购、模具、试制、试验、鉴定等全过程

进行监督管理。

3、优化配送方式，提高物料流转效率

为更好、更高效地保证生产物料供应，减少物料物资运次数，压缩物料配送效率，实施并推广物料储运一体化配送，针对物料规格、型号，制作实用工装，储运一体化工装使用范围由原来厂内使用扩展到供应链上游，实现物料配台配送、同步配送，提高物流效率。

4、质量管控全面延伸，确保产品质量

企业把严格可靠的质量管理提升到战略高度，对产品质量的管控不但包括企业内部的生产流程，同时也延伸到配件供应商的生产流程。

移植有效的质量管控手段，将内部有效的质量管控手段向供应商移植，对供应商产品质量管控采用质量策划检验审核、首件产品质量鉴定、批量产品质量检验点前移、供应商变更点提报、配件入厂专检等方式，保障配件制造过程质量，内外同步管理促进质量管理的平稳化进行。

①供方产品质量过程控制从源头抓起，采用设计确认的方式，保证供方开展产品设计阶段与企业充分沟通，并在供方开展产品首验前设计冻结，工艺部门提前参与与供应商产品的工艺方案、流程及工装的分析与确认，从培

育供应商的角度，帮助供应商理顺生产工艺。

②建立检验点前移相关工作机制，明确检验点前移后的工作标准，与供应商的检验标准统一。

③通过对配件、人、库质量信息的统计分析，采取措施持续提高配件入库质量合格率。

④通过质量专项审核，督促、协助供应商建立产品质量保证体系。

⑤建立供方产品质量问题处理机制，明确供方产品质量与订单和单价挂钩方式及操作流程，在采购合同中明确供方产品质量问题处理的时间、要求及索赔规定。

⑥加强二级供应商管控，为从源头保证产品质量加大供应链管理力度。将管理措施延伸到二级供应商。要求关键、重要零部件供应商提交其重要外购件清单，进行报备管理。

供应一级供应商重要部件（A/B类）的二级供应商变更需报采购认可，对二级供应商进行评估，以此加强对二级供应商的管控。规定对于代理商的资质管理，根据部件重要性确定可实施对国内生产商的现场评估，当代理商和生产商均通过评估后，方可申请成为合格供方，降低代理产品可能带来的质量风险。

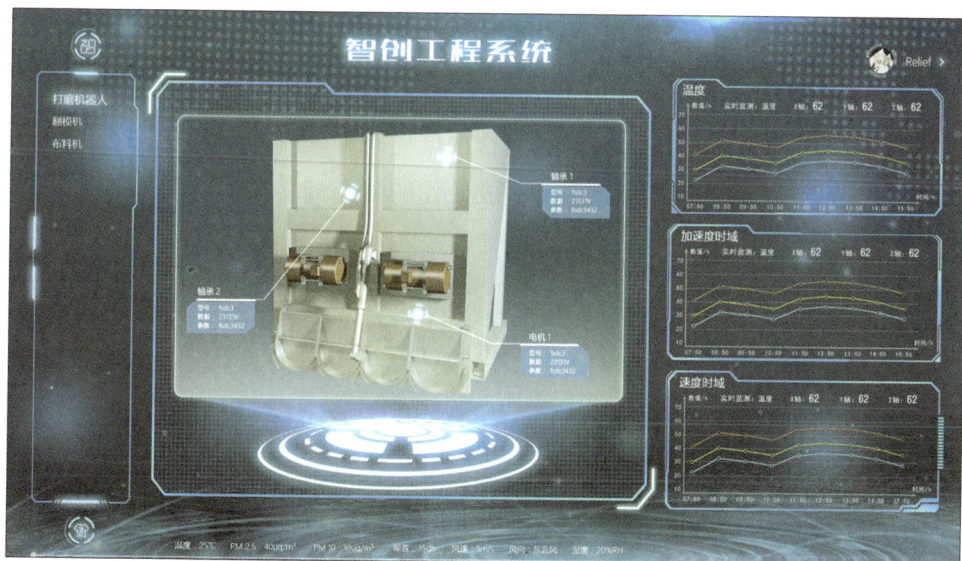

⑦加强成本管控、提高资金周转。建立良好的成本控制环境，改变采购方强势压低价格，供应商被迫接受价格的传统管理模式，通过采购成本合理分析、建立供求战略合作，一体联动计划推行、持续降低供应商库存数量、加快供应商资金流速，保障良好科学的成本控制环境，促使供求双方采购成本合理化。

新造项目采购全部实施邀请招标或竞争性谈判，降低采购成本效果明显。将招标采购与供应链建设相结合，以现有大系统部件和关键零部件供应商为基础，逐渐形成同一零部件最少有三家备选供应商的主供应链，通过采购招标确定两家或以上的中标人，实现公司打造稳定的具有竞争力的供应链的目标。

⑧实施通用零部件集中采购。为消除不同项目同类产品的价格差异，发挥集中采购的批量优势，以大批量来获取更优惠价格，形成了标准化的采购模式。通过招标、竞争性谈判、比价采购等方式确定供应商和单价，与确定的供应商签署固定期限的采购协议，一定时间内此类产品按照定好的单价执行。

⑨改进管理流程及供应周期，提高资金周转效率。

梳理和改进采购管理流程、物流管理流程等，减少或删除不增值环节，以精益理念完善重要节点管控措施。编制标准化流程表单，保障流程运转的合理、有效、可追溯，为压缩供应周期提供条件。

整理供应链周期数据，合理优化、压缩。对采购周期、库存周期、制造周期、成品在库周期等数据进行汇总，实施目视化动态管理，对可优化项点形成改善课题，稳步缩短流程周期，逐步达成最优的资金周转时间，提高资金周转速度，提升企业核心竞争力。

⑩完善标准库存，减少资金占用。实施库存量控制策略，合理设定物料库存天数，不断修正库存标准，在保证准时配送的条件下不断降低库存，减少资金占用。

5、强化供应商管理，提供管理支撑

供应商准时交付率和产品质量直接影响、制约着企业节拍化生产组织及产品质量，因此外部供应链管理是精益供应链建设的重中之重。为提高供应

商产品质量及交付及时率，企业针对供应商管理的各个环节加强管控，从保证供应商队伍整体水平入手，进一步完善供方管理程序，优化了供应商准入机制、准入条件；在此基础上提供管理支撑，进行供应商培育、将企业有效的管理方法复制移植给供应商，以提高供应商的管理水平。

①严格供方准入流程，组建优质供方队伍

为卓有成效地管理供应商，建立了基于供应商层级管理的新型供货资质管理模式，将供应商分为资质预审合格供应商、考察供应商、合格供方三层；通过层级管理方式加强对供方准入的管控力度，为采购提供具有技术、质量优势，业绩良好的供应商队伍。

②实施供方业绩动态评价，实现优胜劣汰法

建立常态化的供方业绩评价机制，实施供方日常工作业绩评价，积累日常评价数据，形成公开的供方绩效管理数据库，为物资采购招投标、确立供方培育名单、发展战略合作伙伴提供强有力的基础数据保障。细化评价标准，供方业绩评价内容细化为：产品质量安全情况（产品运用质量情况、产品进

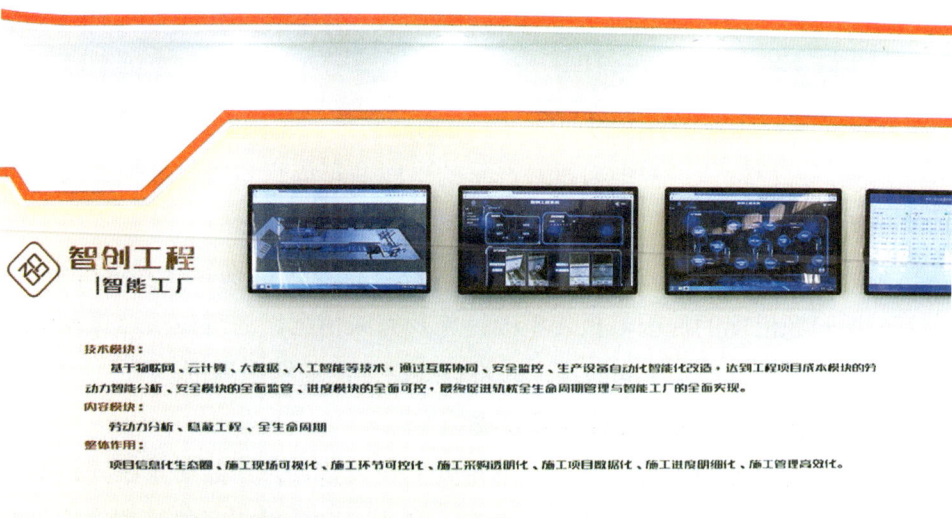

货检验及制造过程质量情况）、交货期、售后服务情况、安全环保、诚信度等内容。

月度对供方业绩从交货情况及厂内服务质量两方面进行评价，并发布评价结果，督促供方持续改善。

确定处罚原则。特别制定了资质罚则，自降低等级至取消资质的五级处置措施，明确了对质量事故和质量问题的适用罚则，以督促供方重视质量。

A级：取消供方资质。

B级：降为考察供方，管停新项目，直至整改通过。

C级：降为考察供方，允许参与新项目。

D级：降低等级（降一级或两级），暂停下一个新项目。

E张：降低等级（降一级或两级）。

四、定期公布数据，督导供应商整改

1、供应商质量问题简报

定期发布供应商质量问题简报，内容包括一次交验合格率、过程检验问题数量、运营质量问题统计、典型质量问题等。公布相关数据，督促供应商整改并回复整改预防措施。

2、实施短信通报制度

为了提高零部件交付及时率，降低质量问题发生频次，引起供应商对问题的足够重视，企业施行交付问题及质量问题短信通报制度，对在产品交付、入库检验、过程检验过程中问题最严重的供应商每周直接短信通报至其总经理及相关人员。

对月度通报最多的供应商要求其副总经理及以上级别领导到现场交班，深入分析问题出现的原因，报告整改措施及完成情况。通过短信通报及质量交班，督促供方重视发生的问题，并将整改措施迅速实施到位。

五、推进供方培育，实现共同发展

自推行精益管理以来，管理水平得到了极大提升，产品质量在同行业中具有较大优势，积累了先进的管理经验，但公司多数供应商的管理水平仍然没有得到同步提高，导致公司产能、产品的运营质量及对用户需求的满足均受到制约，提供供应已成为公司生产组织的"短板"。企业应立足长远，主动

输出先进经验，指导供应商开展生产产品过程中的精益制造，按照公司生产节拍实施准时化配送，形成"供应商精益制造＋供应商精益配送＋主机企业精益制造"的整体供应链精益模式。

1、建立工作机制，形成培育模式

2017年，京张高铁开始实施供方培育工作，选取15家供方对其在生产计划、作业要领、工艺流程、质量管理等方面进行培育。经过培育的供方在交货期、质量保证方面均有明显的提高；同时，公司积累了培育经验，有效地促进了供方管理水平、供货及时率和质量水平的提升，实现了合作共赢目标。

2、进行现场诊断，组织专项改进

2018年的供方培育对选定的50家供方均形成了现场诊断报告，围绕生产计划、作业要领、工艺流程、质量管理等精益制造各要素提出诊断问题，立即整改已全部整改完毕，长期整改项均制订了专项改进计划组织改进。

六、实施供应链信息化建设，提高响应速度

对管理流程进行全面梳理，通过信息化手段进行流程管控，不断完善和优化供应商协作平台、物料需求平台，通过对供应链的商务流、信息流、物资流、服务流实施信息化管理，保障管理流程信息化的有效推行。

1、构建供应商协作平台

为提高与供应商的信息传递效率，企业构建"供应商写作平台系统"，通过该平台供应商可实时查询物料需求时间、合同签订、执行情况、采购订单交货记录及开票通知单、发票明细、公告通知等信息，保证了信息传递的准确性，提高了工作的适时性和管理效率。

2、应用供应商信息管理系统

为便于供应商资质的管理，企业组织信息管理系统，建立了供应商管理的操作平台，将供方基本信息、供货范围、资质文件等内容建立数据库，实施信息化管理。通过建立信息供应商信息电子档案库，积累供应商管理数据，为采购决策提供支持，为企业及时、全面、方便地掌握供应商的信息提供了便利条件，实现了供应商信息公司内实时共享，保证了供应商管理工作的程序化、规范化、信息化，提高了供应商管理工作效率。

3、应用电子商务平台

根据供应商管理要求，搭建了全面覆盖采购业务的电子商务平台，实现了采购过程的专业化、流程化、集约化，以信息化手段保证采购过程记录全程在案、永久追溯、科学决策、阳光采购，提升采购管控水平和业务运行绩效，持续增强公司成本控制和供应链协同的核心竞争力，按照"专业化、配套化、电子化、精益化"的总体思路，构筑"集中管控、公开透明、优质高效、精益协同"的物资与供应链管理体系。

七、建立管理机制，保障目标实现

精益供应链庞大且复杂，建设过程贯彻设计、工艺、生产、采购、物流、成本六条主管理线，为有效开展精益供应链建设及推进工作，企业建立强有力的精益供应链推进组织及管理机制。

1、精益理念全面覆盖

通过持续导入精益制造理念及标准作业、6S等精益工具，为供应商培养了一批具有精益思想，能够在实践中运用精益工具，发现和解决问题的管理人员和操作人员，随着精益制造人事的不断深化，逐步由开始阶段的"要我精益"向"我要精益"的方向转变。

2、精益供应链管理体系逐步完善

为保证精益供应链的稳步推进和体系建设管理的常态化、系统策划建立高效的精益供应链管理体系，编制且下达了《精益供应链建设实施方案》《供应商管理手册》《采购流程管理标准》等文件，明确了精益供应链的内涵、建设目标、管理要素、管理流程及有关要求等，分别针对内、外供应链两个方面不同的薄弱环节提出了不同的要求，重点针对外部供应链进行了补充与完善。

3、供应链整体效率提升

通过供方培育模式的突破和不断完善，将精益理念向整个供应链延伸，引导供方导入行之有效的精益工具，减少生产及物流过程中的浪费，不断降低管理成本，使供方整体管理水平得到较大提高。通过供应链建设工作的推进，有效地保障了节拍式生产模式的运行，生产效率得到了明显提升。

4、产品质量稳中有升

通过供方产品质量保障体系的有效运行，供应商管理模式的突破，产品质量总体呈上升趋势。质量问题的显性化暴露和异常快速反应机制的建立，保障了质量问题的及时处理。产品质量得到明显改善，未出现重大的质量问题，从而帮助企业增强质量意识，采取有效措施，切实高效地做好供货工作。

第五节 超前预控纠偏，建设融洽环境

每个铁路大中型项目均由多个大中型施工企业所创建，在创建的过程中不可避免地存在着激烈的竞争；如果没有一个良好的竞争氛围，则有可能滋生各种不利的隐患。因此，作为一个项目的引导着、决策者要始终以对手为巨人，积极推进走出去、引进来的工作方式；同时对于自己的竞争者、监督者始终保持以信服人、以礼遇人、以诚待人的诚恳态度，利用各种机会、机遇学习、沟通；建立全方位沟通对接机制，与建设单位对口人员全方位沟通对接，密切关注，及时了解掌握工作重点、工作方向。主动出击，把施工现场工作有意识地服务于建设单位的工作重点（前期默默打造，关键时刻一鸣惊人），树立标杆，为建设单位全线工作的推进做出有益的贡献，创造宁静和谐的工作氛围与环境。

一、危机预判处置，化解舆情风险

项目经理是一个项目的决策者，项目经理的领导力决定着一个项目的发展方向，应具有能够根据项目相关信息、数据、资料，及时识别和理解项目

管理存在的问题和机遇,超前预判,准确制订解决问题或应对机遇的多种方案,正确选择最满意的方案。

具有强大个人能力的同时,确保引领团队保质保量达成目标、实现既定目标尤为关键。对待带领的团队如何做到使团队成员真正理解总体目标、形成共同语言、提升改善工作方法、实现合作、达到最高效工作的流程、坚持让团队保持积极向上提升的工作热情。

危机敏感能力,能够保持对安全生产、质量、劳务纠纷等典型危机事件的高度警觉状态,敏锐判断危机事件发生的性质和类型。面对高速发展的信息时代和复杂多变的媒体社会,没有高度的政治敏感性和警惕性,没有充分的准备和应对能力,往往只能被动挨打。因此项目部高度加强风险管理,定期或不定期地召开班子成员及扩大会议,采用头脑风暴等方法畅所欲言、民主集中确定任一个时段内的安全事故、质量事故、社会事件等风险、敏感点,并及时确定分工负责、重点盯控,同时及时制订应对预案,实现预案管理,坚决不打无准备之仗。对于可能出现隐患的高风险点,提前做好与相关建设、设计、监理等管理单位的沟通与咨询,取得信任与理解,尽可能将突发事件的影响减到最小程度。

成绩是产生失败的温床,始终将成绩作为一种压力,及时将其化解成为一种忧患进行倡导、教育的忧患意识是项目第一管理者应具备的能力。从他人的立场、地位、处境思考和认知问题,定期沟通或引导全体参建人员的思想意识、强化明确项目管理的目标,努力使项目管理始终处于积极向上、更上层楼的状态。

二、诚信业主认同,沟通项目盈利

在施工现场各项指标全面完成的同时,经济效益的实现是施工企业项目管理的最终目的。要想取得好的效益,就要研究领会建设单位的管理思路,契合业主阶段关注问题,举手并重更要"投其所好",积极与业主单位、设计单位各部门各专业进行沟通和研讨,寻求共识与认同,以诚感人,使各项变更优化过程中得到主动支撑成为必然。项目组建之初,领导班子即确定了"抬头看路、低头拉车"的主导工作思想,语言虽然朴素,但凝聚了顾客即上帝的精髓,以深远的前瞻性和务实的工作作风来赢得建设单位的认同。而作为

顾客的项目建设管理单位各个阶段时期的导向、言论、关注点则是项目管理的阶段性目标。因此，项目部严格分工负责、协作配合，定期或不定期地进行全方位沟通，掌握第一手信息并确保上下对等，及时完善特定阶段的特定目标，争取业主的满意与支持。

京张项目属于施工图招标项目，其深度通常都达到使用和验收的标准，二次经营工作较初步设计招标项目切入点更少，二次经营工作是工经工作应突破的重难点。进场之初，既策划梳理二次经营创效点，确立了调动变更积极性，维护公司利益，加强项目二次经营管理的工作目标。明确领导机构，成立了以项目经理为组长，项目总工为副组长的二次经营领导小组，完善二次经营管理制度，建立分级管理、专家督导、重大变更信息沟通和专项考核奖励等二次经营制度体系。前期多次组织邀请集团公司工经部专家来项目部进行培训教学，组织项目部及分部工经部、工程部召开变更索赔专题研讨会，撰写二次经营策划书、统一布局变更索赔工作。策划提出变更索赔项目 45 项，形成 350km/h 有砟轨道变无砟轨道一类变更 1 项，增加合同额 1.44 亿元，上报 IIa 类变更及新增工程 11 项共 9,286 万元，其中 7 项批复共计合同额 6,576 万元。完成材料调差 5,626 万元。变更索赔创效额 4,976 万元，变更索赔创效率达到 2.7%。中铁三局京张高铁中标合同额 18.3 亿元，新增合同额 2.6 亿元，合计：20.9 亿元，盈利增加近 5000 万元。

项目建设过程既要快速完成施工生产，又要保证责任成本及实现利润最大化，离不开变更设计这个有效的手段。结合工程实际，积极与设计、建设单位沟通，加大攻关力度，进行方案变更优化，65m+112m+65m 连续梁跨越既有线施工进行孔跨调整优化为 69m+112m+69m 连续梁，增加了与既有接触网的安全距离，确保了施工安全，提高了工作效率。紧抓方案的经济性与技术性综合比选，跨京张高速 72m+128m+72m 连续梁是京张全线最大跨度的连续梁，为减少对高速公路的影响，设计采用墩顶转体施工。通过专家论证、设计沟通，提出全封闭平衡挂篮进行悬臂浇筑连续梁施工，减少转体投入，确保了施工质量、安全，连续梁合龙工期提前 2 个月。京张正线采用门式墩结构上跨有京包铁路，提出了将门式墩施工方案由现浇变为预制安装方案，取消施工便线，降低安全风险及投入。通过对路基地质条件变化、承台提高等多项方案的优

化变更，确保施工过程质量和安全，提高了项目效益。

提前规划、统一布局变更索赔工作，确定责任期内变更项目、方法、途径，继而全力实现跟踪、完善。在路基高桩板结构变更、连续梁节段方案优化、绿化方案优化变更等实施过程中，紧抓效益最大化，将标段工程优化空间发挥到淋漓尽致，节约成本的同时，提升了效率，保障了工程项目的安全、质量。

在得到铁路总公司因为350km/h有砟轨道技术并不成熟，准备将京张线350km/h区段由有砟轨道变为无砟轨道的消息后，利用良好的工作关系，紧密与铁总鉴定中心、京张公司、中铁咨询设计单位等进行对接，将前期没有落实的路基段落变更增加水泥土挤密桩项目纳入此一类变更，增加合同额1.44亿元。将一直悬而未决的新保安高架特大桥112米连续梁孔跨调整、支架施工方案变更、沙城站拆迁工程、沙城站过渡工程、管线迁改等11项共计3,896万元IIa类变更继续向前推进，实现增收创效目标。

简单举个例子，2017年下半年因既有沙城站拆迁还建进展滞后，中铁七局负责的站房还建工作无法满足进度要求，项目部即以此为契机，作为线下主体施工单位，主动出击沟通协调，与业主承诺，帮助解决既有铁路房屋征拆等问题，项目部全体人员上下一心，最终于2017年11月15日冬期施工前，按照既定目标完成了该段落施工，从而保证了架梁铺轨总体节点工期，实现了业主下达的管理目标，信诚守诺，赢得了建设单位高度信任，极大地提升了项目部乃至企业的整体形象，当期信用评价蝉联荣获第一名。同时通过建设、设计、监理单位的支持，优化该段落路基桩板结构设计方案，优化工期的同时，提升效益最大化。

通过换位思考的方式以确保建设工期及建设目标的顺利完成，进行现场方案优化变更沟通，立足建设单位、设计单位角度沟通协调，确保了一系列的目标的实现，推进工程进展。立足企业效益，开展二次经营，形成效益最大化，从而实现业主满意、项目盈利的终极管理目标。

第十一章
精益管理升级：
中国高铁走向强大的
必由之路

第一节　固本强基，精益管理成为推动企业跨越式发展的强大动力

改革开放以来，中国经济实现了持续 40 多年的高增长，创造了世界经济发展史的一个奇迹，这个高增长阶段的内涵是制造业的高速发展，中国从短缺经济起步，面对巨大的国内市场，依靠从国外引进技术、凭借低成本制造的优势，中国制造业从低端一路向上发展，自身的规模和占有的市场份额急剧扩张，使中国成为一个制造业大国并进入中等收入国家的行列。

作为整合，优化资源配置的手段管理始于人类社会的共同劳动和集体协作，并在组织发展与人类历史进步中起到至关重要的作用。从经验主义到泰勒模式，从科层制到扁平化，从 JIT 到柔性管理，各种管理概念层出不穷，对于丰富企业管理思想库，推进企业的持续成长与成熟具有重要意义。

中国历史的发展和西方国家有很大的不同。中国封建社会长达二千多年，小规模、封闭式、自给自足的小农经济长期存在。清朝末年，在西方工业革命以后的近代工业技术和经济的影响下，在西方列强外来侵略的压力下，资

本主义逐渐在中国产生和发展起来。19世纪后期，洋务运动促进了官僚资本、官办企业和官督民办企业的出现和发展，但在当时的历史条件下，机器大工业生产不可能成为主要的生产方式，中国也不可能从半殖民地半封建社会直接进入资本主义社会。没有社会化大生产，就形成不了流水线的作业流程，也就形成不了标准化、流整化、精细化这些体现工业文明精髓的要素，导致科学管理先天不足，纪律、规范、制度程序等与现代化相对应的理念没有深入人心。可以说，中国经历了漫长的农耕时代，有过辉煌的农业文明，但由于历史发展的特殊性，没有经历西方工业革命的洗礼，缺乏科学管理扎根的土壤，不曾形成真正的管理科学。中国企业面临的最大挑战，往往不是社会经济的动荡、政策的变迁、竞争的威胁和整个行业水平的滞后，而是管理基础薄弱、管理秩序的混乱、管理机制僵化、管理效率低下、组织结构刚性、资源浪费严重等诸多问题，难以适应市场经济的挑战，致使企业竞争力低下。现实中有诸多活生生的企业案例，大的决策没有错，但企业却不成功。问题出在管理上，不讲规范、不讲制度、不讲标准，企业必然失败。

　　管理可以飞跃，但不能跨越，虽然我们在短时间内拥有了同西方发达国家一样的高楼大厦、高速公路等硬件设施，但由于管理跟不上经济快速发展的要求，整个社会为此付出了沉重的代价，高能耗、高物耗、高污染粗放式经营所导致的能源紧缺与经济发展的矛盾日益凸显，严重制约了中国经济的可持续发展，我们需要对以前的经济发展模式进行系列的反思：为什么企业规模在高速发展，企业的竞争优势却没有获得相应的提升？为什么每年企业数量都在迅猛增长，但真正国际化大企业却少之又少？

　　改革开放40年来，"加强管理"一直是被反复强调的时代主题之一，然而，时至今日，管理问题依旧是大多数企业最薄弱的环节，即使很成功的企业，其许多问题也还是出在管理上。是人们在实践中不重视管理吗？不，人们花在研究管理问题上的时间、精力不可谓不多，为此开了数不清的研讨会，出了数不清的论著，一轮接一轮地引进了大量西方管理的方法和理念，办了无数的学习班，培训了无数的管理人才。但是，面对以下几个事实，我们却不得不沮丧地承认，管理这块"板子"，仍然是最短的。一方面，相当多企业的内部管理，不但没有得到加强，有些反而出现严重倒退。以现代企业制度

的典型代表 —— 上市公司为例，经过层层筛选，脱颖而出挂牌上市，按理说应是企业中的佼佼者，应以良好的业绩回报社会和投资者，可是大量企业在市场上的表现却与自己当初路演时的承诺判若云泥，内部管理混乱不堪，经营业绩让人瞠目。另一方面，改革开放打开了通向世界的窗口，看见了西方企业管理的新鲜经验。于是就学引进，一批批人出国考察，一浪接一浪的新管理方法引进来，然而，企业的管理水平却鲜见大有起色，顽疾挑战，又添新疾，有的企业新方法没学到，老办法也丢了，演了一出活生生的邯郸学步，不难看出，这种引进多数是处在简单模仿、生搬硬套的水平上，学到了管理工具，却没有学到其背后深藏的管理思想，有点像"买椟还珠"。管理既是科学，又是一门艺术，管理具有普遍性和规律性，因此通过学习能提高管理水平，通过积累丰富管理经验。作为一门艺术，管理从来都没有一成不变的模式，没有放之四海而皆准的真理。因此，企业决不能简单照搬照抄西方管理理论，必须根据中国经济发展现状和中国企业成长的实际情况，在实践中探索一套适合中国企业的科学管理方法和理论。

同时，也要认识到基础管理是企业管理的核心，企业要做大做强，培养自己的核心竞争力，就必须静下心来，戒除浮躁，固本强基，要抓紧"补课"，追溯到管理的起源，在夯实基础管理上下硬功，这才是真正的强企之路。老子说："高以下为基。"只有把基础夯实，才能有宏伟的大厦。一棵大树能不能长好，关键要看根扎得有多深、多广、多牢。基础管理看似简单，但它是基本功，是内功内力。京张高铁以全面精益之道打造精益企业的实践正是夯实基础管理的一次积极探索，无论是对于企业自身的转型升级，还是对于其他企业的管理创新都具有一定借鉴和参考价值。

高铁是目前中国手中为数不多的高端制造业名片之一，作为中国高端制造业的代表，中铁三局下属京张高铁大力推动企业管理变革与创新，将实施精益管理作为固本强基和管理提升的主线，并定位到战略高度持续推进和拓展，摸索出一条从精益生产到一体化管理的管理升级、创新发展嬗变之路，从精益制造到精益管理，再到打造精益企业，推动精益管理的有效实施，支撑了轨道交通领域从中国制造走向中国创造的梦想。这样一条工作思路符合高端制造业发展的要求。

在精益实践中，京张高铁全面推行精益建造管理，始终把做好精益管理工作作为检验一切工作的出发点和落脚点，把"京张有我，我为京张，创京张世界品牌"的价值导向作为检验工作的根本标准，推动铁路建设管理由重工程数量、规模扩张和速度进度向重质量安全和效益转变，由劳动密集型向技术、知识和管理密集型转变，由传统建造向智能建造转变；实现铁路建设项目的精益规划、精益设计、精益采购和精益施工，提高铁路建设工程建造管理精度，实现建设管理能力提升和持续发展。坚持知行合一、持续改进，永不懈怠、追求卓越，推动高铁制造业又好又快发展。

一、强基固本，持续夯实组织基础，形成上下同心、合力推进的良好局面

精益建造管理是一项全员参与的工作，对所有人都是一种检验。对基层员工，是执行素质的检验；对管理人员，是管理素质的检验；对企业领导，是领导力的检验。精益建造管理的推行关键在于领导，"一把手"要亲自抓，始终把注意力和工作重点放在组织基础上，固本培元，夯实根基。领导班子成员要按分工主动开展工作，抓住"打造精益生态"这个关键，牢牢把握"把方向、管大局、促落实"的工作定位，抓班子、带队伍、促改进、求进步，做好顶层谋划，推进全面实施；不断优化中层干部的梯次配备，畅通晋升通道，注重从生产经营一线、部门骨干中培养和选拔干部，确保职能清晰、设置合理，良好运行，为精益管理的全面部署提供保障。通过有力的培训和宣传，让员工从思想上理解和接受精益管理；通过有效的推行，让员工体会到精益管理带来的改变；要建立科学的激励机制，充分激发广大员工的积极性、主动性和创造性。

二、体制机制创新，持续做细做实基础工作

企业结合自身实际制订实用有效的推进体系，紧紧围绕安全、质量和节约，坚持在精益制造上下功夫，坚持在夯实基础管理上下功夫，坚持在提升人员素质上下功夫，逐步搭建精益人才体系、精益评价体系和过程跟踪机制等系统化体系，将精益管理与日常工作进一步融合。按照管理标准创新、作业标准提升的理念，建立完善统一、全覆盖、规范化的制度体系。制定拌合站、试验室、梁场等临建工程管理标准；编制铁路工程安全质量管理手册；细化

安全质量标准化达标升级考评、隐蔽工程影像资料采集及留存等管理办法；建立质量巡检巡查制度，推进全员、全过程、全项目检查。同时，致力于构建科学系统的考核体系，将精益管理推行情况纳入高铁企业绩效考评，促进精益管理工作同部署、同落实、同考核，使精益管理真正发挥对各项工作的"加速器"作用。

三、点、线、面结合，提升自我完善、不断创新的内在动力

为全面形成创先争优的文化氛围，内塑精神，外塑形象，深度提炼具有京张高铁特色的安全文化、管理文化、执行文化等核心理念，通过文化宣传栏、全方位报道精益管理模范、典型经验、优秀员工等，充分发挥文化在企业中的引领和导向作用，进一步提升员工的文化认同度和企业归属感。"无论企业发展到哪个程度，都必须把精益管理做成每一个管理过程中必须做的一件事，精益管理是企业文化的问题，在每个环节、每个步骤、每个角落中都要首先做到"，成为精益文化发展的核心理念，从而推动精益管理的规范化和常态化。积极引导员工主动发现身边的问题，鼓励员工自主实施改善，充分激发员工的创造活力，激活企业管理提升的内在动力。积极做好精益理念的延伸和管理手段的提升，为精益管理培养更多人才，创造更多经验。

第二节　管理自觉，京张高铁项目部精益管理的再思考

京张高铁精益管理作为一种实践，具有个别的典型意义，但作为一种理论和模式，则有着广泛的普适价值。对京张高铁精益管理的再思考，就是超越京张高铁这一个体范畴，在更多的行业发掘其价值和启示，使得国内企业树立更多的管理自觉与自信。

启示一：持续的管理学习和创新是企业转型发展的必由之路

作为国有经济发展的主要载体和社会主义市场经济的重要主体，国有企业在中国经济社会发展中具有举足轻重的作用。随着国有企业改革的不断深入，中国国有企业的管理理念和水平都有了质的飞跃，有效发挥了国有企业在促进国民经济发展中的主力军作用。然而，国有企业仍存在着许多问题，整体市场竞争力不足，效益不高，国有企业改革目标的实现还有很大的一段路要走，究其原因，除了历史因素外，不难看出当前中国很大一部分国有企业都不同程度地存在着"管理不适应症"的问题。比如企业的绩效评价体系、

经营政策导向、管理人员激励制度、企业人员培养体制等的问题。如果国有企业在长期运作中所形成的一整套企业管理方式难以得到转变，未能按照市场经济的要求进行生产经营和管理，管理粗放化、管理水平低下、效益流失严重，无法适应市场经济条件下对国有企业管理提出的新要求，大大阻碍了国有企业的可持续发展。

京张高铁发展也曾经面临上述管理困境，可以说京张高铁的发展实质上也是一个管理不断升级和创新的过程。京张高铁深刻领会"精品工程，智能京张"的政治意义及深远影响，按照铁路总公司的管理要求，以"打造世界高铁建设的典范，建设优质、创新、生态、人文和廉洁工程"作为全面履约的行动指南，充分学习借鉴国外的管理经验和方法，遵循精益思想和理念，坚持循序渐进，稳步深入，点、线、面由浅入深，从局部突破到系统优化，制定了"精益制造、精益管理、精益企业"的实施战略，打造了高品质、高效率、低成本的精益管理体系，实现了管理水平的跃升。实践表明，国有企业依靠管理创新、大力夯实管理基础，是可以加速实现企业的转型升级的。

启示二：建立精益管理体系是制造业转型升级的关键环节

中国制造业经过几十年来的快速发展，当下正面临转型的重大挑战。劳动力成本持续上升、创新不足、生产性服务业发展不足等问题，对制造业的升级提出了管理升级的迫切需求。据调查，过去十年中，中国制造业劳动生产率增速低于制造业工资成本增幅，而同期，美国制造业劳动生产率年均增幅为5%，高于劳动率工资成本增幅。发达国家的经验表明，一国经济发展不仅是国民经济总量的增长过程，更重要的是产业结构的升级过程。在经过长期高速增长后，中国经济也进入了亟待结构优化、产业升级的阶段，新常态的经济环境倒逼企业转变粗放的数量型发展模式。全球制造业在国际金融危机后进行新一轮的经济转型和结构调整同样逼迫制造业迈向中高端。中国制造业必须制定更加明确的发展战略，不断提高核心竞争力，在产业竞争制高点上拓宽新的视野，在产业体系上完成从工业化初期的产业体系向中后期的产业体系转变，最终实现由低成本的要素优势向技术与品牌优势的转化，完成由"制造大国"向"制造强国"的质变。

在过去的十年间，中国制造企业也逐步引入或建立现代企业制度，在一定程度上发挥了管理对转型升级的促进作用。但国内制造业的现实是，很多企业还游离在现代企业管理制度以外，在谋求发展的道路上依旧是采用"想当然"的方式。从形式上看，一些企业貌似建立了与国际接轨的现代企业管理制度，事实上貌合神离，无论是管理理念，还是管理方法上都存在着过多的缺陷。因此，制造业的升级必须首先强化管理升级。如果把制造业转型升级比成一座高楼，那么精益化就是这座高楼的地基工程，只有把地基夯实了，楼才能建得高，才能站得稳。纵观美日德等制造业强国的崛起之路，无不经历了管理学习和变革。美国 20 世纪初创立了工业工程，20 世纪 80 年代前，一直引领制造业发展；日本在 20 世纪 80 年代后看懂了美国企业效率来源于"看不见的关键推手"工业工程，推行"全面精益管理"来打造先进制造业；德国 20 世纪初打破英美的垄断，提出"效率工程"，第二次世界大战后，推行美国的工业工程，1990 年后又推行日本的精益生产，20 多年后的今天，推出智能制造、工业 4.0 等。历史实践证明，精益管理是各制造强国发展的必修课和不可逾越的阶段。中国制造业的提升必须下大力气，学好、补好这一课。京张高铁在精益管理方面的探索，也再一次证明了建立精益管理体系是制造业转型升级的关键环节。

然而，管理的升级并不是一蹴而就的。管理有两个很重要的特征：一是积累性。管理升级的过程是一个长期积累的过程，管理效益与投入成正比，而且需要通过不断改善和学习，才能实现管理水平的提高。二是创新性。管理模式和方法不可简单复制，只能不断创新。因此，管理升级和创新难度不亚于实现重大技术的突破。京张高铁精益管理模式的提出与实践，给了一个肯定的回应。京张高铁项目部紧紧围绕铁路总公司"强基达标、提质增效"的工作主题，秉承"知行合一，永争第一"的企业信念，积极践行精益管理，创新驱动协调发展，扎实提升项目施工和管理水平，全力实现京张高铁"精品工程、智能京张"的建设目标，并进行了一系列的探索实践，最终通过引进先进的精益管理思想和管理方法，并成功地与企业自身的经营环境相结合来实现管理效率的提升，形成了京张高铁精益管理体系，实现了企业的快速成长。

第三节　永无止境，京张高铁精益管理的未来时

管理模式的产生首先是基于对管理时间问题的思考，管理模式的变革也源于现实社会的迫切需要。当前，中国企业的外部环境正在发生深刻变化。

一是移动互联和人工智能技术加速应用。

一方面，计算机技术发展到移动互联网阶段以后，新技术革命对变幻多端的经济环境起到了推波助澜的作用，这无形中就加速了新管理模式的诞生；另一方面，网络技术的发展为提升管理水平提供了有力的"武器"。透视管理领域，不难发现，网络经济正在引发一场前所未有的管理变革，这种变革，要求企业的内部组织模式、经营管理理念以及企业之间的关系发生一系列深刻的变化。

二是以知识为核心的新经济正在形成。

知识经济使企业的管理基础向知识资本转变如何有效管理与创造知识成为企业寻求持久竞争力的源泉，另外，知识经济发展的主导要素是人才，人

对知识的掌握和驾驭以及由此而带来的企业管理创新，使人在经济活动中的地位和作用比以往任何时候都变得更加突出和重要。

三是经济全球化趋势的日益显现。

随着经济全球化的深入发展，企业的生产管理活动范围将由国内拓展到全球，不能仅靠利用国内资源来谋求发展，而是必须广泛地利用世界各国的资金、技术劳动力等生产要素发展自己，以求实现资源的最佳配置；同时，其生产协作关系也不再局限于国内，而是要在全球范围内联手合作伙伴，在全球化的背景下，企业管理必须建立高效、便捷、可靠的全球化要素传输流动网络，采用各种先进的要素传输手段，特别是信息传输手段。企业管理组织将出现追求网络化、扁平化、柔性化的发展趋势，企业相互依赖和相互竞争是当前经济全球化的一个显著特点和基本趋势。

四是过剩经济时代到丰饶经济时代的转型。

中国经济在改革开放以来的 40 多年取得了举世瞩目的成就，改革开放之初，中国经济处于短缺经济时代，市场上产品供不应求，经济的瓶颈在于生产，在于能不能生产出足够多的产品，中国用了大约 15 年的时间，告别了短缺经济时代，进入过剩经济时代。此时消费的特征是大众消费，社会化的大生产带来的规模经济效应，使很多企业可以提供物美物廉的大众产品来满足温饱型消费者的需要。随着经济的发展和人们收入的不断提高，人们不再满足于千篇一律的消费、小众化消费和个性化消费的时代将会到来，市场的离散化成为丰饶经济时代最主要的特征。随之而来，企业管理方式也将会发生重大变化。

在以上多种因素的影响下，我们现有的管理面临诸多新的挑战，全面精益管理模式也需要与时俱进，不断变革，持续改进。从京张高铁项目部的管理实践和未来发展需求看，精益管理主要有以下几个改进和变革的新方向。

一是更加注重落实以人为本的理念。

人才永远是企业发展的核心动力。企业在推行精益管理的时候，任何工具方法的应用，都应从充分尊重员工的人性出发，特别是在中国目前这个阶段，劳动力不再是可以随意挥霍的资源，劳动力已经从过去工厂挑人的买方市场变成卖方市场，企业要从根本上转变用工观念，把员工当作企业最重要的资

源，树立员工智慧的浪费是企业最大浪费的理念，把人才看成是长远的比机器更为重要的固定成本，使人力资源实现最大效率。特别是中国当前社会，"80后""90后"年轻人跟过去的员工相比已改变很多，作为企业，要从过去粗放式的管理理念和管理方法转变为以员工为中心的全面精益管理，转变短期用工思维，从管理理念、团队、方法、激励、环境、机会等各方面加以改进，更加注重员工个人成长，并把企业的竞争力与每个员工的意识能力提升联系起来。

二是更加注重源头和问题导向。

源头在哪，问题在哪，精益管理活动的最大价值就在哪。未来企业面对的将是高度不确定性的内外部环境，任何一次错误都可能导致颠覆性的后果，因此更加需要注重源头管理和问题导向。越是在源头进行管理或改善失败成本越小，管理效果越好。作为制造型企业，其项目投资、产品设计，这些都是精益管理产生最大价值的源头。比如产品质量问题，在市场上被客户投诉所造成的质量损失最为惨重，在产品出货或生产过程中发现问题质量损失会小些，在原材料供应商处发现问题其质量损失会更小，如果能在设计环节采取有效对策，那就根本不会产生重大损失。源头治理是开展精益管理活动的最大价值显现，后续开展的持续改进活动，也只不过是对弈初期的架构，或产品，或流程，或信息系统的优化与改善等产生附加效益。同时，为确保精益管理取得实效，必须聚焦问题，将精益管理作为查找问题、解决问题的过程，从解决具体问题入手，从具体事情抓起，真正减少浪费、优化流程、降本增效。小问题解决或改善将越多，越是能防范大问题的发生。

三是注重与数字化、信息化、智能化的融合。

2015年5月，中国颁布"中国制造2025"战略举措，与德国"工业4.0"、美国工业互联网类似，都是以信息技术革命性突破为基础，反映了工业经济数字化、信息化、智能化、网络化的发展趋势。"中国制造2025"中明确提出，将以推进智能制造为主攻方向，智能制造通过紧扣关键工序智能化关键岗位机器人替代、生产过程智能优化控制、供应链优化，建设智能工厂／数字化车间，目的是使项目运营成本降低，产品生产周期变短，不良品率降低。而精益管理是一种企业的战略管理理念，围绕提高客户满意度、持续优化运营

成本，提高产品品质，提升流程效率，改善资本投入，不断追求企业卓越经营。实施精益管理，不仅能打通和优化制造系统，建立准确、全面的数据支撑，并致力于理顺管理流程，梳理接口和标准，还为智能化升级打下坚实基础。实施数字化、信息化、智能化的升级，把复杂的制造过程、管理流程变得简化和高效，精益的理念方法更能有效、即时、精确地应用和实现，为精益管理的提升搭建"高速公路"。精益管理是实施智能制造升级的基石，其价值在智能化升级中更能充分体现。因此，推进和深化精益变革，必须更加注重与数字化、信息化、智能化的融合，在多品种、小批量、定制化的生产模式下，结合企业制造升级、管理提升的实际，建立一个高效的运营管理系统，提升企业整体的制造能力、管理水平和竞争力。

四是聚焦市场品牌化运营，实施品牌战略，实现企业价值最大化。

众所周知，中国的高铁行业已经过了 30 多年的产业积累，已进入快速发展的黄金阶段，站在全球化的角度，中国高铁要走出一条全球化的道路，品牌的力量必不可少。同样中国的企业要做大做强，离不开产品的核心竞争力，也离不开品牌影响力的打造。品牌的价值关键体现在差异化价值的竞争优势上，也是品牌区别于同类竞争品牌的重要标志，构成企业的核心竞争力。大力推进品牌建设，创建拥有自主知识产权和国际竞争力的自主品牌。加强科技创新，大力推进智创工程，提高高铁行业智能化、自动化、信息化、数字化水平，推动行业发展与进步。用科技创新的竞争力培育属于中国自己的品牌，才能走上自强自主的道路。所有参建人员都要用匠心铸就品质，所有行动、标准等层面都要服从品牌、服务品牌、维护品牌、创造品牌，发挥品牌的聚集效应和扩散效应，实现品牌价值，创出属于京张高铁项目部自己的独有品牌，走出一条适合中国制造业产业升级的、跨越发展的道路。

京张高铁未来将依托"互联网 +"行动计划，以移动互联网、云计算、物联网、大数据等信息技术与制造技术深度融合的数字化、网络化、智能化制造为主线。实现智能制造、绿色制造、服务制造，实现京张高铁技术创新、管理创新、商业模式创新全面转型升级，推进"互联网 +"行动计划，到 2025 年，实现"智能化"的目标，为中国制造业转型升级做出积极贡献。

后记

　　《中国高铁精益建造管理》是贯彻落实习近平总书记"一带一路"和发展中国"智能制造"指示精神，以推动中国高铁智能化建造和精益化管理为使命的著作。

　　百年之前，中国"铁路之父"詹天佑成功修建了中国人自行设计建造的第一条京张铁路，享誉世界。百年之后，正在修建的京张高铁作为中国首张智能建造高铁名片，世人瞩目。京张高铁是国家重点建设项目，是京津冀一体化协同发展的重要基础工程，是2022年北京冬奥会的重要交通保障线，是世界上第一条设计时速为350公里的高寒、大风沙高速铁路。一条如此重要的铁路工程项目，将它的建造管理经验总结出版，是一个铁路人义不容辞的责任。

　　书中通过中铁三局集团有限公司新建京张铁路六标项目部在京张高铁建设中的实际建设管理经验、实战工程案例和大量翔实的一手资料，对中国高铁精益建造管理的顶层设计、推进体系及精益研发展开科学分析，提出了促进中国高铁制造业精益建造管理的措施与建议，为中国高铁项目建设精益化管理提供了重要依据和参考，填补了我国高铁工程建设管理领域的空白。书中的精益建造管理理念，体现了可推广性、可操作性和可复制性的有机统一，具有不可替代的重要意义和实际应用价值。

　　本书的编写历时一年有余，在编写过程中，得到中央领导同志的关怀和指导，第九届/第十届全国人大副委员长、国际欧亚科学院中国科学中心主席蒋正华，陕北老红军、原国家科委顾问谢绍明，科学技术部中国科技体制改革研究会理事长、国际欧亚科学院院士、科技日报社原社长张景安等同志为本书题词作序并给予了指点和帮助，在此表示衷心感谢。

　　还要感谢中国国家铁路集团有限公司副总工兼建设管理部主任王峰，京

张城际铁路有限公司董事长、党委书记马侃彦，京张城际铁路有限公司总经理余泽西，中铁三局集团有限公司董事长、党委书记郝刚，中铁三局集团有限公司总经理、党委副书记李新远等领导在工程建设和管理工作中给予的诸多指导、极大支持和充分肯定。

感谢北京好运达智创科技有限公司 CEO 郑翼等同志为京张高铁的智能化建设与精益化管理提供的完美技术解决方案；感谢中铁三局集团有限公司新建京张铁路六标项目指挥部及参建分部同事同仁们的辛苦工作与大力支持；感谢京张高铁各参建单位提供的一手翔实资料和诸多专家学者的关注，是大家的共同努力和智慧成就了本书的诞生。

众人拾柴火焰高，中国高铁建设的技术进步和飞速发展需要集体的智慧，让我们为中国高铁智能制造新时代的到来而破浪扬帆，勇往直前！

作者

2019 年 8 月